왜
선글라스맨은
카메라 앞에 섰는가?

왜 선글라스맨은 카메라 앞에 섰는가?

초판 1쇄 2025년 08월 11일
초판 2쇄 2025년 08월 19일
지은이 선글라스맨 | **펴낸이** 송영화 | **펴낸곳** 굿웰스북스 | **총괄** 임종익
등록 제 2020-000123호 | **주소** 서울시 마포구 양화로 133 서교타워 711호
전화 02) 322-7803 | **팩스** 02) 6007-1845 | **이메일** gwbooks@hanmail.net
ⓒ 선글라스맨, 굿웰스북스 2025, *Printed in Korea.*
ISBN 979-11-7099-039-0 03300 | **값 21,000원**

※ 파본은 구입하신 서점에서 교환해드립니다.
※ 이 책에 실린 모든 콘텐츠는 굿웰스북스가 저작권자와의 계약에 따라 발행한 것이므로
　 인용하시거나 참고하실 경우 반드시 본사의 허락을 받으셔야 합니다.

※ **굿웰스북스**는 당신의 풍요로운 미래를 지향합니다.

아프간 피랍 사건, 협상 너머의 진짜 이야기

왜
선글라스맨은
카메라 앞에 섰는가?

선글라스맨 지음

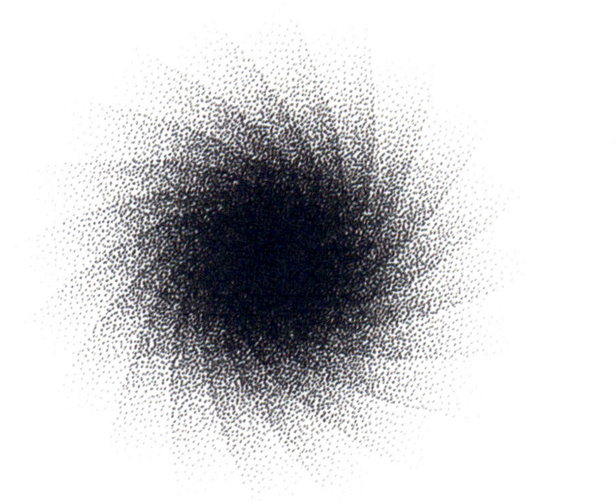

굿웰스북스

2007년 여름 대한민국의 현대사에서 잊을 수 없는 충격적인 사건이 발생했다. 전 세계의 이목이 집중된 가운데 아프가니스탄에서 샘물교회 소속 한국인 23명이 탈레반에 의해 피랍되는 국가적 위기가 벌어진 것이다. 이 책은 그 역사적 사건의 실체와 이면을 누구보다 가까이에서 마주하며, 실제로 탈레반과 협상을 주도한 사람, 바로 '선글라스맨'의 생생한 기록이다. 영화나 언론 보도와는 전혀 다른, 생명을 지키기 위한 고독하고 치열했던 '실제 협상'의 현장을 있는 그대로 전한다.

2023년 개봉된 영화 〈교섭〉은 이 사건을 소재로 삼았지만, 그 안에는 과장과 왜곡도 적지 않다. 이 책은 그 영화가 보여주지 못한 진실을 담고 있다. 선글라스맨은 당시 어떤 전략과 심리전, 그리고 문화적 이해를 기반으로 탈레반과 협상했는지를 독자들과 조심스럽게 공유하고자 한다. 살해 위협이 끊이지 않던 숨 막히는 협상 테이블에서 어떻게 생명의 실마리를 찾고 극적인 전환점을 만들어냈는지를 따라가다 보면, 단순한 스릴을 넘어서는 깊은 울림과 교훈을 얻게 된다.

저자는 협상의 본질에 대해 진지하게 성찰한다. 협상은 '기술' 이전에 사람에 대한 깊은 이해와 존중에서 시작된다고 강조한다. 탈레반과의 대화에서 유머, 격언, 정성 어린 인사말이 어떻게 협상의 판을 바꾸는 열쇠가 되었는지, 상대방의 문화와 언어적 맥락을 어떻게 파악하고 대응했는지, 그 모든 과정이 섬세하게 드러난다. 이는 아프간의 피랍 사건에만 국한되지 않는다. 우리가 살아가는 일상 속 인간관계, 조직 내 갈등, 나아가 국제 비즈니스 협상에까지 적용 가능한 통찰력을 제공한다. 특히, 인상적인 것은 협상의 긴박한 순간마다 저자의 삶의 철학이 자연스럽게 투영된다는 점이다. "곡식은 농부의 발자국 소리를 듣고 자란다."라는 어머니의 말씀이 협상 테이블에서 되살아났고, 그 말은 '간절함'과 '진심'이라는 진정성이 결국 불신의 벽을 허물고 사람의 마음을 움직인다는 것을 증명해 냈다. 책 속에는 두 아이의 엄마, 그리고 한 청년 인질을 구하기 위한 극적인 순간이 담겨 있다. 그 과정에서 선글라스맨은 한 인간으로서의 고뇌와 책임, 그리고 결단을 온몸으로 감당해야 했다. 그것은 단지 국가적 임무를 넘어선, 생명에 대한 숭고한 헌신이었다.

선글라스맨은 협상을 일회성 행위로 보지 않는다. 그는 장기적인 전략과 목표 의식을 담아 '꿈 노트'를 꾸준히 작성하며, 협상의 흐름을 주도하고 변화의 가능성을 탐색했다. 위기 상황이 오히려 창의적인 해법을 낳고, 절망의 순간이 집중력과 결단력을 이끌어낸다는 사실은 오늘날 다양한 위기에 직면한 이들에게 실질적인 용기와 통찰을 전해줄 수 있다.

또한, 이 책은 인간관계 속에서 마주하는 갈등에 대해 중요한 메시지를 던진다. 가장 가까운 동료가 때로는 질투와 오해의 주체가 될 수 있으며, 그럴 때 어떻게 조직의 조화를 지키고 갈등을 넘어 유연하게 대처할 수 있는지를 깊이 성찰하게 한다. 협상이란 결국 설득이 아닌 관계의 기술이며, 말보다 행동이 신뢰를 형성한다는 점을 일깨워 준다.

이 책은 단지 하나의 사건에 대한 회고록이 아니다. 위기관리, 협상 전략, 조직 심리 등 다양한 영역을 아우르며, 인간 삶에 대한 보편적 진리를 드러낸다. 지금 이 순간, 위기 앞에 선 이들이 있다면, 선글라스맨의 이야기는 가장 현실적이고 강력한 나침반이 되어줄 것이다.

유달승 한국외국어대학교 교수

인질 협상 분야는 글로벌 국가로 발돋움한 한국에 매우 중요하다. 많은 한국인들이 공적, 사적으로 해외 여러 나라에서 활동하다가 피랍되는 사례가 자주 나타난다. 그럼에도 불구하고 미국, 영국 등 다른 국가들과는 달리 한국은 이 분야에 대한 전문 서적이나 전문가가 거의 없다.

본 저자는 국내에 몇 안 되는 이 분야 전문가로서 최고 전문가 가운데 한 명이다. 특히, 현장 협상 실무 경험과 학문적 역량을 함께 갖추었다. 2023년 1월 18일 개봉된 영화 〈교섭〉으로 유명해진 과거 아프가니스탄 샘물교회 소속 단기 선교단 피랍 사건에서 직접 탈레반과 성공적인 협상을 주도한 이른바 '선글라스맨'으로 잘 알려진 주역이다.

이후 건국대에서 인질 협상 관련 논문을 작성하고 박사 학위를 취득하였다. 본 저자의 책은 그와 같은 오랜 현장 실무 경험과 체계적 학문 역량이 함께 녹아 있는 인질 협상 분야 최고 수준의 책이라고 평가할 수 있다.

이 책은 전문 연구자들, 해외 체류 및 출장이 많은 비즈니스맨, 현장 실무자들, 그리고 관심 있는 일반인들 모두에게 유용하다. 이 책을 추천할 수 있어 기쁘다.

윤민우 가천대학교 경찰안보학과 교수

생사고락을 함께했던 저자가 이제 선글라스를 벗고 아프간 인질 석방 협상의 이면 스토리를 밝히는 책『왜 선글라스맨은 카메라 앞에 섰는가?』를 출간한 데 대해 진심으로 축하한다. 2023년 아프간 인질 석방 협상의 막전 막후를 다룬 영화 〈교섭〉에 대한 영화 평론을 쓴 적이 있는 본인은 실체적 진실을 담은 책 출간에 무척 반갑고 기쁘기 그지없다. 인질 사건 해결 18년 만에 많은 어려움을 극복하고 음지에서 양지로 옥동자를 낳게 된 것은 저자의 끈질긴 노력의 산물로 진실은 주머니 속 송곳과 같아 언젠가 밝혀지게 되어 있다.

영화 〈교섭〉은 아프간 인질 석방 협상의 실화를 기반으로 한 영화라고 선전했으나, 실제 협상의 막전 막후가 왜곡된 채로 만들어졌다. 실제 인질 석방의 협상을 주도한 것은 외교부가 아니라 국정원이고, 아프간 전장에서 죽을 고비를 넘기면서 협상을 성사시키고 인질 석방에 주도적 역할을 한 사람이 바로 이 책의 저자 ○○○, 일명 선글라스맨이다.

저자는 상대의 마음을 사로잡는 뛰어난 재주를 갖고 있다. 신속하게 상황을 파악하고, 대처하는 능력 또한 타의 추종을 불허한다. 이런 훌륭한 협상가의 자질이 21명의 인질 중 한 명의 목숨도 잃지 않고 풀어낸 원천이다. 그는 현지어를 구사할 수 있는 데다가 뛰어난 사교성과 전략적 마인드를 갖춘 최고의 협상 전략가였다. 협상 과정에서도 여러 차례 교전이 있는 전장을 뚫고 탈레반 은거지를 방문해 교착 상태에 빠진 협상을 진전시키는 데 결정적 역할을 했다. 또한, 협상 과정에서 쌓은 신뢰를 바탕으로 두목을 설득하여 2명을 조기 석방케 했다.

아프간 인질 석방의 막전 막후 협상을 다룬 이 책의 출간은 세 가지 정도의 큰 의미를 갖는다. 첫째, 이 책에서 국익 중심의 실용주의 외교의 중요성을 일깨워 주는 대목이다. 23명의 우리 국민이 탈레반에 의해 납치되자 청와대는 대통령 주재로 피랍자 구출을 위한 회의가 아침저녁으로 열리면서 국정이 마비되다시피 했다. 그런데도 테러 단체와 협상할 수 없다는 명분론과 어떻게든 협상을 통해 국민의 생명을 구해야 한다는 현실론 간 팽팽한 노선 대립이 12일간 지속되었다. 좀 더 빨리 실용적 현실론에서 협상을 했다면 하는 아쉬움이 남는다. 둘째, 이 책은 긴박했던 협상 순간의 진실에 대한 역사적 기록으로서의 중요한 의미를 갖는다. 2023년 〈교섭〉이라는 영화를 계기로 엉뚱한 사람이 자신이 협상을 주도한 듯이 방송 인터뷰를 하기도 했다. 셋째, 테러 단체와 어려운 협상은 어떻게 해야 하는지를 후대에 고스란히 전달하는 협상 전략서로의 의의를 갖는다.

끝으로 인질 석방에 기념비적 역할을 한 저자의 책은 대테러 및 외교 협상의 적시성과 방법 그리고 역사의 기록이라는 점에서 역사의 진실을 알고자 하는 독자들에게 일독을 권한다.

이범찬 前 주두바이 총영사

아비시니아(에티오피아) 근대주의 선구자 티워드로스 2세(Tewodros II)는 1868년 막달라 지역에서 로버트 내피어(Robert Napier) 경이 이끄는 3만2천 명 영국 원정대를 맞아 싸우다 막다른 골목에 몰렸다. 왕은 내피어 사령관에게 권총 결투로 승부를 짓자고 제의했지만 거절당하자, 그 전에 빅토리아 여왕으로부터 선사받은 권총으로 장렬하게 자결하였다. 티워드로스 왕은 영국과 긴밀한 관계를 열망하였으나 영국 측의 반응이 없자 분노하고 있던 차에 영국 선교단체 소속 유대인 선교사가 저서에서 왕의 홀어머니가 시골 장터에서 코쏘(kosso)라는 벼룩 살충제를 팔아 생계를 꾸렸다는 내용을 언급하였다. 왕은 자신의 비천한 출신 치부를 폭로한 데 분노하여 선교사를 인질로 억류하였다. 영국 정부가 선교사 석방 교섭차 영사를 파견하자, 그마저 구속하였다. 선교사와 영사 석방을 위해 파견한 특사 일행까지 억류하여 인질은 여러 명으로 늘어났다. 영국 여왕은 결국 인질 석방 교섭을 포기하고 영국 · 이집트 혼성 원정군을 파견한 것이었다.

1976년 6월 이스라엘 로드 공항에서 파리로 향하던 에어버스가 중간 기착지 아테네에서 독일인과 팔레스타인 극단주의 테러범 4명에 의해 피랍되어 우간다 엔테베 공항에 착륙하였다. 여기서 팔레스타인 테러범 몇 명이 합류하였으며, 250여 명 승객 중 1/3이 이스라엘인이었다. 이스라엘은 처음부터 납치범들과 교섭을 배제하고 곧장 특공대로 엔테베를 급습하여 납치범들을 살해하고 인질들을 구출하였다.

1979년 4월 4일 테헤란에서 반 팔레비 왕 시위대가 미국 대사관에 난입하여 외교관 등 70여 명을 인질로 억류하였다. 당시 미국 CIA는 시위대가 수도를 뒤덮은 상황이었음에도 팔레비의 통치 능력은 굳건하고, 정세가 안정적이라고 분석 · 보고하여 미 정부도 방심한 탓이었다. 카터 행정부는 인질들을 구출하기 위해 '독수리 발톱 작전'(Operation Eagle Claw)을 펼쳤으나, 각 군에서 차출한 특공대의 지휘체계가 지리멸렬하고 훈련도 부족하여 현지에 접근도 못 한 채 중도에서 참담하게 포기하고 말았다. 그 상태로는 설령 대사관에 닿았더라도 인질들만 희생당하고 작전은 실패할 뻔하였다. 이 사건은 이듬해 말미 대선에서 카터 대통령이 로널드 레이건 공화당 후보에게 패배하는 원인이 되었다.

이스라엘은 최근 팔레스타인의 하마스에게 기습당하였다. 이스라엘 국민은 1,300명 이상이 살해당하고 251명이 인질로 끌려가면서 건국 후 최대 인명 피해와 치욕에 직면하였다. 1973년 욤키푸르 전쟁 때 이집트-시리아 연합군에게 불시 공격을 당하여 크게 패한 지 50여 년 만이다. 이 일로 인해 이스라엘은 하마스는 물론 헤즈볼라, 후티, 이란 등과 다단계 전쟁을 벌여오고 있다.

위의 네 개 인질 사례들은 근현대 역사상 비중이 큰 사건들이고, 모두가 협상이 아니고 무력에 의해 해결되거나 실패하였다는 특징을 보인다. 특히 두 건은 국가 간 대규모 전쟁으로 확대되기도 하였다. 위의 사례들을 살필 때, 인질 사건이란 본질적으로 그만큼 평화적 협상으로 구출하기 어렵다는 걸 알 수 있다. 협상이 성공하더라도 불가피하게 부분적 희생이 따른다. 분당 샘물교회 선교단 일행 인질 사건도 납치 단체의 성격이나 인질 규모에 비추어 협상이 성사되기 지극히 어려울 사안임에도 저자가 인질 석방에 성공한 것은 가히 역사적 쾌거라 하여도 과언이 아닐 것이다. 저자가 그 과정에서 겪은 고난은 여기서 재론할 필요도 없을 것이다.

저자와 감히 이 추천사를 쓰는 필자는 아디스 아바바에 함께 근무한 이후 거의 20년 동안 상기 인질 협상과 상관없이 매우 절친하게 지내오고 있다. 그곳에는 아프리카연합(AU) 본부와 유엔 아프리카 본부가 소재하고, 북한 대사관을 포함하여 외교단이 아프리카에서 가장 대규모인 반면, 공관원 규모나 구성은 그에 미치지 못하여 몸이 고달플 정도로 업무가 과중한 필자에게 그는 늘 기꺼이 도움을 아끼지 않았다. 소속 부처가 상이함에도 업무상 또 개인적으로 그로부터 많은 도움을 받아 지금도 감사한 마음을 지니고 있다.

필자가 저자에게 애정과 존경심을 가지는 것은 그가 친화적이고 의리가 있기도 하지만, 매사에 끊임없이 최선을 다하여 상응하는 업적을 내는 까닭이다. 그는 각고의 노력 끝에 최근 협상 관련 주제로 박사 학위를 취득할 정도로 학구적이기도 하다. 인질 석방 교섭에 성공한 것도 그의 이러한 평소 자세와 역량에서 나온 것이리라. 이스라엘과 일부 이슬람권의 전쟁 재발로 중동이 다시 세계적 주목을 받게 된 지금, 저자가 금번 저술을 내어놓은 것은 매우 시의적절하다고 평가한다.

끝으로 저자가 기술한 인질 석방 협상은 우리에게 두어 가지 교훈을 남긴다. 우선 저자가 투철한 사명감과 강한 추진력으로 탈레반의 인질 살해 압박이 극도로 긴박한 상황 속에서도 추가 인질 살해 없이 무사히 구출한 점이다. 다음으로 저자가 다양한 외교 활동 경험은 물론, 실질적인 인질 피랍 협상 해결 경험과 그간 축적해 온 협상 노하우가 있었기 때문에 성공적인 협상 결과를 가져올 수 있었다. 일상생활에도 적용할 수 있는 저자의 책은 협상 전략과 다양한 협상 기법 등을 포함한 당시 실제 협상을 추진한 생생한 경험 내용을 포함하고 있다. 그때의 숨어 있는 진실을 담은 이 책을 일독하기를 권한다.

정병국 前 주에티오피아 대사

시작하는 말

극적으로 피랍자 생명을 구한 협상 실 경험 사례를 전하면서….

"어제는 역사이고 미래는 미스터리이며 현재는 우리에게 주어진 선물이다." 라는 말이 있다. 사람들은 힘들고 해결의 기미가 보이지 않는 막막한 상황에서도 알 수 없는 미래를 향한 현재의 선물을 갖고 있기에 새로운 희망을 보고 이겨나간다. 이 책을 통해 2007년 샘물교회 소속 한국인 23명의 아프간 피랍 협상을 실제 주도했던 선글라스맨(이하 썬맨으로 표기)의 공개 및 협상 과정의 비하인드 스토리를 가능한 범위 내에서라도 공유하고 싶다. 탈레반과 직접 협상을 주도하면서, 죽음을 무릅쓰고 어려움을 극복하여 인질 석방이라는 기적을 만들어낸 썬맨의 심정은 세 가지 말로 대신할 수 있을 것이다. 먼저, 절박한 위기 상황에서도 투철한 사명감으로 열정과 촉(Cue)을 갖고 나가면 **"꿈(Dream)은 이루어진다."**, 그리고 이순신 장군이 시기 질투를 받아 허위 모함당한 억울한 심정을 대변하는 말로 **"진실은 살아 있다."**, 마지막으로 **"이 또한 지나가리라(This too shall pass away)."**

탈레반 강적들이 인질 중 추가 살해 대상을 지목해 썬맨에게 통보했던 그 순간, 협상 테이블 위에는 극도의 긴장감이 감돌았다. 살해 압박은 날카로웠고, 썬맨은 한 치 앞도 예측할 수 없는 상황 속에서 피 말리는 시간을 견뎌야 했다. 썬맨에게 인질을 살해하겠다고 협박하는 급박한 상황에서 협상자의 강심과 강단이 얼마나 중요한지 드러난다. 썬맨은 급박한 상황 하에서 심리적인 압박을 어떻게 극복해 나갔을까? 인질 살해를 막을 수 있는 극적인 액션이 무엇이었을까? 레이건 대통령과 DJ가 대선 토론회에서 보여주었듯이 탈레반과 협상 시 그 문화에 맞는 유머와 격언이 어떤 극적인 협상 전환점을 가져왔을까? 썬맨은 어떤 협상의 촉매제를 활용했을까? 하늘에 떠 있는 달과 별의 지칭이 탈레반 수장과 썬맨 사이 친분 조성에 어떤 긍정적 역할을 했으며 원만한 협상 종결에 어떤 역할을 했을까? '자신의 부모에게도 하지 않던 아침저녁 안부 인사를 탈레반에게 혼신을 다해 정성스럽게 전했던 일이, 그의 마음을 움직여 협상을 가속화하는 데 어떤 영향을 미쳤을까?' 그 치열한 협상 과정에서 마주한 위기와 선택의 장면들을 되짚으며, 우리가 일상에서도 적용할 수 있는 실질적인 통찰과 착안점을 함께 나누고자 한다.

2023년 1월 18일 개봉된 영화 〈교섭〉에서 2007년 아프가니스탄 탈레반이 샘물교회 소속 한국인을 납치한 사건에 대해 다루었다. "영화는 영화이다."라는 말이 있지만, 당사자 입장에서는 영화에서 진실이 과도하게 왜곡되어 가슴이 메어와 참을 수가 없었다. 실제 인질 석방 협상을 주도한 것은 외교부가 아니라 국정원임을 밝혀두고 싶다. 영화에서는 주객이 전도되었다. 밤새우면서 헌신적으로 노력했던 직원 동료들의 명예가 왜곡되거나 손상되는 일은 있어서는 안 된다. 일부 보도에서도 진실이 허위 왜곡되어 있기에 가능한 범위 내에서라도 바로잡아 공유하고 싶어 이 책을 쓴다. 당시 한국인 피랍인들의 생명이 생사의 경계에서 위태로이 흔들리던 그때, 그 긴박했던 엄청난 사건을 직접 협상하고 주도했던 주인공 썬맨이 엄연히 살아 있다. 그런데도 독자들의 눈과 귀가 차단된 현실을 외면할 수 없었기 때문이다. 진실에 다가가고 밝히고자 하는 본능적인 갈구 때문이었을까?

그때 당시 상황에 대해 가능한 범위 내에서라도 생생한 진실과 극적인 순간

에 대해 이야기해 주고 싶다. 우리가 살아가는 일상생활 속에 협상과 협상 심리가 늘 자리 잡고 있다. 탈레반이 위기 때마다 피랍자 중 두 아이의 엄마인 김아람과 서찬호를 살해하겠다고 압박하는 긴박한 상황에서 썬맨은 추가 살해를 방지하기 위해 갖은 노력을 했다. 썬맨은 모태를 중요시 여긴다. 그간 살아오면서 어머니가 말해 준 문구가 썬맨에게 협상의 열정과 촉의 힘을 불어넣었다. 어머니의 혼이 담긴 말씀 중 "곡식은 농부의 발자국 소리를 듣고 자란다." 그리고 "간절하면 꿈은 이루어진다."라는 이 두 가지 삶의 모토를 되새기면서 강성인 탈레반과 피랍 인질을 구출하기 위해 극적인 협상을 추진했다. 썬맨은 유년 시절, 배움의 길을 알지 못해 기대만큼의 결실을 맺지 못했다. 그래서 피랍 협상 대응 준비 및 과정에서도 협상의 길(노하우)과 협상 전략이 얼마나 중요한가를 독자들에게 전해주고 싶다. 삶의 현실 속에서 적용할 수 있는 착안점을 하나라도 공유하고 싶어서이다.

우리가 공부를 하든 비즈니스를 하든 왜 간절함이 녹아 있는 집념 열정과 촉(Cue)이 같이 가야 하는지를 말해주고 싶다. 공부나 비즈니스나 우선순위와 중요성의 강약에 따라 투입 시간 등 비중을 조절해 나가야 한다. 이와 마찬가지로 협상에서도 협상의 경우의 수와 협상의 파고(波高)에 맞추어 강약을 조절해 나가는 것이 당연하다.

"지피지기(知彼知己)면 백전불태(百戰不殆)"라는 말이 있듯이 상대를 알면 실패는 없다. 사건 초기에 여기저기서 돈 얼마를 주면 자신이 곧바로 인질 문제를 해결해 주겠다는 허위 방해꾼이 많았다. 우리는 일상 속에서 가끔 상대에게 '순진하긴!'이라는 말을 듣곤 한다. 썬맨도 초기에 탈레반의 말을 너무 쉽게 믿고 일 순간 함정에 빠져 탈레반 아지트에 일시 억류되었는데, 극한 심리적 스트레스와 위기 상황에서 빠져나왔던 에피소드도 공유하고 싶다. 향후 해외에서 건설사 및 비즈니스맨들이 유사한 위기 상황에 직면했을 때 실질적으로 적용 가능한 방안이다.

탈레반은 문화적으로 협상 시 서론이 길고 결론을 나중에 말하는 **귀납적 대화법**을 구사한다. 탈레반과 직접 협상을 진행하며 격언, 속담, 유머가 어떤 작용을 했는지, 그 과정에서의 사건과 극복 과정을 사례 중심의 경험담으로 공유함으로써, 독자에게 인사이트를 전하고자 한다.

우리가 비즈니스를 할 때나 일상적인 대화를 할 때 **연역적 문화권인지 귀납적 문화권인지** 또는 감정과 환경에 많은 영향을 받는 **고 상황 문화권**인지 아니면 반대로 감정과 환경에 영향을 적게 받는 **저 상황 문화권**인지에 맞추어 대화 스타일을 적용해 나가야 한다. 때로는 급박한 경우에 케이스별 예외적으로 유연성 있게 혼합 사용하는 대화 스타일의 구사도 필요하다.

피랍 인질을 억류 살해한 탈레반은 강적이었다. 탈레반과의 협상 상황은 극도로 악조건이었다. 위기를 헤쳐나가는 강심과 강단이 절실했다. 때로는 죽을 각오를 하고 탱크처럼 저돌적으로 밀어붙여야 하는 순간이 있었다. 그러지 않았다면 과연 추가 살해 없이 협상을 마무리할 수 있었을까? 위기 상황에서 평소의 능력보다 몇 배 뛰어난 순간의 기질과 힘이 생겨난다는 말이 있다. 또한, 위기가 기회이고 절박한 상황이 창의적인 아이디어와 열정을 갖게 해 준다는 말이 있다. 탈레반과의 3차 협상은 이전과 달리 위기가 극도로 고조된 양상으로 전개되었다. 무엇이 그 차이를 만들었을까? 절체절명의 상황 속에서 우리는 위기를 기회로 바꾸는 전환점을 만들어야 했다. 그 과정을 독자들과 공유하고자 한다.

직장 등 조직 생활에서 우리가 '동료'라는 말을 사용하는데 대부분 긍정적으로 서로 도와주는 사람들로 구성되어 시너지 효과를 내게 한다. 그러나 때로는 가장 가까운 이가 시기와 질투, 갈등의 원인이 되기도 한다는 사실을 인식하고, 이러한 상황을 어떻게 극복해 나갈 수 있을지에 대해 잠시 멈춰 서서 함께 생각해보고자 한다.

썬맨이 아프간 인질 피랍 사건 협상을 추진한 것은 '운명'으로 생각한다. 이 운명의 일로 심적인 피해를 받은 나의 가족에게 눈물을 머금고 미안하다는 말을 전하고 싶다. 또한, 피랍자 중 유명을 달리한 유가족분들에게 애도의 뜻을 표하며 생존한 분들은 그 트라우마를 잘 극복하고 멋진 삶을 살아가길 소망한다.

협상 이전과 협상 과정 중에 장단기적 꿈 노트를 지속적으로 만들어나간 것이 피랍 협상 해결에 많은 기여를 했다. 이런 경험을 바탕으로, 일상 속에서도 나만의 꿈 노트를 써 내려가며 마법 같은 결실을 만나기를 바란다.

이 책을 쓰는 데 있어서 탈레반의 입장을 고려하여 협상 당시 탈레반과의 순수한 협상 관점에만 주안점을 두었으며 다른 정치적인 측면 등 일체 사항에 대해서는 의미를 배제했다.

마지막으로 여러 이유로 인해 공개가 어려운 부분은 생략할 수밖에 없었던 한계점도 밝혀 두고자 한다. 강적인 탈레반과 실제 협상을 주도한 썬맨의 **생생한 피랍 협상 경험 사례 콘텐츠를 향후 유사 사건 발생 시 기반자료(Track record)로 활용하여 시너지 효과를 발휘할 수 있기를 기대한다.** 또한, 비즈니스 업무나 기업 및 조직 내 갈등 완화를 위한 협상과 우리의 일상생활 사이에도 참고하기 바란다. 아무쪼록 이 글을 접하는 독자분들이 '라이브'한 경험 사례를 각자 일상생활에서 상황에 맞게 창의적인 협상 아이디어로 활용할 수 있기를 바란다.

− 2025년 7월 19일 선글라스맨 Dream

첫째, 이 책은 저자가 협상하면서 실제 경험한 내용을 토대로, 국내외 언론과 본 저자의 박사 논문(해외 피랍 사건 협상 사례에 관한 비교 연구)을 인용하였으며, 민감한 내용은 생략하고 가능한 범위 내에서 작성하였다.

둘째, 기밀상의 이유로 세부 내용을 기재할 수 없는 특정 사안에 대해서는 일부분을 삭제하거나 우회적으로 표현하여 가끔 문맥상 이해하기가 어려운 부분이 있을 수 있다. 또한, 실제 사건 중 기밀상 밝힐 수 없는 내용은 일반 사회에서 일어난 사례를 비유하여 인용하기도 했다.

셋째, 기밀상 이유로 썬맨과 연계된 제3자 관련 이야기는 최소화했다.

넷째, 이 책에 나오는 해당 인물의 이름은 기밀상 가명으로 했다.

다섯째, 본 저자의 직업적 제약 요인으로 인해 본명을 사용하지 못하고 대신 필명을 사용했다.

차 례

1부
협상 초기 위기를 마주한 첫걸음

1막   시작된 위기, 타오르는 협상의 첫 불씨   027

1. 위기의 순간에서 빛나는 대화의 기술

2. 낯선 문화, 다르게 다가서는 법

3. 가상 시나리오 전법

4. 테러 단체와 해적 단체 협상법 비교

5. 상황 변화에 요동치는 경우의 수

6. 협상의 기법과 전략

7. 언어&비언어 소통

2부

협상 중기 협상의 기술, 관계의 줄다리기

1부
협상 초기
위기를 마주한 첫걸음

"협상은 흐르는 물처럼 하라."
탈레반은 초반부터 인질 살해 압박 카드를 강조하면서 추가 살해를 이어갔다. 탈레반의 숨은 의도를 간파하면서 협상 심리와 협상 문화 그리고 협상 기법을 복합적으로 연계한 융합적 협상 전략과 바트나(BATNA) 전략을 구사한 것이 주효했다. 윈-윈(Win-Win) 협상 전략을 지속적으로 강조해 나갔다. 때로는 딜(DEAL)을 하지 않는 현상 유지 전략과 경합 전략 그리고 양보 전략을 수시로 변화하는 경우의 수를 고려하여 활용해 나갔다. 다양한 협상 기법 노하우를 상황에 맞게 다각도로 적용해 나갔다.

시작된 위기,
타오르는 협상의 첫 불씨

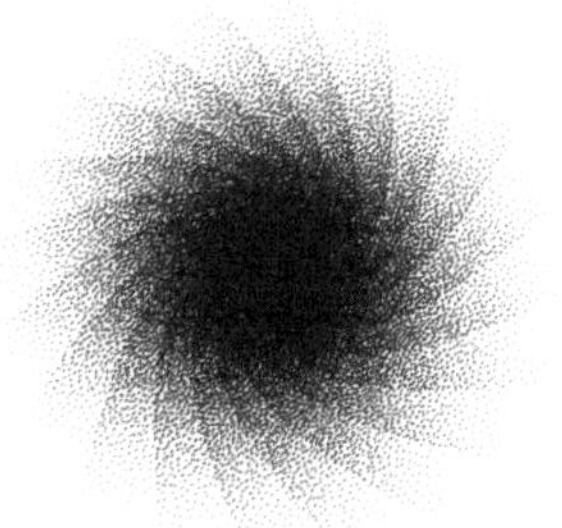

"탈레반은 강적이었다. 초반부터 추가 인질 살해
압박 카드를 강조하면서 강성 협상을 이어갔다."

1. 위기의 순간에서 빛나는 대화의 기술

　비즈니스 협상이든 일상생활상에서 협상이든 협상 대화법을 어떻게 적용하느냐에 따라 결과가 달라진다. 탈레반 수장과 대화 시에도 전략상 다양한 대화법을 유연성 있게 활용했다. 협상 대화법에는 먼저 서론을 장구하게 말한 후 결론을 나중에 말하는 **귀납적 대화법**과 결론을 먼저 얘기한 후 부차적인 설명을 이어가는 **연역적 대화법**이 있다. **탈레반은 귀납적 대화법을 주로 구사한다.** 상대의 지역 특성과 문화에 맞는 협상 대화법을 구사하는 것이 중요하다. 상대와 대화를 순조롭게 이어가고자 할 때는 상대의 문화에 맞는 같은 화법을 사용한다. 설득 강요와 변화를 주고자 할 때는 변칙을 혼용하여 사용하기도 한다. 중동 이슬람 국가 및 아시아권 국가는 귀납적 대화법을 주로 사용한다. 반면, 미국을 비롯한 서방권 국가들은 연역적 대화법을 대체로 사용한다.

때로는 변칙 스타일을 강구하는 때가 있다. 그래서 협상은 상황에 맞게 **"흐르는 물처럼"** 해야 한다는 말이 있다. 상대를 흔들기 위한 전략이기도 하다. 때로는 탈레반도 그러했듯이 강성 발언을 하거나 어떤 사안을 강조하여 압박할 때는 통상적으로 혼재하여 사용한다. 또한, 위기 상황 시 대처하기 위해 다급하게 말할 때도 혼재하여 사용한다. 북한이 남—북 회담에서나 미—북 회담 시에도 애초 단일 주제로 협상을 시작했으나 갑자기 단일 의제에서 벗어나 의제를 추가하기도 했다. 즉, 이는 자주 혼용하는 대화법이다. 북한 핵·미사일 관련 미—북 회담 시에 갑자기 북한이 의제를 추가하거나 혼재된 대화법을 구사하여 상대를 곤혹스럽게 하는 전형적인 사례를 보였다. 북한이 어떤 주제에 관해 대화하다가 갑자기 의제를 추가해 나가는 협상 전법에 더하여 귀납적 대화법과 연역적 대화법을 병합해서 사용하기에 상대가 말려드는 경우 또한 수차례 보였다. 이리하여 일부 국가에서는 북한이 뭐 없는데도 가진 자 이상으로 협상을 어떻게 저렇게 뻔뻔하게 잘 이끌어갈 수 있는가? 그리고 경수로 지원 사례와 같이 받아먹는 처지에서도 주는 처지처럼 어떻게 협상을 유리하게 이끌어 가는가? 하며 혀를 내두르며 북한의 협상 스타일에 대해 심층 있게 검토 연구했고 이는 지금도 진행 중이다.

썬맨도 탈레반 수장과 대화 시 때로는 귀납적 대화법과 연역적 대화법을 혼용하여 활용했다. 케바케(케이스 바이 케이스)이다. 탈레반 측은 언제 혼용하여 사용했을까? 탈레반 측에서는 강한 살해 압박으로 다급한 위기 상황을 극복하기 위해 사용했다. 닻 내리기 효과(Anchoring effect)를 노려 마지노선을 애기할 때 사용했다. 강조점을 두고자 할 때도 활용했다. 물론 썬맨은 탈레반 수장에게 강조 시에 같은 단어를 반복적으로 구사하거나 음의 높낮이와 말의 속도를 변화시키는 말의 톤 변조법도 구사했다.

귀납적 대화법과 연역적 대화법을 실제 구사하여 말할 때와 상대방 발언을 청취할 때 서로 혼동하여 큰 실수를 초래하는 때도 있다. 실제 사례로 이라크 후세인 대통령은 과거 걸프전 직전에 OPEC의 원유 감산 합의 무산과 쿠웨이트가 국제 유가 대비 원유가 인하 판매로 국제 유가 하락이 지속되는 데 대해 불만을 가지고 있었다. 이라크는 이란과 8년여간 기나긴 전쟁으로 재정이 열악하여 유가를 올려서 재정 충당이 절실한 상황이었다.

그런데 쿠웨이트 등 OPEC에서 유가 인상이 아니라 인하 분위기가 지속되었다. 이 때문에 이라크 재정이 더욱 악화되어 불만이 고조되었다. 그러던 차에 후세인 대통령은 궁으로 이라크 주재 모 국가 대사를 불러 만찬을 개최하면서 물었다. 만일(If) "이라크가 쿠웨이트를 침공하는 데 대해 어떻게 생각하는지?"라고 물었다. 이에 대해 모 대사는 연역적 대화법으로 별 개의치 않는다. 그리고 자칫하면 "내정간섭으로 비추어질 수 있기 때문이다."라고 말했다. 그러나(However) 문제가 크기 때문에 그렇게 하면 안 된다는 말을 부차적으로 설명해 나갔다. 이때 후세인 대통령은 자신에게 유리한 앞부분만 귀담아들었다. 그러나(However) 이후 발언 내용을 가볍게 여기고 무시했다. 후세인 대통령은 이라크가 쿠웨이트를 침공해도 별문제가 없다는 것으로 잘못 판단하는 오류를 범했다. 이러한 판단의 오류를 범할 수 있는 경우에 비추어 사람이 말할 때와 상대의 말을 청취하여 받아들일 때 상이한 정도로 간파하지 못하여 실수를 낳을 수 있다는 점을 명심해야 한다.

중동 이슬람권을 비롯하여 여타 지역을 해외 출장 비즈니스 목적으로 방문하거나 여행 시에도 지역 특성 문화에 맞는 협상 대화법을 원용할 수 있다. 이러한 실전 경험 사례의 공유를 통해 우리가 실패를 줄이고 성공률을 높이기 위해 앞서간 경험 사례(Track Record)를 원용할 필요가 있다.

2. 낯선 문화, 다르게 다가서는 법

탈레반은 고 상황 문화권이다. 감성과 감정의 영향을 많이 받느냐 아니냐에 따라 **고 상황 문화권**(HCC: High Context Culture)이냐 **저 상황 문화권**(LCC: Low Context Culture)이냐로 나눌 수 있다. 다시 말하면 상황과 환경의 지배를 많이 받느냐 아니냐에 따라 나뉜다. 통상적으로 이렇게 말할 수 있다. 고 상황 문화권은 탈레반을 비롯한 한국 등 아시아권과 중동 아프리카권 국가들이 해당한다. 저 상황 문화권은 미국과 유럽 국가권 국가들이다. 비율적으로 보면 고 상황 문화권에서는 귀납적 대화법을 주로 많이 사용하고 저 상황 문화권에서는 대체로 연역적 대화법을 구사한다. 다만, 동일 지역권 문화라도 다른 경우가 있다. 특이하게 인도가 그렇다. 인도는 지리적으로 규모가 크기에 동일 국가 내 남쪽 지역과 북쪽 지역 사람이 다른 문화이기에 다소 유동적이다.

2007년 당시 탈레반은 협상 대화 시 상황에 영향을 많이 받는 고 상황 문화권에 속해 있었다. 고 상황 문화에 맞게 탈레반과 직접 접촉을 통해 친분 조성과 신뢰감을 조성하고 강화해 나감으로써 협상 타결 가속화를 가져왔다. 감성을 터치해 주고 공감도 해주기도 하면서 변화하는 감정선을 잘 활용했다. 그래서 고 상황 문화권과 저 상황 문화권 간 협상 관행이 다르기에 협상 스타일도 다르게 적용해 나가야 한다. 고 상황 문화권인 탈레반과 협상을 위해서는 우선 최고 결정권자가 누구인지를 파악하는 것이 필요했다. 최고 결정권자를 협상 파트너로 삼기 위한 목표를 갖고 접근하면서 고 상황 문화권에 맞게 '린치핀 협상 전략[1]'을 구사했다. 또한 '벤드웨이건 협상

---

1) 타게팅할 핵심 요소 및 핵심 인물 즉 영향력이 큰 인물을 대상으로 협상을 먼저 추진해 나가는 전략으로 최고 결정권을 가진 인물을 파악하고 선정하여 협상을 추진하는 전략을 말한다. 당시 탈레반도 고 상황 문화권으로 썬

전략[2]을 구사하여 당시 협상장에 참석한 탈레반 협상자들 중 굿 캅(Good Cop, 좋은 역할자)에 집중적으로 우선 접근하여 신뢰 조성을 한 것이 주효했다. 고 상황 문화권과 저 상황 문화권 간 협상 관행 차이점을 비교해 보면 아래 표와 같다.

고 상황 문화 및 저 상황 문화 간 협상 관행 차이 비교

구분	고 상황 문화(HCC)	저 상황 문화(LCC)
개인의 약속	구두 보증의 역할이 큼	서면으로 보증
공간 개념	서로 함께 어울리는 공간을 중요시	개인적인 공간을 중요시
소재 책임	최고위층이 책임	담당자 책임
시간	시간 구분이 명확하지 않음	시간은 돈이라고 간주하고 명확함
협상	신뢰와 이해를 구축하기 위해 오랜 시간이 소요됨	매우 신속하게 진행되며 협상 자체의 목적 이외 없음
정확도	대략적이고 상대적임	구체적이고 상대와 상관없이 정확함
비언어적 표현에 대한 의존성	높음	낮음
침묵의 의미	긍정적이고 좋은 의사소통 방식	부정적이고 소통이 원활하지 않은 것으로 간주
일반적 접근방식	간접적이고 복잡함	직접적이고 명확함
의도에 대한 가치	높음	낮음

(출처: 본 저자 박사 논문, 2021; 김미정 외, 2010; 재작성)

맨은 최고 결정권자인 탈레반 수장과 직접 연결 라인을 구축하여 직접 협상 대화를 추진했던 것이 주효했다.

2) 다수의 의견을 편승해서 따르는 심리적 현상을 말하며 쉽게 설득할 수 있는 사람부터 시작해서 설득하기 어려운 사람으로 가는 전략을 말한다. 2007년 피랍 협상 당시 썬맨은 탈레반 측 두 명의 인물 중 비교적 원만하고 상대적으로 순한 인물인 탈레반 측 협상 대표 B○○에게 전략적으로 접근하여 우선 공략한 것이 주효했다.

탈레반과 협상 시 탈레반 현지 문화에 맞는 격언과 유머를 적극적으로 활용한 것이 주효했다. 당시 직접 활용했던 유머로는 헬리콥터 시리즈와 칫솔 시리즈, 산적 시리즈 등이 있다. 실제 탈레반 문화에 맞는 유머를 구사해 주니까 효과가 나타났다. 탈레반과 협상 시 사용한 유머는 본론에서 실제 상황 전개 속에서 이야기하기로 한다.

유머와 위트는 우리의 일상사에서도 효과를 발휘한 사례가 많다. 1984년 11월 미국의 대통령 선거에서 공화당 로널드 레이건 후보와 월터 먼데일 후보가 맞붙었다. 대선 토론에서 먼데일이 선제적으로 공격해서 우위를 차지하려고 레이건 후보에게 질문했다. "레이건 후보! 나이가 너무 많다고 생각하지 않느냐?"라고 물었다. 레이건 후보는 여유 있는 모습으로 짧게 한마디 했다. "나는 상대가 나이가 어리다거나 나이가 어려서 경험이 미숙하다고 말하고 싶지 않습니다."라고 했다. 레이건의 이 한마디는 군중의 엄청난 호응을 가져왔다. 한국의 대선에서도 유사한 사례가 있었다. 1997년 12월 DJ 후보와 이회창 후보가 대선 토론에서 마주했다. 이회창 후보가 DJ에게 질문을 던졌다. "김대중 후보! 나이가 너무 많다고 생각하지 않느냐?"라고 물었다. 이때 DJ는 구수한 전라도 사투리 톤으로 "그렇게 말하는 사람도 나이가 적지 않습니다~"라고 했다. DJ의 이 한마디가 분위기 반전을 가져왔다. 이와 달리 어떤 후보가 대선 유세장에서 자신이 나이가 많지 않다는 것을 보여주기 위해 하드웨어적으로 유세장 무대에서 팔굽혀펴기를 한다든지 또는 일반적인 상황에 맞지 않거나 부자연스러운 제스처를 보여줄 경우에는 긍정적 호응을 얻기가 어렵다. 오히려 유머와 위트가 더 자연스럽고 효과적이다.

격언은 상황에 맞게 사용할 때는 플러스 효과를 가져온다. 반면에 상황에 맞지 않는 격언을 사용할 경우에는 상대가 당황하거나 언짢아하는 때도 있다. 예로서 중동 지역 모 국가 인사가 한국을 방문했을 때 자주 일어났던 일이다. 공식 오·만찬 행사 시 한국 측 모 인사는 양쪽 파트너 회사 간 관계 강화를 해나가자고 강조하기 위해 "비 온 뒤에 땅이 굳는다는 말이 있듯이 그간의 실수나 잘못을 잊어버리고 새로이 양 회사 간 관계 강화를 위해 노력해 나가자."라는 격언을 줄곧 자주 사용한다. 그러나 중동 사막에 비가 거의 없어서 문화 상황이 다른 점을 감안해야 한다. 실제로 상대가 처음 듣고 상황 이해가 되지 않아 당황스러워하는 것을 수차례 보았다.

시대가 빨리 변화해가고 있고 변화할 것이다. 그러기에 과거 통용되던 유머와 격언을 그대로 인용하거나 활용하는 것은 신중해야 한다. 대신 시대 변화에 맞는 유머와 격언을 사용할 때 여전히 협상의 윤활유 역할을 할 수 있다. 당시 탈레반에게 원용했던 격언과 한국의 격언을 비교하여 설명해 보기로 한다.

중동 내 한국과 유사한 속담 격언

속담 및 격언 내용	활용 상황	비 고
어려울 때 친구가 진정한 친구다	상대로부터 협조를 구할 때 활용	인질 피랍 상황의 어려운 입장을 이해해 줄 것과 협조 설득 유도 2007년 탈레반과 협상 시 직접 활용한 사례
하늘은 스스로 돕는 자를 돕는다	상대에게 지극한 정성과 노력을 보여주면서 협조 설득 유도 시 활용	한국 측 대표는 지극한 정성을 쏟고 있다는 점을 강조하고 조속한 피랍자 석방 해결 협조 요청
가다가 중지하면 아니 감만 못 하다	사안 종료 시까지 협조를 강조할 때 활용	회의 접촉을 개시했으니 결론을 도출하자고 설득 유도 시 활용 가능
천 리 길도 한 걸음부터	초기 협조를 구할 때 활용	매 회의마다 진척이 있을 필요성과 결과물을 도출하자고 설득 유도
뜻이 있는 곳에 길이 있다	상호 윈-윈을 강조할 때 활용	윈-윈 협상 설득 요청

	상호 신뢰를 강조할 때와	세상에 비밀은 없지만, 너와 나 간
세상에 비밀은 없다	비밀 유지 약속 시 등 두	의 비밀은 끝까지 유지한다고 강조
	가지 측면으로 활용	시 참고

(출처: 본 저자 박사 논문, 2021; 엄익란, 2011; 공일주, 1996; 재작성)

중동 이슬람 국가 고유 속담 격언

속담 및 격언 내용	활용 상황	비 고
집을 찾아온 손님이 떠날 때 빈손으로 보내지 않는다	피랍 인질 상대측에 인질 석방 협조를 요청하고 현재 접촉 중인 참석자들에게 떠날 때 결정적인 사안을 제시해 줄 것을 설득 시 활용	2007년 탈레반과 협상 시 한국 대표가 탈레반 회의 참석자들에게 설득 시, 직접 활용한 사례이며 탈레반도 동감 표시
말보다 행동이 중요하다	실제 조속한 협조 이행을 구할 때 활용	중동 무슬림들이 인샬라 문화도 있듯이 말은 하고 행동이행이 안 되는 경우가 자주 발생하기 때문에 활용
역경에 처해보아야 친구를 알게 된다	어려운 상황인 점을 설득하여 협조 요청 시 활용	친근감 표시
사랑할 때와 전시에는 모든 것이 용납된다	예외적 상황 설명 시	예외적 상황 인정해 줄 것을 설득할 경우 활용
베푼 만큼 받는다	협조 시 응분의 화답이 있다는 점을 인식시키면서 설득	중동 무슬림들은 작은 선물에도 감사
남에게 대접을 받고자 하는 대로 남을 대접하라	협조를 구할 때	협조 설득 유도
최상의 말은 행동이다	협조 실천 이행을 요청 시 활용	조속한 인질 석방 해결을 설득 요청 시 활용

(출처: 본 저자 박사 논문, 2021; 엄익란, 2011; 공일주, 1996; 재작성)

3. 가상 시나리오 전법

당시 탈레반과 협상 시 가상 시나리오를 구상하여 잘 활용했던 것이 협상에 많은 플러스로 작용했다. 사전에 입체적으로 잘 짜여진 시나리오를 준비했다. 준비한 시나리오를 적절한 시점에 활용할 경우 긍정적 효과를 가져온다. 사전에 잘 짜여진 시나리오 실제 사례를 한 가지 말해 보고자 한다. 2025년 2월 28일 미국에서 미국의 트럼프 대통령과 우크라이나 젤렌스키 대통령이 회담을 가졌다. 제이디 밴스 미국 부통령도 배석하여 배드 캅(Bad Cop: 나쁜 역할자) 역할로 젤렌스키를 선제 공격하고 트럼프 대통령의 말을 옹호하는 발언을 했다. 이때 미국은 몇 가지 설득해야 할 요소 중 광물 협정 체결을 염두에 두고 협상의 강·약의 분위기를 잘 활용했을 뿐만 아니라, 배석한 밴스 부통령 역시 적절한 시나리오 전법을 잘 구사했음을 알 수 있다. 이와 같이 다양한 협상 기법을 혼용하고 잘 준비한 시나리오를 활용하는 것은 반전의 효과를 가져온다.

협상 시 특유한 문화 관습에 따라 하지 말아야 할 것들이 다양하다. 권역별 국가별 차이는 있지만, 통상적으로 사적인 질문을 삼가해야 한다는 말이 있다. 선물 제공 시에도 마찬가지로 선별적으로 제약이 있다. 선물을 제공하는 시점[3]과 종류가 국가마다 다르다. 예로서 부채[4]를 선물로 하지 말아야 하는 문화권 등도 있듯이 말이다. 사적인 질문을 하지 말아야 하지만 사적인 질문을 통해 반드시 알아내야 할 경우도 있다. 이때 가상 시나리오

---

3) 무역 수출 상담이나 여타 비즈니스 활동 시 같은 중동권 내 국가 중 선물을 접촉 초기에 주는 것이 효과적인 나라가 있고 접촉 상담이 다 끝난 후에 주어야 효과가 있는 나라가 있다.

4) 문화를 알고 문화를 존중하고 문화에 맞게 다가가면 된다. 중국인들에게 부채를 선물할 경우 돈이 날아가서 자신에게 모이지 않아 부채를 선물하지 않는 관례가 있다.

전법을 활용하기도 한다. 강적 탈레반과 협상 시에도 가상 시나리오 전법을 활용했다.

예로서 모 중동 국가들과 무역 거래를 하는 구매수입자 바이어와 무역 수출 협상을 한다고 가정하자. 바이어 상대가 부인이 3명이라고 가정하자. 수출자는 바이어 입장을 고려하여 부인을 포함한 가족들의 선물을 준비해야 할 경우를 가정해 보자. 이때 부인이 몇 명인지 사적인 질문을 해서는 안 된다. 하지만 이러한 어려운 경우에도 협상 특유의 전법인 가상 시나리오 전법을 구사하여 자연스럽게 해결할 수 있다. 고정틀을 깨면 된다.

당시 탈레반에게도 구사했던 몇 가지 가상 시나리오 전법이 주효했다. 먼저 탈레반 측에 본인의 가족 사항에 대해 선제적으로 가상 시나리오 전법을 동원해서 설명했다. 본인의 배우자가 몇 명인데 첫째 배우자는 몇 살이고 둘째 배우자는 몇 살이다. 몇 명의 배우자 간에 한 번도 다툼이 없었다. 스트레스는 있었지만 다툼을 피해 가는 노하우를 유머로 돌파하면 된다는 시나리오 전법을 활용하면 효과적이다.

4. 테러 단체와 해적 단체 협상법 비교

테러 단체 및 해적 단체와 협상 시 협상 기법을 달리해야 한다. 두 단체는 피랍 목적과 협상 요구 조건이 다르다. 행위 발생 장소인 공간적인 측면과 피해 정도를 포함한 몇 가지 점에서도 차이점이 있다. 2007년 당시 탈레반과 협상 시 이러한 점을 고려하여 협상을 이어 갔다. 우선 피랍 목적 및 요구하는 조건이 다르다. 테러 단체는 정치 · 사상적 민족주의와 종교적 목적인 의도를 가지고 테러한다. 반면 해적 단체는 금전을 목적으로 하는 생계형 목적이다. 2006년 4월 소말리아 해적에 피랍된 동원호 628호 선원 피랍 사례가 그 예이다.

둘째, 협상 주도 주체 면에서 다르다. 테러 단체와 협상은 주로 피랍 주체와 피랍인 소속 국적 정부가 주도한다. 반면, 해적 단체 피랍 사건은 해적 단체와 피랍인 소속 회사 또는 선박 회사가 고용한 국제 협상 전문가가 포함된 다국적 경비 보안 업체의 중재 방식으로 협상을 한다. 또한, 국가별 인질 피랍 사건에 대해 적극적 개입형과 방임형으로 나누어진다.

셋째, 접촉 방법 면에서 테러 단체는 직접 접촉을 선호하지만, 해적 단체는 자신들의 조직 보호를 위해 간접 접촉을 선호한다. 그런데도 아프간 피랍 사건 협상 시 살해 압박이 지속되는 상황에서 테러 단체와는 협상할 수 없다는 명분론을 따라갔었다면 피랍인들의 인명 피해는 어떻게 되었을까? 살해 인원은 얼마나 늘어났겠는가? 상상해 보라, 상상만 해도 끔찍하다. 탈레반과 직접 접촉을 통한 협상이 주효했다. 탈레반을 어떤 단체로 규정했는지에 대해 나라마다 다르기도 하다. 러시아는 어떻게 규정했고 유엔 및 미국은 어떻게 규정했는지? 한국을 비롯한 여타 국가들은 어떤 규정을 따랐는지 생각해 볼 부분이다.

넷째, 피랍 인질 살해 협박과 관련하여 테러 단체는 살해 위협이 단순 압박용이 아니라 실제 살해로 이어질 가능성이 크다. 이와 달리 해적 단체는 주로 몸값을 제대로 받기 위한 수단과 협상 가속화를 위해 살해 위협을 활용한다. 실제 사례로 탈레반이 2007년 한국인 피랍자 중 심영우를 2차 살해하겠다고 위협했다.

그 외 여러 가지 특이한 차이점이 있는데 간단히 요약하여 말하고자 한다.

테러 단체와 해적 단체의 특성 비교

구 분	테러 단체	해적 단체
조직 구조	조직화	비조직화
초기 협상 요구 내용	정치 이념 및 조직 이익	금전(Ransom)
협상 시 접촉 방식	직접 대면 접촉 협상 (통신 접촉 등 간접 접촉 병행)	초기 유선 접촉 등 간접 대면 협상
해당 정부 기관으로부터 받는 영향	압박 영향이 상대적으로 적음 (정부 입김 영향력이 적음)	압박 영향이 상대적으로 많음 (정부 입김 영향력 지대)
피랍 목적	조직 이념 존립이 우선	주로 몸값 취득
대외적 명분 중요도	중요	미약
피랍자 살해 위험도	높음	낮음 (주로 협박용 및 협상 가속화용)
조직 관련 언론공개도	언론 공개 선호	비공개 선호
살해 위협 대응도	적극 대응 필요	소극적 대응(무시 전략)
요구 사항 변화 정도	요구 사항 변화 가능성이 큼	요구 사항 불변(몸값)
협상 수준	협상자의 수준이 상대적으로 높음	협상자의 수준이 상대적으로 낮음
유머 및 현지 격언 속담 사용 시 효과	유머 및 현지 격언 속담 사용 여지가 많고 긍정 효과	유머 및 현지 격언 속담 사용 여지가 적음(간접 접촉 및 해적 단체의 몸값 취득 주안점)
군사적 위협 영향력	상대적으로 낮음	상대적으로 높음

(출처: 본 저자 박사 논문, 2021; Schoeman, 2013; 한국일보, 2007; 재작성)

5. 상황 변화에 요동치는 경우의 수

　피랍 주체인 테러 단체 및 해적 단체와 협상 시 협상 대응 강경도 면에서 강·약(협상의 강경도 면에서 강하고 약함을 의미)의 주기를 상황이 전개되는 시간대별로 변경하여 원용한다. 흔히 협상의 경우의 수를 협상의 강·약 변화에 비추어 변화되는 파도의 높낮이에 비유한다.

협상의 강·약 변화를 나타내는 파도 높이의 변화

　썬맨이 탈레반과의 협상 시에도 유사한 강·약의 주기를 활용했다. 일상적인 비즈니스든 여행을 하든 평상시 사람들 간에 협상은 항시 동반된다.

일상생활에서도 어떤 협상 안건에 대해 협상 시 밀당(밀고 당기기)할 때 강·약의 주기를 활용한다. 예를 들어 무역 수출 협상에서 처음 가격 협상을 할 때 최저 한계선을 제시하기 직전과 제시 시점에서 통상적으로 강성을 보인다. 상대와 협상 시 강조하고자 할 때 강조점과 우위를 점하려고 할 때도 강·약 중에 강한 톤의 말을 활용한다.

테러 단체이든 해적 단체이든 간에 협상 초기에 피랍 주체는 통상적으로 강성 발언을 한다. 강한 톤의 말은 주로 압박용으로 활용한다. 또한, 협상 초반에 우위를 점하고자 하거나 평행선을 깨고 우위를 점하고자 할 때 활용한다. 새로운 옵션을 제시하거나 전환점을 찾으려고 할 때도 강한 톤을 이용한다. 2007년 당시 탈레반도 초기에 추가 살해 압박을 통하여 강성 협상을 이어갔다. 통상적으로 테러 단체가 해적 단체보다 상대적으로 강경의 정도가 강하다. 그리고 테러 단체가 상대적으로 강경의 변화 횟수가 많은 편이다.

협상 시 경우의 수는 협상 상대의 특성에 따라 협상 강경 정도와 강경 횟수가 달라질 수 있다. 그야말로 유동적이다. 달리 말하면 협상 상황에 맞게 잘 적응해 나가는 유연함이 필요하다. 때로는 바람의 강도에 따라 파도의 파고에 변화가 일어나는 현상에 비유하고 싶다. 그래서 **"협상은 흐르는 물처럼"** 하라고 말하고 싶다. 통상적으로 큰 맥락에서 협상 강경도에 따른 경우의 수는 8가지 형태로 구분한다. 어느 시점에서 어느 시점까지 잘라서 구분한 시간대에서도 상황의 변화 횟수가 달리 나타나서 강·약의 경우의 수와 변화 횟수가 자주 일어나기도 한다. 협상 시 강경 정도의 변화되는 횟수는 유동적이기 때문에 눈금자로 측정하듯이 고정된 잣대를 적용하지 못한다.

협상 강경도에 따른 경우의 수(8가지)

단 계	협상 초기 단계	협상 중간 단계	협상 종결 단계
협상 강경도에 따른 경우의 수	강	강	강
	강	강	약
	강	약	강
	강	약	약
	약	약	약
	약	약	강
	약	강	강
	약	강	약

* **협상 강경도에 따라 강함은 강, 약함은 약으로 축약 표기**
(출처: 본 저자의 박사 논문 2021; 강영문, 2010)

아프간 피랍 사태 협상 시에도 썬맨이 느꼈던 협상 시 경우의 수 변화에 대해 변동 그래프를 나타내 보고자 한다. 투철한 사명감을 기반으로 강심장의 강단을 발휘하지 못했다면 인질들은 어떻게 되었을까? 경우의 수를 읽지 못했다면 얼마나 추가 살해가 발생했을까? **지금에 와서도 그 순간들의 아찔한 생각으로 괴롭다. 투철한 국가관과 희생 정신·헌신이 없었다면 급박했던 위기 협상의 능선을 과연 넘어갈 수 있었을까?**

협상의 변곡점은 초기 탈레반의 강성 협상으로 2명 인질 살해와 추가 살해 압박이었다. 그리고 썬맨의 적지 투입과 탈레반 수장과의 직접 접촉이다. 1차 직접 접촉 협상과 순조로운 성과를 도출한 2차 직접 접촉 협상이다. 탈레반과 한국 측은 쉬운 바트나(BATNA: Best Alternative To a Negotiated Agreement)로 조기에 타결될 분위기였다. 그 이후 3차 직접 접촉 협상에 처음 조인한 사람이 경우의 수를 읽지 못하여 물의 흐름이 바뀌었고, 이 때문에 극도의 살해 압박이 초래되었다. 3차 직접 접촉 협상과 또다시 살해 압박과 위협이 재현된 4차 협상에서는 두 가지 문제가 있었다. 하나는 공개 인터뷰 요구와 다른 하나는 경찰 병력이 가로막고 있던 기자 진입로 차단막을 해제 조치하는 문제였다. 이와 같이 탈레반과의 협상은 탈레반의 2차 살해 이후 그다음 살해 대상자 2명 지목과 통보를 통해 살해 압박이 연이어 이어졌다. 많은 우여곡절이 겹친 경우의 수가 숨어 있다. 최종 인질 석방까지의 일련의 협상의 강경도에 대한 변화를 그래프로 나타내 보고자 한다.

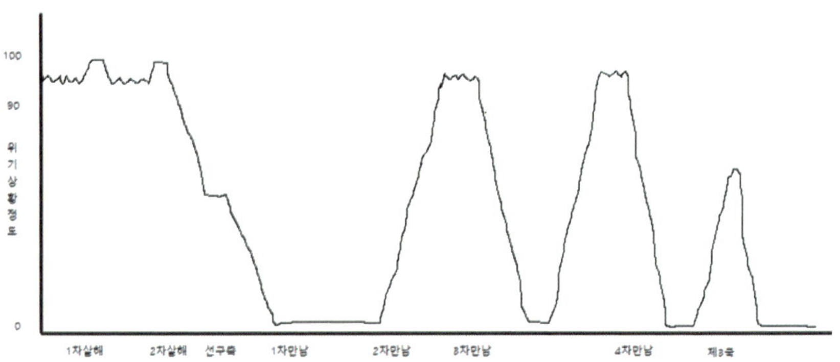

탈레반과의 실전 위기 협상에서 경험한 경우의 수

6. 협상의 기법과 전략

　협상 시 활용할 협상 기법은 협상 주제와 상황에 따라 구분하여 시의적절하게 활용하는 것이 중요하다. 협상의 파트너가 누구인지에 따라서도 협상의 기법을 달리해야 한다. 탈레반과 협상 시 썬맨이 활용한 협상 기법들 중 일부를 말하고자 한다. **If 질문법**[5]**과 집념과 열정을 불어넣어서 촉(Cue)을 활용했다.** 개방형 질문법과 넓은 분야에서 좁은 분야로 대화를 좁혀가는 기법을 이용했다.

　어떤 경우에는 질문(Que)을 활용 시에도 긍정적인 답이 명확한 단문의 질문을 연결하여 연달아 질문을 이어 가면서 마지막 답을 당초에 얻고자 하는 답으로 유인하는 협상 기법도 사용했다.

　탈레반 문화를 적절히 활용하여 탈레반 수장의 권위를 세워주고 질문(Que)을 던지는 방법을 활용했다. 이러한 과정에서 촉(Cue)을 활용하여 협상의 방향타를 정할 수 있다. 썬맨은 **트라이앵글 전법을 구사**하여 두 명의 주요 핵심 인물에게 접근하는 직접 접촉선을 구축했다. 먼저 탈레반 수장에게 중간 매개 인물 JH를 활용하여 연결고리를 만들어 가는 트라이앵글 전법을 구사했다. 또한, 중간 매개 인물 JH를 통해 가즈니 내 실세 JS와의 직접 접촉선도 구축했다.

　일상 속에서도 트라이앵글 전법을 활용하는 사례가 많다. 비즈니스 업무 협의를 하기 위해 상대방과 처음 조우할 경우에도 활용 가능하다. 예를 들면, 비즈니스 상담 목적으로 만날 예정인 상대방 회사 소속 최고 결정권자에 대해 효율적으로 접근하기 위한 사전 방편으로도 트라이앵글 전법을 활

---

5)　만일에⋯. 라는 가정문을 제시하여 상대의 반응을 유도하거나 사전 심리적 동의를 끌어내는 전략을 말한다.

용하면 용이하다. 해외로 일정 기간 동안 근무하기 위해 파견 나가는 비즈니스맨이나 건설 지사장, 그리고 외교관들도 이 트라이앵글 전법을 통해 인맥을 확대해 나갈 수 있다. 더 나아가 사적인 거래를 하거나 계약을 할 경우에도 사전 상대방과의 관계를 구축하는 데 좋은 방편이다.

협상의 트라이앵글 전법을 묘사

이후로 썬맨은 최저선 및 최고점의 한계선을 던져주거나 마지노선을 그어주는 닻 내리기 효과(Anchoring Effect)를 구사했다. 닻 내리기 효과를 활용한 사례들 중 한 가지 예는 다음과 같다. 썬맨이 연성 협상을 주로 하다가 탈레반의 인질 살해 위협이 극도로 치달아 실제 살해를 막고자 했다. 이때 처음으로 닻 내리기 전법을 강성 협상 발언으로 활용하여 효과를 보았다. 몇 가지 옵션으로 강경 대응 시 활용했다. 강성 협상과 연성 협상을 문화에 따라 잘 배분하여 적용해 나가는 것이 절실히 필요하다.

<h2 style="text-align:center">강성 협상과 연성 협상 비교</h2>

강성 협상	연성 협상
사람과 협상 주제 모두에 완강	사람과 협상 주제 모두에 유순
상대를 불신하고 자신의 입장 고수	상대를 믿고 자신의 입장을 쉽게 변경
위협 압박	의견 제안 및 대안 제안
경합에서 승리하고자 자신의 입장만 고수	합의를 주장하고 경합을 회피
관계 유지를 위한 조건으로 양보를 요구	관계를 돈독히 하기 위해 양보

(출처: 본 저자 박사 논문, 2021; 강영문, 2010; 재작성)

하이에나가 다른 동물이 사냥한 먹잇감을 빼앗으려고 할 때와 같이 먹이 사냥 시 하는 전법과 유사한 니블링(Nibbling)[6] 협상 기법도 활용하면 효과적이다. 협상 초기에 주로 활용하는 지그재그(Zig Zag)[7] 협상 대화법과 살라미 전법도 활용하면 효과적이다.

그 외 기브 앤 테이크(Give & Take) 전법과 대화를 조각조각 나누어서 짧게 말을 이어가는 대화법과 촉진제와 같은 말 한마디(예를 들어 We are the world!, 점보, 하쿠나 마타타 등이다)를 던져주는 전법도 효과적이다. 굿 캅(Good Cop: 좋은 역할자)과 배드 캅(Bad Cop: 나쁜 역할자)은 탈레반은 활용했으나 썬맨은 활용할 파트너가 없었고 미상 이유(세부 언급 생략)로 활용하지 못했다. 앞에 기술한 가상 시나리오 전법도 순발력과 기지를 발휘하여 적극적으로 활용했다.

그 외에 브레이크 타임(Break time) 전법을 활용했다. 탈레반이 극도로

---

6) 협상의 마무리 단계에서 약간의 양보를 얻어내려는 전략으로 조금씩 가벼운 요구를 하여 양보를 얻어내는 전략을 말한다.

7) 상대의 숨은 의도와 심리를 파악하기 위해 짧은 질문을 다양하게 이 방향 저 방향으로 구사하는 방법을 말한다.

압박을 가해 오거나 강성 협상을 이어갈 때 브레이크 타임을 제시하여 완화 작용으로 활용하기도 했다. 또한, 탈레반과 인간적인 관계 구축과 중요 단서 정보를 입수하거나 확인할 때도 적절히 활용했다. 브레이크 타임을 요구할 경우 화장실에 가야 한다는 구실 등 인간의 기본적인 욕구 요소를 활용하는 것이 효과적이다.

썬맨은 탈레반과 협상 시 융합적인 협상 전략을 활용했다. 다시 말해 협상 기법 및 협상 심리와 협상 문화 세 가지 요소를 융합하여 대응해 나갔다. 협상의 세 가지 요소인 시간(데드라인), 힘 그리고 정보도 융합하여 활용했다. 또한, 탈레반과 협상 시 협상 전략으로 윈-윈(Win-Win) 협상 전략과 바트나(BATNA: Best Alternative To a Negotiated Agreement)도 적극적으로 활용했다. 탈레반은 한국 측에 한국군 철수와 기독교 전파 활동 중지, 피랍자와 아프간 정부에 구속 수감된 탈레반 죄수와의 석방 맞교환을 요구했다. 그러나 탈레반의 요구 사항 속에 의도가 숨어 있는 사항도 있었다. 마을회관 같은 건물 건립과 현대자동차 SUV 차량을 싼 가격으로 구매하는 방안, 랜섬, 제3지대 해외 초청 방안 등이 숨어 있었다. 이러한 숨어 있는 사항을 BATNA의 요소로 활용할 수 있다. 상대가 강력히 요구하는 사안에 대해 데드라인 내 적시성 있는 반응을 던져주는 메아리 전법(Echo 전법)[8]도 활용했다. 탈레반과 협상 시 적시성 있는 메아리 전법(Echo 전법)은 매우 중요했다. 탈레반이 살해 압박을 해 오면서 데드라인 내 이행 요구 사항을 제시해 왔을 경우에 비록 이행할 수 없는 경우에라도 그간 노력한 내용을 데드라인 내 적시성 있는 반응을 보여주어야 실제 피랍자 살해를 방지할 수 있는 것이다.

---

8) 탈레반이 요구 사항 이행을 위한 데드라인을 제시했을 때 실제 이행이 불가하더라도 어떤 반응을 보여주는 것을 말한다. 당시 탈레반은 데드라인 시간 내 한국 정부가 요구 사항에 대해 이행을 하지 않으면 인질 살해 압박과 실제 인질 살해를 감행할 상황이었다. 이러한 인질 살해를 방지하기 위해서는 중요한 전법이다.

7. 언어&비언어 소통

때로는 우리가 살아가면서 비언어 소통이 언어 소통보다 더 효과적인 경우가 있다. 썬맨은 탈레반과 이슬람 문화권에 맞는 얼굴 표정과 손짓, 시각, 촉각 같은 바디랭귀지를 적극적으로 활용했다. 단순히 악수하면서 인사하는 대신 **포옹 인사법도 잘 활용했다.** 탈레반 협상 대표와 협상 종료 후 적신월사 2층에서 지상까지 내려올 때까지 자연스럽게 손을 놓지 않고 대화하면서 함께 걸어 내려왔던 것도 매우 효과적이었다.

말의 속도와 톤 색깔은 탈레반에 대립 분위기를 완화하고 공감을 표현할 때 주로 활용하여 효과를 보았다.

말에도 색깔이 있다. 말의 속도와 톤 색깔 사례는 우리가 항공기에 탑승하여 여행할 때 기내에서도 흔히 경험한다. 예로서 항공기 내에서 식사를 서빙하는 스튜어디스의 말의 속도와 색깔에서 말 온도를 느낀다. Z 항공사를 이용하며 실제 경험한 두 스튜어디스의 서빙 태도는 말의 톤과 색깔에서 뚜렷한 차이를 보였다. 스튜어디스는 기내에서 통상 두 가지 메뉴를 가지고 승객에게 서빙을 한다. 당시에는 치킨과 포크(Pork) 두 가지 메뉴를 서빙했다. 스튜어디스는 대체로 승객에게 두 가지 메뉴 중 말하는 순서로 중간 이후 남은 메뉴의 숫자의 비율을 조정해 나가기도 한다. 때로는 승객들의 수요 추세를 보고 비율을 맞추기 위해 그렇게 하기도 한다. 때로는 많이 남은 한 가지 메뉴만 우선 승객에게 제시해 보기도 한다. A 스튜어디스는 승객이 치킨을 요구하면서 치킨이라고 말하는 데 대해 대답의 갈림길에 선다. A 스튜어디스는 선택의 여지가 없다면서 포크(Pork)만 가능하다(No Choice, Only Pork)고 짧게 답했다. 말의 톤에도 단호함이 숨어 있었다.

피곤해서 그럴 수도 있다. 그래도 그렇지, 말은 화살과 같이 날아가 버리고 지우개로 지울 수가 없기에 말이다. 품격이 있느냐 없느냐의 갈림길이다. 이런 경우 승객은 속으로 의아해하면서도 Z 항공사를 떠올리면서 비웃음이 나오는 때도 있다. 그 이후 B 스튜어디스는 비슷한 상황에서 "아~ 예 지금 치킨은 다 나가고 맛있는 포크(Pork)만 서빙이 가능합니다."라고 상냥하게 웃으면서 말했다. 이 경우 승객은 오케이 하면서 흔쾌히 즐겁게 포크(Pork)를 받아서 먹었다. 어떤 승객은 비행기에서 내린 직후 걸어가면서 A 스튜어디스의 말의 형태에 대해 노골적으로 비아냥거리는 소리를 했다. A 스튜어디스와 B 스튜어디스의 말의 톤 색깔은 역력히 다른 결과 반응을 나타내었을 뿐만 아니라 승객에게 비추어진 항공사의 이미지도 다르게 반영될 것이다.

협상 시에도 말의 톤 색깔은 상대의 기분과 결정 방향에 지대한 영향을 미친다. 또한, 비언어 소통도 원활히 활용할 경우 협상의 시너지효과를 내는 데 효과적이다.

강적 탈레반의 음모 속, 불안한 시작

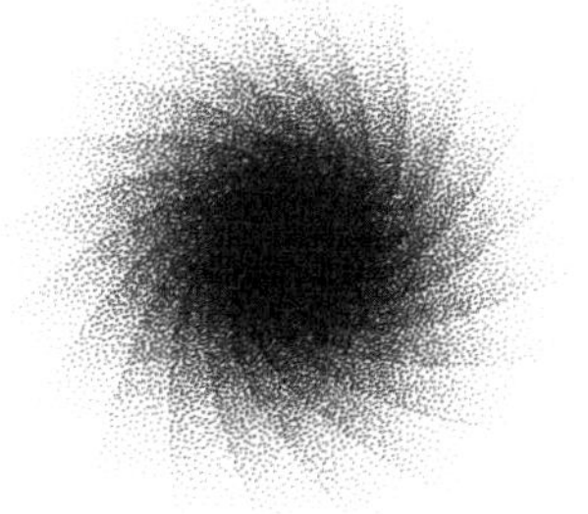

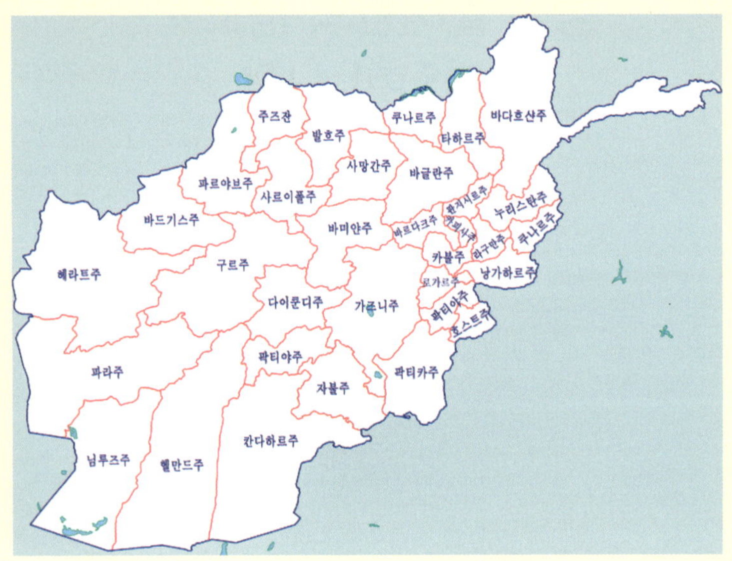

(출처: 아프가니스탄 지도, 위키백과)

**피랍자들의 이동 동선은 카불 도착 →
북부 마자리샤리프(죽음의 무덤) → 카불 → 가즈니주 →
카라바크(피랍 발생) → 칸다하르(목적지)**

1. 한국인 피랍의 총소리

탕! 탕! 탕!

2007년 7월 19일 태양이 이글거리는 무더위와 먼지 바람이 불어오는 밝은 대낮이었다. 탈레반은 샘물교회 소속 한국인 23명을 가즈니를 지난 카라바크 길목에서 기다리고 있었다. 탈레반은 샘물교회 소속 한국인 23명이 탑승한 버스를 향해 수발의 총을 발사했다. 샘물교회 소속 한국인 23명에 대한 피랍은 탈레반이 사전에 계획한 음모였다.

한국인 23명의 목숨은 카불에서 교체한 운전수의 손에 달린 상황이었다. 한국인 23명은 북부 마자리샤리프에서 사역을 마친 후 카불까지 버스로 이동했다. 이때 버스를 몰고 왔던 운전수가 더 이상 운전을 못 하겠다고 했다. 그래서 당시 한국인들은 카불에서 175km 원거리 소재 카라바크를 지나 칸다하르까지 이동 시 이용할 버스 운전수를 다른 사람으로 변경했다.

　탈레반 측 핵심 인물을 통해 입수한 바에 의하면 직전 버스 운전수는 탈레반 측의 피랍 가능성을 사전에 어느 정도 인지하고 있었다. 그리하여 다른 운전수에게 운전대를 넘겨준 것으로 나타났다.

　카불에서 칸다하르로 가는 길은 편도 1차선 도로로 인적이 별로 없는 외길이었다. 군복을 입고 총으로 무장한 탈레반 10여 명은 **2007년 7월 19일 카불과 칸다하르 사이 지역인 가즈니를 지난 지점인 카라바크 도로 길목에서 한국인 23명을 숨죽여 기다리고 있었다.**

카라바크를 향한 가즈니주 도로

　탈레반은 한국인 23명에 대해 사전 첩보를 입수했다. 카불에서 칸다하르로 이동하는 길목에서 납치할 순간을 카운트다운 하면서 기다렸다. 아프간 현지에 이미 장기간 거주해 오고 있던 한국인 3명을 포함하여 한국인 총 23명이었다. 탈레반은 인천공항 출국 사진과 아프간 카불 도착 이후 8시간

육로로 이동하여 북부 마자리샤리프에 도착한 상황에 대해 여러 경로를 통해 사전 첩보를 입수했다. 특히, 탈레반은 휴민트망과 SNS 등의 출처를 통해 한국인 23명이 북부 마자리샤리프에서의 사역 활동을 마치고 심야에 다시 카불로 출발할 예정이라는 것도 알고 있었다. 탈레반은 이러한 상황에 대해 사전 첩보를 입수하고 이들을 납치하기 위해 기다리고 있었던 상황이었다.

드디어 총으로 무장한 탈레반 10여 명은 한국인 23명이 카불에서 출발하여 가즈니를 지나서 카라바크 지점에 도착할 때를 숨죽여서 기다리고 있었다. 이들은 숨어 있다가 도착 시간에 맞추어 버스 앞 약 40~50미터 앞에서 갑자기 나타났다. 무장한 탈레반 2명이 갑자기 공중을 향해 탕탕탕 피랍의 총소리를 울리면서 버스 정차를 요구했다. 버스가 정차하자마자 속히 버스 안에 탑승하여 버스를 가까운 장소로 강제로 이동시킨 후 한국인 23명을 버스에서 강제로 하차시켰다.

탈레반은 피랍 초기에 피랍자들에게 피랍이라는 두려움을 주지 않기 위해 나름으로 노력했다. 탈레반 자신들의 피랍 의도를 숨기기 위해 노력한 것이다. 하지만 시간이 지나자 피랍의 실제 의도가 몇 가지 징후로 나타났다.

피랍된 한국인 23명은 피랍 초기에 탈레반에 의해 피랍된 것을 곧바로 알지 못했다. 그러나 잠시 후 탈레반이 강압적으로 버스에서 하차시키는 등 도보로 이동시키는 순간 피랍되었다는 것을 알았다. 탈레반은 처음에는 한국인 23명을 위험한 알카에다 테러 단체로부터 안전하게 보호해 주기 위한 것이라고 실제 납치 의도를 속였다. 그리고 안도감을 주기 위한 말을 이어갔다. 그러나 탈레반은 한국인 23명을 납치하여 산악 지대 민가로 우선 데리고 갔다. 탈레반은 곧바로 한국인 23명의 카메라와 노트북 등 개인 물품이 포함된 가방과 공동 경비 등을 순식간에 압수했다.

알 자지라 방송은 2007년 7월 20일 최초로 한국인 23명이 탈레반에 의해 피랍되었다는 상황을 보도했다. 연이어 세계 언론이 순식간에 보도를 이어나갔다. 놀라움과 황당하다는 반응들이 쏟아져 나왔다.

이로 인해 청와대는 대통령 주재로 아침저녁 긴급 회의를 개최하여 대책을 논의했다. 국정이 마비될 정도였다. 한국 내 국민들은 여행 금지 구역으로 지정한 곳에 왜 갔는지 하면서 우려감과 불만을 표출하기도 했다. 그러나 특이한 점은 탈레반에 대해 러시아는 과거 침공 시부터 테러 단체로 규정했으나 여타 주요국들은 전략적 포석이었는지 아니면 어떤 배경이 있어서인지 테러 단체로 공식 지정하지 않았다.

그러기에 중동 모 지역에서 탈레반과 모 국가가 장기간 비밀 회담을 개최해 올 수 있었던 것이 가능했던 것으로 추정한다.

탈레반, 그들은 누구인가? 탈레반은 자신들의 정권을 빼앗아 간 외세에 분노의 감정이 있었다. 국제적 위상 제고와 딜(Deal)할 요소를 확보하는 데 혈안이 되어 있었다. 독자들의 이해를 돕기 위해 우선 당시 피랍 직전 아프간이 처해 있는 상황에 대해 간략히 이야기해 보고자 한다. 아프가니스탄은 서쪽으로는 이란, 동쪽으로 파키스탄과 중국, 북쪽으로는 우즈베키스탄, 타지키스탄, 투르크메니스탄과 각각 국경을 접하고 있다. 외세의 아프가니스탄 개입은 근대에 들어와 더 치열해졌다. 19세기 아프가니스탄은 영국과 두 차례 전쟁을 거쳐 1879년 우호조약을 체결했다. 1919년 영국과 제3차 전쟁 이후 독립을 했다. 이후 1979년 12월 소련이 침공하여 1989년 12월 소련군이 철수했다.

소련 철수 이후 무자헤딘은 아프가니스탄 이슬람 공화국을 선포했으나 이슬람 세력의 정권 장악에 반발하는 세력이 1992년 북부 동맹을 결성했다. 이러한 혼란 상황에서 1994년 탈레반은 칸다하르 근처 지방 도시에서 활동을 시작했다. 탈레반은 아프간 침공을 한 영국에 이어 러시아를 물리치고 탈레반 정권을 수립했다. 그러나 그것도 잠시였다.

탈레반 정권 몰락의 결정적인 사건이 2001년 발생한 9.11 테러 사건이었다. 미국은 아프가니스탄 탈레반 측에 9.11 테러 주범인 오사마 빈 라덴을 보호하지 말고 미국 측에 신병을 인계할 것을 요청했다. 그러나 탈레반 측은 이를 거부했다. 이에, 미국은 2001년 10월 7일 아프가니스탄을 전격적으로 침공하여 2001년 12월 14일 탈레반 정권을 무너뜨렸다. 유엔과 다국적군 후원하에 2001년 12월 임시 정부가 수립되었다. 이로 인해 탈레반은 미국을 포함하여 아프간에 파병한 국가들에 대해 침략자로 규정하고 강한 적대감을 느끼고 있었다. 그러나 탈레반은 다양한 방식의 무장 투쟁을 했다. 2007년 7월 19일 샘물교회 한국인 23명도 이러한 혼란스러운 과정에서 피랍된 것이다.

한국인 피랍 직전 탈레반 상황에 관해 이야기해 보자. 탈레반은 자신들의 존재감을 드러내고 국제적 위상을 과시하기 위해 아프간 내 외국 국적자들에 대한 인질 납치를 지속 감행했다. 탈레반은 아프간 내 진출해 있던 이탈리아, 독일, 프랑스 등의 국적 출신 외국인들 대상으로 납치를 연이어 감행하고 있었던 상황이었다. 탈레반은 외국인 피랍을 통한 아프간 내 탈레반 죄수 석방과 맞교환하기 위해 혈안이 되어 있는 상황이었다. 또한, 미국을 주도로 한 외세에 의해 강제로 탈레반 정권이 무너졌다고 생각하고 정권 탈환욕이 극에 도달해 있었다.

추가로 2007년 한국인 피랍 당시 전후 상황에 대해 간략히 이야기해 보고자 한다.

첫째, 기독교 계열 비정부단체인 아시아협력기구는 2006년 8월 테러 경고에도 불구하고 카불에서 1,200여 명이 참석하기로 되었던 평화 대행진을 개최하려 했다. 카르자이 대통령은 당시 평화 대행진에 참석하려 했던 한국인 24명을 강제 출국시키는 조치를 단행했다. 이리하여 평화 대행진 행사는 결국 취소되었다. 카르자이 대통령은 외국인들이 아프가니스탄 내에서 종교를 전파하는 것에 대해 부정적인 시각을 갖고 있었다.

둘째, 탈레반은 2007년 아프가니스탄 내 미국을 비롯한 ISAF(다국적군) 연합군에 파병한 국가들에 대해 침략자적인 강한 적대감을 느끼고 있었다. 또한, 한국을 비롯한 외국군을 파병한 국가들의 국민 대상 피랍 등 테러 감행 의지가 높았다.

셋째, 탈레반은 2007년 7월 19일 한국인 23명을 납치하기 직전에 외국군 파병 대상 국적 국민을 포함한 외국인 납치 움직임과 대대적인 테러 공격을 지속해서 경고한 상황이었다. 2007년 3월 이탈리아인 2명을 납치한 데 연이어 2007년 4월 독일 및 프랑스인 각 한 명을 납치한 바 있다. 탈레반은 피랍 한국인 23명에 대해 봉사 단체로 보지 않고 기독교 전파를 위한 선교 단체로 간주했다.

한국 정부는 미국 및 유엔을 통해 석방 협상을 추진하려 했다. 그러나 일부 국가의 인질 단체와의 협상은 불가하다는 방침으로 어려운 상황이었다. 여타 지역에서 발생한 피랍 사건과는 판이하게 상황이 달랐다. 피랍 지역 국가인 아프간 정부는 탈레반과 전쟁 상태로 적대 관계일 뿐만 아니라 탈레반에 영향력도 행사할 여력이 없는 상황이었다. 더욱이 그 당시 아프간 카르자이 정부는 한마디로 무능과 무관심이었다.

탈레반은 한국인 20명이 인천공항을 출국하여 북경 및 두바이를 거쳐 아프간에 도착한 것에 대해 의구심을 갖고 있었다. 분당 샘물교회 소속 한국인들은 경비 절감을 위해 북경을 경유한 것이다. 그런데 탈레반 측은 샘물교회 소속 한국인들이 이동로에 대해 뭔가 숨기려는 의도를 가지고 북경을 우회하여 두바이를 거쳐 아프간에 도착한 것으로 잘못 알고 있었다. 분당 샘물교회 소속 한국인들은 북부 마자리샤리프에서 봉사 활동을 마치고 단체로 모여서 감사의 예배를 했다. 탈레반은 단체 예배 장면에 대해서도 기독교 전파로 보았다. 샘물교회 소속 한국인들의 아프간 내 활동 내용과 이동 상황에 대해 낱낱이 알고 있었다. 이들은 이후 마자리샤리프에서 봉사 활동을 마치고 늦은 밤 버스로 칸다하르로 가기 위해 카불로 출발했다. 아침 시간에 카불에 도착했다. 이에 대해서도 탈레반은 이들 한국인이 아프간을 방문한 목적이 봉사 활동이 아니라 기독교 전파를 하기 위한 것으로 확대 해석하여 인식하고 있었다. 카불에 도착한 버스 운전수는 갑자기 칸다하르로 갈 수 없다고 하여 다른 운전수 및 조수 2명으로 교체했다. 교체하기 이전 버스 운전수는 탈레반의 끄나풀인지는 미지수이나 납치를 사전 인지하고 카불에서 한국인 23명을 인계하고 사라졌다. 추후 확인된 사항이지만 탈레반은 한국인 23명에 대해 납치를 하기 위해 사전 계획된 음모를 가지고 있었다.

2. 아프가니스탄의 특이한 상황

한국 정부는 피랍 상황이 발생하자 카르자이 정부와 접촉을 해 나갔다. 한편, 청와대 특사 2명도 급히 카불에 도착하여 카르자이 정부 측과 주요 고위층 면담을 추진해 나갔다. 그러나 아프가니스탄은 그간 수없이 발생한 여타 지역의 피랍 상황과는 판이하게 달랐다. 다른 피랍 사건과는 확연히 차별되는 특수한 상황이었다. 초기에 맥을 잘못 짚었다고 할까?

아프가니스탄은 원래 탈레반 정부였다. 미국이 9.11 테러 배후인 오사마 빈 라덴의 신병 인도를 요구했으나 탈레반이 거부했다. 이에, 미국이 침공을 감행하여 탈레반이 물러난 상황이었다.

아프가니스탄에는 남부 지역에 탈레반이 자리 잡고 있었으며 카불 중심에 카르자이 정부가 자리 잡고 있었던 특수한 상황이었다. 여타 국가 상황과 달리 아프가니스탄 내에 2개의 세력이 존재했다. 탈레반은 자신들을 침공한 미국을 비롯하여 아프가니스탄에 군대를 파견한 국가들에 대해 강한 적대감을 느끼고 있었다. 한국군이 순수 의료 지원을 목적으로 파견되었으나 탈레반은 아프가니스탄에 와 있는 한국군에 대해서도 강한 적대감을 가졌다. 탈레반은 한국 정부에 한국군의 조기 철수를 주장했으며 한국군 철수를 협상 요구 조건 중 한 가지로 제시하면서 피랍자 살해 압박과 연계하여 주장했다.

탈레반은 카르자이 정부를 인정하지 않고 언제나 다시 정권 탈환의 꿈을 갖고 있었다. 그리고 카르자이 정부와 적대 관계를 유지하고 있는 상태였다. 탈레반은 한국과 피랍 협상 시 줄곧 카르자이 정부에 대한 반감을 강하게 표시했을 뿐만 아니라 정권 탈환을 반드시 할 것이라고 계기가 있을 때마다 강조했다.

3. 인질 살해 압박과 배 목사 1차 살해

탈레반은 알 자지라 방송을 통해 한국 정부에 제한된 시간 내 한국군 철수 발표 등을 지속 요구하면서 살해 압박을 가해 왔다. 탈레반은 피랍 초기에 한국 측에 탈레반 측 연락 전화번호를 알려 주었다. 탈레반은 자신들이 기다리고 있던 데드라인 시간 내 한국 측이 아무런 반응이 없었다고 강한 불만을 표출했다. 탈레반은 얼핏 보기에 최종 결과를 달라는 것으로 보이지만 실제 그렇지 않았다. 최종 결과가 아니면 데드라인 내 노력한 내용이라도 달라는 것이었다. 협상에 있어 메아리 전법(Echo 전법)을 상기시켜 준다. 탈레반은 말이 아닌 행동으로 강수를 두었다. 탈레반은 한국 정부의 만족할 만한 반응이 없다면서 2007년 7월 25일 배영호 목사를 살해했다.

탈레반은 알 자지라 방송을 통해 배영호 목사 살해 사실을 발표했다. 탈레반은 살해 후 시신을 놓아둔 좌표 지점까지 알 자지라 방송 기자에게 통보했다. 잔인한 참수 상황이 알 자지라 방송을 통해 실시간 영상과 함께 전 세계로 퍼져나갔다. 한국 국민은 물론 전 세계를 경악케 했다. 이렇게 또 다른 위급한 상황이 발생했다. 탈레반은 한국 측에 새로운 요구를 하면서 연이은 추가 압박을 가해 왔다. 탈레반은 아프가니스탄 감옥에 있는 탈레반 죄수를 석방해 주도록 측면 지원을 해 달라고 요구하면서 피랍 인질들에 대한 추가 살해 압박을 가해 왔다.

4. 요원 썬맨이 아프간에 급파되다

한국에서는 피랍 사건 발생 초기 아프가니스탄에 파견할 해외 경험이 있고 이슬람 지역 전문성이 있는 인물을 긴급하게 찾는 중이었다. 썬맨에게 오퍼가 왔다. 해외 풍토병을 물리치고 겨우 나은 상태였다.

평소 많은 후배가 좋아하고 믿음이 가는 의리가 대단한 최진호 선배가 피랍 협상에 긴급 투입할 최적의 요원을 선발하려고 한다면서 오퍼를 던져 왔다. 썬맨은 사명감이 있었고, 과거 뭇 선배 요원들의 투철한 국가관 및 헌신 정신을 잊을 수 없어서 아프가니스탄으로 긴급 투입되는 데 흔쾌히 동의했다.

게다가 연일 보도되는 피랍 사건 뉴스로 심적으로 무거웠다. 국내외 언론은 연일 한국 분당 샘물교회 소속 한국인 23명이 버스로 이동 중 총기로 무장한 탈레반에 의해 피랍되었다고 보도했다. 국내외로 주요 이슈화되었다.

또한, 국내외 언론은 탈레반에 의한 한국인 피랍 사건에 대해 주요 뉴스로 연일 보도했다. 탈레반은 피랍된 지 6일째 되는 날인 7월 25일 피랍자 중 배영호 목사를 살해했다. 이러한 상황 전개로 한국에 있던 피랍자 가족들은 피를 말리는 심정이었다. 한국 정부도 국내외 정치 상황도 좋지 않은 상태에서 예견치 않은 아프간 피랍 사태로 심각한 국면에 접하게 되었다. 국정이 마비될 지경이었다.

썬맨은 숙명인지 운명인지 직업 생리상 미션이 주어지면 무조건 해야 한다는 것으로 받아들였다. 너무 순진한 것이었는지도 모르겠다. 지역적인 경험과 전문가라는 허울 좋은 구실로 설득하여 아프가니스탄에 투입하는 것에 대해 썬맨은 운명적으로 동의했다. '신께서 나를 또 다른 시험에 들게 하는구나!' 하고 잠시 생각에 잠겼다. 뭔가 짠한 기분이 들었다.

한편으로는 썬맨은 평소 오지 지역에 미션을 이행하는 데 경험이 있어서 스스로 개척하고 액션을 할 수 있는 데 대해 뿌듯한 자부심을 느끼기도 했다. 실행 계획을 세워서 스스로 모험하기를 좋아하기도 했다.

썬맨은 아프간 투입 전 국내외 언론과 요로를 통해 한국인 23명의 피랍 장면과 1명이 살해된 상세 상황에 대해 알고 있었다. 또한, 탈레반의 무장단체에 대해 연일 보도하는 내용을 익히 알고 있는 터라 한국인 피랍 사태가 쉽게 해결되지 않을 것이라는 예감이 들었다. 인간이기에 두려운 마음도 내심 한구석에 자리 잡고 있었다. 또 한편으로는 가족들에게 걱정을 끼치지 않으려면 뭐라 말하고 가야 하는지? 순간 고민했다. '출장지를 속이는 수밖에 없겠다.'라고 일순간 생각했다. 무모한 직업병인지도 모르겠다.

썬맨은 아프가니스탄에 투입하기로 한 바로 그다음 날 긴급히 최단 시간 내 출국해야 했다. 두바이가 아닌 방콕과 뉴델리를 경유해서라도 출국 준비를 하기 시작했다. 왜냐하면, 당시 국내 분위기상 급박한 상황인 점을 고려하여 두바이에서 아프가니스탄으로 가는 항공기는 이틀 후에 있어서 무조건 내일 출국하는 것이 도착하는 그것보다 더 중요한 의미가 있었다. 이유는 당시 여타 다른 국내 사안으로 한국 정부가 곤란한 상황에 놓였기 때문이었다. 그래서 썬맨은 급히 카불로 투입되었다.

5. 협상 심리 강화 모드 전환

개인적으로는 아프리카 오지에서 열성적으로 일하다가 건강이 급격히 안 좋아졌다. 이 병원 저 병원에 치료하느라 다니면서 어렵사리 겨우 건강을 어느 정도 회복했는데 다시 피랍 상황을 해결하기 위해 투입되는 데 대해 내심으로 스트레스를 알게 모르게 많이 받았다. 직업 생리상 말은 할 수 없었다.

운명이기에 받아들여야 했다. 모든 일은 마음먹기에 따라 결과는 천지 차이가 난다. 인천공항으로 출발하기 전부터 가는 동안까지 심적으로 무겁기도 했다. 기분도 다운되기도 했다. 자신에게 맞는 스트레스 해소 방법과 기분 업 전환 방법이 필요했다. 가족들이 걱정하지 않게 하려고 출장지를 아프가니스탄이라 하지 않고 대신 말레이시아로 출장지를 속였다. 양복 한 벌과 속옷 한 개씩만 챙겨서 출발했다. 일주일간 출장이라고 했다. 아프가니스탄 현지에서 느끼기로 현실적으로 가족에게 비밀로 하고 출장지 등을 가식으로 말했던 것이 개인적으로 더 심리적인 부담으로 작용했다. 이것도 습관적인 직업병의 일종일지도 모른다. 잘못된 것이었다.

썬맨은 해외에서 어려운 상황을 이미 수차례 경험한 터라 충분히 스트레스를 이겨낼 수 있는 정신적 경험치가 있었다. 그러나 출발 초기에 여느 상황과 달리 피랍 인원도 많을 뿐만 아니라 국내적으로 피랍 가족들은 말할 필요도 없고 한국 정부도 큰 부담을 갖고 있는 상황이었다. 국내외 언론은 매일같이 인질 살해 등에 대해 시시각각 심각하게 보도했다. 평소와 달리 심리적 부담을 더 많이 느꼈다. 더욱이 한국 정부는 물론 국민과 피랍 가족들 그리고 주변의 시선이 여타 사태와 판이하게 달랐다. 내심으로 심적인 부담이 몰려왔다. 다른 피랍 사건과 비교해서 장기화할 것으로 느껴졌다. 만만치 않을 것이란 예감이 들었다. 썬맨은 국내 돌아가는 상황을 충분히 인지하고 있는 상태로 피랍 사건 해결을 위해 투입되는 것에 한꺼번에 밀려오는 심리적인 스트레스를 느꼈다.

한편으로는 무슨 팔자인지 숙명인지 아니면 운명인지 혼자 순간적으로 마음에 새기게 되었다. 평소와 다르게 순간 이런 생각이 들었다. 자식들에게는 대학 때 어떤 전공을 하든 간에 혹 어학을 전공할 경우 중동 이슬람 지역 언어는 하지 말도록 할 것이라고 혼잣말로 중얼거리기도 했다. 아마도 미국 등 선진국에만 다녀오는 사람들은 선진국 마피아 그룹이라는 카르텔이 있고 해외 파견 지역도 깔끔한 삶의 환경 속에서 지내면서 가족들도 상대적으로 편하게 지내게 된다. 썬맨은 '중동 이슬람 관련 공부를 한 이유로 사막의 모래바람과 싸우면서 헤쳐나가야 하는 운명 팔자이네.'라고 혼자 일순간 생각하면서 자신에게 조그만 불만의 불씨도 갖게 되었다. 여태까지 그런 부정적인 생각은 해보지 않았다. 지금은 후회 없다. 인간이기에 일순간 그러한 생각이 들었을 뿐이다.

요원의 투철한 사명감과 뭇 선배들의 헌신적인 희생정신 등을 고려하여 아프가니스탄 투입이라는 운명적 결정을 순수히 받아들였다. 이왕 주어졌으면 다시 긍정 전환 모드로 변신해야겠다고 마음을 곧바로 가다듬었다. 긍정 모드로 변모하려는 방법을 모색했다. 협상 심리 강화가 절실했다.

사람들은 신분이 학생이든 회사원이든 개인 사업가이든 간에 각기 자신에게 맞는 심리적 스트레스를 완화하고 분위기를 전환하는 방법이 있다. 각자가 선호하는 방법을 평소 갖고 있는 것이 필요하다고 생각한다. 썬맨은 때에 따라 제한된 장소에서 심리적 스트레스를 완화하고 심리를 강화하기 위해 우선하여 음악과 시 그리고 명상 기도를 선택적으로 주로 활용했다.

이에, 이동하는 상황과 사건의 특성상 음악이 최적이었다. 썬맨은 좋아하는 음악을 활용하여 심리적 강화 전환 모드를 추구했다. 때로는 시와 명상 기도를 하지만 이동하는 상황으로 음악이 최선이었다. 평소 좋아하던 신나고 발랄한 음악을 모아둔 팝 음악(You are my heart you are my soul과 Touch by touch)을 들었다. 힘든 상황이겠지만 실전 필드 경험을 다양하게 할 수 있는 좋은 계기로 생각하기로 했다. 이러한 발랄한 음악은 필자가 대학교 1학년 때 순진한 데이트를 하던 시절 콜라텍에 가서 춤과 혼합한 경험을 연상시켰다. 사소한 경험도 위기의 순간에는 버릴 게 없다는 말이 생각난다. 긍정이 긍정의 결과를 가져오기에 음악을 통해 긍정의 변신 모드로 전환했다.

썬맨은 인천공항으로 이동하던 버스 내에서 피랍 상황과 피랍자 중 한 명이 이미 피살된 상황을 인지한 터라 피랍자 추가 희생자가 발생하면 안 된다는 생각에 집착했다. 피랍 사건으로 국가적인 어려운 상황을 먼저 생각했다. 또 한편으로는 피랍자들이 현재 처한 상황은 얼마나 힘들까 하는 생각에 한숨과 걱정이 겹쳐 자신도 모르게 스트레스를 받고 혼자 중얼거렸다. 같은 한국인이니까 당연한 것이다.

나보다 더 힘든 상황에 부닥친 피랍자들을 생각해보면서 '이것도 내 운명이다, 왜 신은 자꾸 나를 시험에 들게 하는 걸까!'라고 자문해 보기도 했다. 어떤 신부님이 일상생활에서 피로감 등으로 하소연하는 신자에게 말한 문구가 문득 떠올랐다. 신부님은 신자에게 "웃어도 하루 울어도 하루인데 웃고 살래 울면서 살래?"라고 물었다. 당연히 웃고 살지.

한 사람의 마음 생각과 내뱉는 말은 그 사람의 운명과 상호 부지불식간에 연계되어 있다. 썬맨은 결국 닥쳐온 상황이고 이미 시작한 것이니 웃으면서 하자고 스스로 자조하는 무드로 중얼거렸다. 또 다른 자조하는 말을 되풀이하여 되새겼다. 어쩌면 돌아오지 못하는 상황도 발생할 수 있겠구나 하는 우려와 온갖 생각이 뇌리에 스쳐 지나갔다.

그러나 어렵사리 희망의 씨앗을 연상하게 되었고 조기에 해결하고 귀국했으면 좋겠다는 주문을 말하면서 희망과 용기를 갖도록 자조적 노력도 잠시 했다.

피랍자들의 추가 피해가 절대 없이 함께 조기에 집으로 꼭 돌아왔으면 좋겠다는 바람을 기도하는 마음으로 되새겼다. 평소 사람들이 개인적인 위기 시에 자신도 모르게 기도하듯이 나도 순간 자신도 모르게 마음 깊이 두 손을 모아 기도를 했다. 두메산골 아니 심심 산골 속에서 자연과 더불어 뛰어다니면서 체득한 심적인 기도의 마음이 무의식중에 나의 가슴속에 맴돌았다. 아마도 위기인 것을 인지한 것 때문일까? 그리고 신은 의지를 갖고 노력하는 자에게 반드시 밝은 해답을 주신다는 섭리를 되새기면서 자조의 말을 되풀이했다.

과거 각자의 경험치는 하나도 버릴 게 없다는 말이 생각난다. 사람마다 각자 과거 해외 경험상 심적인 무드를 전환하는 여러 가지 계기를 가지고 있다. 나는 과거 지정학적으로 고지대에 있는 해발 2,800m에서 3,000m 고지인 에티오피아 아디스아바바(Addis Ababa)에서 경험치를 갖고 있다. 그리고 해발 3,400m에 있는 엔토토 산을 연상했다. 황영조 마라톤 선수가 이곳 엔토토 산에서 훈련을 한 후 올림픽 금메달을 목에 걸었다. 나는 한때 엔토토 산꼭대기에서 조용필 가수의 〈킬리만자로의 표범〉이라는 음악 등을 들으면서 전략적인 추진 구상을 했던 순간을 회상했다. 그렇게 하여 세

왔던 전략적인 목표를 이루어냈다. 평소 선호하는 음악이 많은 전환점을 가지고 오는데 긍정적으로 작용해 왔던 경험치를 이미 갖고 있었다. 출국하는 시점에 심적으로 어려운 순간에 음악으로 협상 심리 강화를 위한 전환 모드를 유지하려 쉼 없이 노력했다.

긍정이 긍정을 가져오고 부정은 부정을 가져온다는 단순한 원리를 자조적으로 계속 주문했다. 심적 분위기를 업 전환하기 위해 아니 협상 심리 강화를 위해 평소 좋아했던 발랄한 팝 음악을 들으면서 긍정 모드로 전환하려 노력했다.

이리하여 탈레반과 적극적인 협상의 힘과 의지를 갖게 되었다. 때로는 음악이 삶의 흐름에 있어서 심적인 난관을 해결해 나가는 데 촉매제 역할을 하는 것을 수차례 경험했다. 그리하여 선호하는 음악으로 심적 분위기를 업 전환했다. 각기 처한 상황이 다른 환경에서 심적 분위기를 높이는 방안을 다양하게 활용할 필요가 있다.

6. 껌과 홍삼 젤리로 그들의 마음을 흔들다

썬맨은 워낙 갑자기 아프가니스탄에 파견되기로 결정된 것이어서 아무런 준비도 제대로 할 시간적인 여유가 없었다. 그래도 해외 외교관 생활 경험에 비추어 인천공항에서 시간이 없었지만, 탈레반 측과 만나는 인사에게 혹시나 제공할 홍삼 젤리와 자신이 먹을 껌을 사 갔다. 급히 인천공항에 도착하여 심적인 여유가 부족한 상황이었다. 아프가니스탄 현지에서 어려운 상황에서 견뎌낼 비상식량 등을 시간이 부족하여 아무런 사전 준비를 해 가지 못했다.

세상에 우연이란 것은 없다는 말이 있듯이 우연이 필연인 경우도 있다. 우연히 구입해간 껌과 홍삼 젤리! 그런데 껌과 홍삼 젤리가 탈레반과 본격적인 한국인 피랍자 석방 협상 시 촉매제로 활용될 줄이야 꿈에도 생각하지 않았다. 당시 현지 열악한 상황으로 활용할 요소가 거의 없는 상황이었던 이유로 뭐라도 활용 요소를 찾고자 했기 때문이기도 하다. 지푸라기라도 잡고 싶은 심정이었다. 협상의 분위기를 전환하는 데 자그마한 것이 협상 촉매제로 효과적이었다.

2차 협상이 끝나고 헤어지기 직전에 탈레반 측과 담소하면서 탈레반 협상자에게 껌과 홍삼 젤리를 보여주면서 먹어보라고 제의했다. 그러나 탈레반 측은 생전에 보지 못했던 것일 뿐만 아니라 다른 일로 만난 것이 아니라 피랍 협상을 하는 명목으로 만난 긴박하고 심각한 상황에서 이상하게 생각했다. 상대가 독약이라도 섞은 것으로 오해했는지 처음에는 거부했다.

그러나 썬맨은 해외에서 유사한 경험을 한 바가 있었다. 곧바로 보는 앞에서 본보기로 실제 먹으면서 건강에 정말 좋다고 미화 섞인 말로 자연스럽게 먹게 유도했다. 그러자 탈레반 측은 썬맨에게 받아서 보는 앞에서 먹었다. 탈레반 측은 썬맨이 말한 대로 효과가 정말 괜찮은지 되물었다. 썬맨은 평소 해외 외교관 생활 시 홍삼에 관해 설명했던 경험을 마음껏 발휘했다. 좀 과장하여 효과가 있는 것으로 둔갑시켜 기분 좋게 만들었다.

그리고 썬맨은 과장되게 효능이 좋은 것이라 강조하면서 탈레반 수장에게 전달해 주도록 홍삼 젤리 조각을 제공했다. 이후 탈레반 수장은 썬맨이 준 홍삼 제품을 먹고 다소 과장되고 미화시킨 효능 설명에 동감을 표하고 흐뭇해했다. 작은 불꽃의 씨앗이 큰 이슈를 해결하는 데 부지불식간에 촉매 역할을 하게 될 줄이야.

이러한 연장 선상에서 당시 구사했던 유머에 대해 간략히 이야기하고자 한다. 탈레반은 마음 한구석에는 우리의 1960년대 순수한 마음도 지니고 있었다. 탈레반 수장에게는 고전적인 EDPS(야한 개그, 음담패설)가 통하는 한국의 1960~1970년대 수준의 분위기였다. 여러 가지 공개적으로 밝힐 수 없는 EDPS(칼을 든 산적과 길 가던 3명, 주요국 정상이 탑승한 헬리콥터 시리즈)와 에피소드(달과 별)가 탈레반과의 친분 구축 및 심화에 촉매제 역할을 하는 데 긍정적으로 작용했다. 어느 날 햇볕이 내리쬐는 오후에 노부부가 한적한 뜰 잔디 위에 있는 긴 소파에 누워 있었다. 심심한 오후를 보내다가 노부인이 남편에게 물었다. "5분 후 지구의 종말이 오면 뭐 할건지?"와 같은 지구의 종말 시리즈도 촉매제 역할을 했다. 현지 실정에 맞는 문화에 대한 인식의 중요성을 새삼 느꼈다. **간절하면 아이디어가 생기고 위기가 오면 기회가 생긴다는 말을 새삼 되새기게 된다.**

7. 우연한 만남에서 전략이 시작되다

썬맨은 2007년 7월 26일 경유지인 방콕 공항에 도착했다. 공항 내에서 다음 국가로 가기 위해 몇 시간을 기다려야 하는 상황이었다. 피곤함과 함께 심리적인 스트레스가 처음보다는 완화되었지만 가끔 몰려왔다. 탈레반 강적들과 견주기 위해서는 협상 심리를 강화해야 하기에 음악을 통해 심리적 안정을 조절하고 긍정적인 에너지를 축적해 나가려고 노력했다.

방콕 공항에서 기다리는 동안 우연히 영국인 남자 여행객 Mr. John을 만났다. 우연이면서 운이 좋게 이야기할 기회를 얻었다. 순간 대학 1학년 시절이 떠올랐다. 썬맨은 영어를 배우겠다는 강한 신념에 사로잡혀 있었다. 촌놈이 영어를 배워 보겠다며, 길거리에서든 어디서든 외국인을 만나면 몇 마디라도 영어로 말해 보려는 의지가 대단했다. 그때 혼자서 되풀이

해서 내뱉은 말들이 생각났다. '내 눈에 보이는 노랑머리(영어를 하는 미국인 등 외국인)는 놓치지 않는다'는 용기 있는 말이 생각났다. 이리하여 썬맨은 영국인 Mr. John에게 인사말과 함께 자연스럽게 말을 건네면서 다가갔다.

Mr. John은 장기간 여행을 가는 중이었다. 썬맨은 옆에 의자에서 기다리면서 먼저 인사를 하고 이야기를 주고받았다. 썬맨은 영국 윔블던에 거주하던 이 영국인 남자 여행객 Mr. John과 이런저런 대화를 이어가면서 급친(급격히 친구)이 되었다. 초기 대화로 과거 영국에 살았을 때 자주 갔던 뉴몰든 및 리치몬드 파크 등 영국에 대해 상호 얘기를 교환하면서 공통적인 대화 요소를 찾아서 공감하는 요소에 관해 이야기를 이어갔다. 급 공감을 만들었다.

Mr. John은 여행의 긍정적인 효과를 나열하면서 음악을 들으면서 몸을 가볍게 음악에 맞추어 흔들면서 중얼거리고 있었다. 썬맨이 이야기를 꺼내면서 친근감을 보이자 Mr. John은 썬맨에게 여행 목적지 등에 대해 물어왔다. 썬맨은 아프가니스탄이라고 말 안 하는 것이 바람직한 것으로 생각하여 대신 출장을 간다면서 가볍게 넘어갔다.

그러나 썬맨은 한국인 인질을 구하러 가는 상황이기에 심리적으로 무거운 순간이었다. Mr. John과는 심리적으로 비교도 안 될 정도로 대조적인 입장 차이를 느꼈다. 썬맨은 심적인 무드를 업 시키려 노력했다. 썬맨은 Mr. John이 신나게 듣던 음악을 듣고 싶다면서 들을 수 있는지 물었다. 이에 Mr. John은 정말 멋진 곡(What a piece of great music!)이라면서 흔쾌히 들어볼 것을 승낙했다. Murray Head가 부른 〈One night in Bankok〉이라는 신나는 Pop 음악 변조 곡이었다. 썬맨은 이 음악을 Mr. John의 이어폰으로 들은 덕분에 심적인 분위기를 더욱더 가벼운 긍정 모드로 전환할 수 있었다. 협상 심리를 강화할 수 있는 작은 원동력이었다.

  이후 썬맨은 다음 날 새벽 03:35 방콕에서 출발하여 06:05 제3국 공항에 도착했다. 하룻밤을 체류한 후 다음 날 오후 13:45 카불공항에 드디어 도착했다. 카불공항에 도착한 첫인상은 과거 시골 시외버스 터미널을 연상시켰다. 어느 외국인은 아프가니스탄은 전쟁으로 피폐하여 아무것도 없다는 의미로 Nothing이라고 표현했다. 그 말이 현실로 들렸다.

  누구나 정도의 차이는 있을지 몰라도 이러한 긴박한 인질 피랍 상황에 장기간 직면할 경우, 극도의 스트레스를 받는다. 썬맨은 음악과 시 그리고 명상 기도 3박자로 극복해 나가려 노력했다. 긴박한 상황과 환경 여건 속에서 극도의 스트레스에 대한 심리 관리의 중요성을 강조하고 싶다. 우리의 바쁜 일상생활 속에서 심리 관리가 필요한 이유는 이런 연유에서이다.

  썬맨은 과거 경험치로 인질 살해 압박이 지속되는 상황에서 협상의 우여곡절을 헤쳐나가기 위해서는 협상 심리를 강화하는 것이 필요했다. 피랍자들을 구출하기 위해서 간절함을 기반으로 강한 정신력과 심리적인 의지가 협상의 성패를 좌우한다고 자꾸 마음을 가다듬곤 했다. 또한, 협상자로서 긍정적인 집념 및 열정과 촉(Cue)이 수반되어야 한다고 반복해서 주술 외우듯이 다짐했다.

  카불공항으로 가기 직전에 제3국 공항에 도착했다. 썬맨은 우연한 만남과 기회를 마치 필연처럼 받아들이며, 긍정적인 결과를 만들어냈다. 그곳에서 전략적인 마인드를 가진 선배 김상호를 만났다[9]. 김 선배는 고맙게도 저녁 만찬을 제공해 주었다. 위로의 저녁 식사를 제공해 주었다. 위로와 격려가 겹치는 식사였다. 김 선배는 만찬을 제공하면서 자신의 경험치와 노하우를 썬맨에게 보따리 풀듯이 설명해 주었다. 전략적인 협상에 대한 조

---

9) 과거 브루나이에서 VIP 경호 행사 시 함께 장시간 일한 인연으로 매우 친한 관계였으며 전략적인 마인드를 가진 실력 있는 선배였다. 영어도 유창하게 잘 구사하였으며 썬맨에게는 화를 내지 않은 선배였다.

언이 많은 도움이 되었다. 이게 바로 선배가 경험치 노하우를 후배에게 전수해 주는 것으로 직장이나 일상 삶에서 중요한 부분이라고 새삼 생각했다. 우리가 흔히 말하는 멘토 역할을 말하는 것이다.

한편, 인도에 모기가 그렇게 많을 줄 몰랐다. 모기 때문에 도저히 잠을 잘 수 없었다. 피곤함에도 온갖 인질 피랍 사건에 대해 걱정이 되어 잠을 자지 못하고 뒤척거리다가 인질 피랍 협상 전략에 대해 구상을 하고 메모 노트를 만들면서 꼬박 밤을 새웠다. 하룻밤을 지내는데 아프가니스탄에 대한 미지의 세계와 인질 사태 해결이라는 숙제 때문에도 잠이 안 왔다.

다음 날 뉴델리 공항에서 카불행 비행기 탑승을 기다리는 동안 한국인 경찰 영사 한 명이 나타났다. 한국 경찰 영사는 카불로 가는 다른 한국인 일행인 미상 목사에게 자신이 탈레반에 의해 살해된 피랍자 배영호 목사 시신을 한국으로 운구해 오기 위해 간다고 말했다. 썬맨은 경찰 영사가 매우 힘들어하는 어투로 말하는 것을 옆에서 지나가는 말로 들었다. 상황이 상황인지라 무겁게 들렸다.

잠을 한숨도 자지 못해 피곤한 상황이었으나 경찰 영사가 시신 운구를 위해 카불로 간다는 얘기를 들었다. 그 순간 정말 이번 출장이 장난이 아니겠구나 하고 다시금 정신을 번뜩 가다듬었다.

한편, 유능한 후배 유진호와 카불로 출발 직전에 담소를 나누었다. 유진호 후배는 "아이 참 이 선배님은 아프리카에 가서 고생하고 또 어려운 일을 해결하러 가는데 고생이 많겠다."라고 마음을 실은 위로의 말을 해 주었다. 전날 급히 나오느라 옷도 제대로 준비하지 못한 상태라고 들었던 것을 잊지 않고 자신의 청바지를 하나 챙겨서 주었다. 급히 출국하느라 옷을 제대로 준비해 오지 못한 상태이어서 더욱더 청바지가 고마웠다.

드디어 카불행 비행기에 탑승했는데 바로 옆자리에 앉은 사람이 유럽인이었다. 카불 거주 NGO 직원과 우연히 기내 조우를 했다. 썬맨은 서울을 떠나는 시점부터 계기마다 만나는 사람에 대해 안테나를 세웠다. 이 유럽인은 아프가니스탄에 거주하고 있다면서 외국인들이 자주 모이는 장소인 카불 내 카페에 관해 얘기를 해 주었다. 그리고 아프가니스탄에 대해 한마디로 아무것도 없는 거나 마찬가지라면서 "Nothing"이라고 말했다. 정신이 더 번쩍번쩍 들었다. 썬맨은 호기심과 도움 될 만한 정보를 하나라도 입수하기 위해 이런저런 질문을 하면서 머릿속에 저장했다. 나름으로 상황해결을 위한 협상 전략을 구상했다.

썬맨이 탑승한 비행기가 아프가니스탄 영공으로 진입했다. 아프가니스탄의 험준한 산맥과 모래로 덮인 민둥산을 보면서 인질 피랍 사건이 장기화할 것으로 생각하고 정신을 바짝 가다듬었다.

기내에서 바로 옆에 착석한 카불 거주 유럽인 NGO 직원 남성과 카불 지역 상황 등에 대해 이런저런 대화를 나누었다. 외국인들의 생활상과 모임 장소 등에 대해 질문하면서 사전에 이런저런 기초 정보를 가능한 한 많이 수집하는 데 노력했다. 아무도 뭐라고 하지 않았는데도 평소 근성이 있는 직업병인지?! 또한, 썬맨은 해외 생활 시 열정과 의지를 태우기 위해 순간 모토로 삼았던 말이 떠올랐다. 목표를 타깃할 때 의지를 불러일으키는 말로 활용했던 말 중에 "보이는 특정 국적인(목표물)은 절대 놓치지 않는다."라는 말을 되새겼다. 그래서 의욕적으로 NGO 직원의 연락처 및 이름이 적시된 명함을 요청하여 입수했다. 또한, 카불에서 외국인들이 자주 가는 안전한 장소에 관해서도 소개를 받고 아프가니스탄 주요 인물들에 대해서도 기초 정보를 입수했다.

만나는 한 사람 한 사람이 중요했다. 그야말로 '버릴 게 없다'라는 말을 새삼 되새기게 한다.

카불에 도착한 요원 썬맨의 긴박한 첫 통화

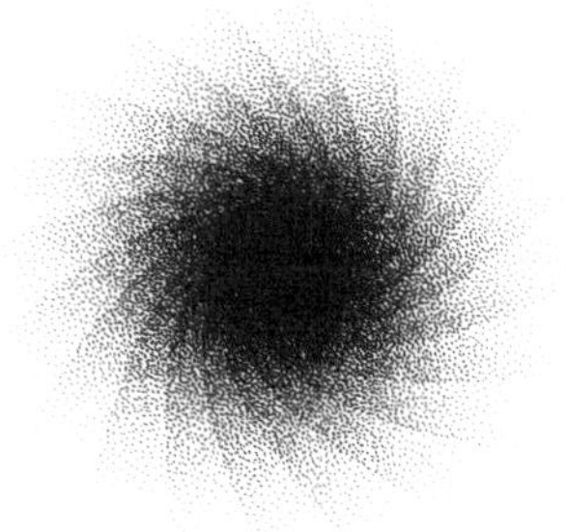

"탈레반은 자신들의 요구 사항을 제시하고
시간 데드라인을 강조하면서 추가 인질 살해 압박 카드를
내세웠다. 긴박한 순간이었다. 데드라인이 지나자마자
연이어 2차 살해를 감행했다."

1. 카불공항에 내려 현실과 마주하다

드디어 카불 도심 부근 상공을 비행하는 순간이었다. 험준한 산악지대와 먼지와 모래로 덮인 산악과 지면만 보였다. 그 순간 마음 안에 피랍 협상 해결이 쉽지 않겠구나! 하는 느낌이 왔다. 카불공항에 비행기가 착륙했다.

공항에 내리자마자 후덥지근한 날씨와 뜨거운 태양 아래 모래 먼지가 휘날리는 열악한 환경 여건을 여실히 피부로 느낄 수 있었다. 카불공항의 입국 심사대를 보자마자 아! 이제 현실이구나 하는 느낌을 받았다. 한국에 비유하면 과거 1960년대 시골 시외버스 터미널 버스표 개찰구와 유사한 분위기였다.

비행기가 카불 인근 산악지대를 지나면서 구소련이 아프가니스탄을 공격했으나 실패한 주요 원인이 험준한 산악지대 때문이었다는 얘기를 들었다. 실제 와보니 그야말로 나무도 보이지 않는 벌거벗은 뾰족한 민둥산이었다.

카불의 민둥산

미국이 아프가니스탄을 9.11 테러에 대한 반격으로 공격했지만, 오리무중으로 2007년 당시 기준으로 현재 진행 중인 끝나지 않은 전쟁이라는 의미를 새삼 느꼈다.

미국은 왜 아프가니스탄 탈레반을 테러 단체로 규정하지 않았을까? 장기적으로 전략적인 구상에 의한 것일까? 미국은 모 국가에서 탈레반과 비밀 회담을 지속해 왔다. 이후 구소련이 철수한 것과 유사하게 2021년 8월 15일 결국 미국이 아프가니스탄에서 철수하게 될 줄이야 누가 예견이라도 했던가?

탈레반 수장이 2007년 당시 썬맨과 통화할 때 수시로 말했던 문구가 귀속에서 맴돌았다. '탈레반은 정권 탈환을 위해 지속 노력해왔고 노력 중이며 노력할 것이다. 이리하여 탈레반 정권 탈환은 숙명적으로 이루어질 것이다.'라고 강조했던 말이 현실로 다가왔다.

드디어 더운 공기와 먼지로 뒤덮인 아프가니스탄 카불공항에 도착했다. 입국 심사대가 시골에 있는 시외버스 터미널 대기실 분위기였다. 탈레반과의 인질 협상이 장난이 아니겠구나! 하는 느낌이 반복해서 뇌리에 와 닿았다.

카불공항에서 입국 심사를 마친 후 밖에서 기다리고 있었다. 그때 카불 주재 한국대사관 영사보조 행정원이 같은 비행기로 이제 막 도착한 경찰 영사에게 카불공항에서 피살된 한국인 배영호 목사 시신을 운구해서 한국으로 곧바로 돌아가야 한다고 설명했다.

이에 경찰 영사는 긴 여정으로 피곤한 상황에서 겨우 카불공항에 막 도착했다. 경찰 영사는 숨도 돌릴 여유도 없이 곧바로 돌아가야 하는 상황이 황당하기도 해서 다소 피곤해하면서 불만을 토로했다. 이러한 광경을 목격한 썬맨은 또다시 장난이 아니겠구나! 하는 상황을 피부로 새삼 느꼈다.

썬맨은 같은 비행기로 도착한 한국 경찰 영사보다 먼저 입국 심사를 마치고 차량에 탑승하여 기다리고 있었다. 공항에 마중 나온 사람과 잠시 이런저런 얘기를 나누었다. 한국대사관 영사 보조 행정원은 썬맨에게 조금만 더 기다려 달라고 했다. 영사 보조 행정원은 지금 배영호 목사 시신을 목곽에 넣어서 한국으로 운송하기 위해 공항으로 운송해 왔다고 했다. 경찰 영사는 그 자리에서 운구를 이관받아 곧바로 출국해야 한다고 말했다. 운구를 이관하고 설명해 주는 데 시간이 좀 걸린다는 말에 썬맨은 알겠다고 말하고 기다렸다.

한국 경찰 영사는 긴 여정으로 쉬지도 못하고 곧바로 출발해야 하는 상황에 대해 의아해했다. 조금이라도 쉬었다가 다음 비행기로 가면 안 되는지 하면서 계속 설득 조로 하소연했다. 썬맨은 이러한 상황을 보면서 '모두

가 힘든 상황을 겪게 되는구나.'라고 중얼거리면서 카불공항을 뒤로하고 호텔 숙소로 출발했다.

카불 세레나 호텔 입구

썬맨은 경찰 영사의 어려운 처지도 충분히 이해한다고 혼자 생각하면서 여운을 남기고 카불 시내 숙소로 출발했다. 카불공항에서 숙소로 이동하는 과정에서 카불 거리를 보았다. 또한, 카불에 주둔하던 ISAF 군부대 외곽과 험준한 산악 속에 마을 주택을 보면서 막막한 생각이 들기도 했다. 탈레반과의 협상이 쉽지 않으리라고 여겨졌다.

카불공항을 빠져나와 호텔 숙소로 이동하는 도중, 열악한 주변 도로 상황과 즐비한 아프가니스탄인들을 목격했다.

카불 공항로

앞으로 열악하고 힘든 상황이 전개될 것을 피부 깊숙이 예견할 수 있었다. 썬맨은 전날 모기로 잠을 한숨도 못 잔 상태였다. 피곤한 몸으로 카불 공항을 공항로를 통해 빠져나갔다. 호텔 숙소 입구에 드디어 도착했다. 호텔 숙소 경비원이 상황이 상황인지라 철저하게 검문검색을 했다. 검문검색을 마친 후 숙소 로비에 도착했다.

카불 세레나 호텔 정문 출입차량 안전 점검

2. 정부 특사 대표단과의 조우

썬맨은 호텔 숙소 로비에 도착했다. 호텔 숙소 로비에서 한국 정부 특사로 파견 나와 있던 당시 청와대 백준규와 박예원 비서관을 만났다. 두 명은 썬맨에게 탈레반 측에서 카불주재 한국대사관으로 전화를 걸어올 것이라면서 곧바로 한국대사관으로 가야 할 긴박성을 설명했다. 지금 바로 함께 한국대사관으로 가야 할 상황이라고 말했다.

카불 세레나 호텔 로비

　두 명은 썬맨에게 곧바로 카불주재 한국대사관으로 긴급 이동하자고 거듭 제의했다. 나는 순간 이거 뭐지! 이게 무슨 말이지! 혼잣말로 생각했다. 그래도 현지에 도착했으니 위층에 화물을 놔두고 직원들에게 도착했다고 알리고 가야 하지 않겠냐고 말했다. 그러나 박예원은 지금 가도 탈레반이 전화하기로 한 시간에 빠듯한 상황이어서 곧바로 로비에서 가자고 했다. 썬맨은 순간 다급한 상황을 이해했다. 로비에서 동료 직원에게 짐을 맡기고 곧바로 대사관으로 향했다.

　한국대사관으로 가는 도중 도로상에서 탈레반인지 비 탈레반인지 구분을 할 수 없는 인파에 우리 차량이 둘러싸이게 되는 돌발 상황이 발생했다. 도로로 이동하던 중 운집된 탈레반인들과 비 탈레반인들의 다수에 의해 둘러싸여 이동이 일시 중단되었다.

썬맨은 현지 유사한 문화에 익숙한 경험치를 갖고 있었다. 단호하게 겁없이 크게 고함치듯 말을 하여 탈레반인들의 차량 이동 방해를 단숨에 물리쳤다.[10] 곧바로 한국대사관으로 이동할 수 있었다. 황급히 이동하여 한국대사관에 탈레반이 전화하겠다는 시간 내에 도착했다.

3. 탈레반과의 첫 통화와 긴박한 인질 살해 압박

우연한 만남이 반가웠다. 카불주재 한국대사관에 도착했는데 한국대사관 영사는 1990년대 중반 브루나이에서 VIP 행사를 할 때 만났던 바로 그 영사인 김 영사였다. 참 우연이지만 그곳에서 다시 만날 줄이야. '삶이 그런 거지' 하고 느꼈다. 여하튼 대사관 업무를 좀 더 원활하고 쉽게 도움도 받으면서 잘 풀어 나갈 수 있겠구나 하는 좋은 감정을 갖게 되었다. 반갑게 서로 인사를 나누었다.

드디어 썬맨은 대사관 사무실에 앉아서 탈레반 전화를 기다렸다. 곧이어 탈레반 측으로부터 걸려온 전화를 받아 직접 통화를 했다. 탈레반은 썬맨에게 이전에도 한국대사관으로 전화하여 이미 자신들이 한국 외교부 측에 수차례 강조하여 언급한 상황인 점을 상기시키며 요구 사항을 말했다. 아프가니스탄 내 한국군의 조속한 철수와 아프가니스탄 감옥에 있는 탈레반 수감자 3명을 우선 석방해 주도록 한국 정부가 노력해 달라고 강력히 요청했다. 또한, 데드라인 12시간 내 답변을 달라고 압박했다. 한국 정부가 자신들의 요구대로 하지 않으면 피랍자 중 추가 살해를 감행하겠다고 압박했

---

10) 중동이나 아프리카지역 등지에서 특유한 문화를 인지하고 그 문화에 맞게 초반에 강하게 대응하는 그것이 효과적이다.

다. 탈레반은 썬맨에게 이러한 상황에 대해 1차 살해 이전에도 그 이후 현재 통화하는 시점 직전까지도 한국대사관에 이미 알려준 사항인 점을 재차 리마인드 시켜주는 것이라고 강조했다.

탈레반과 통화 시에 느낌이 싸했다. 탈레반의 살해 압박은 단순한 협박이 아니라 실제 살해로 이어지는 느낌이었다. 추가 피랍자 인명 피해 가능성에 대해 심히 우려감을 느꼈다. 더욱이 해적 단체나 단순 피랍 단체의 살해 압박과는 의미가 다르다는 것을 익히 알고 있었던 터였기에 느낌이 더 이상했다. 심적으로 우려감이 밀려왔다.

이렇게 우려되는 심각한 상황을 우선 한국 정부 특사 두 사람에게 곧바로 설명해 주었다. 상황을 인지한 두 사람은 필요한 사람들에게도 통보했다.

탈레반 측은 알 자지라 방송 기자를 통해서도 공개적으로 긴박한 상황을 알렸다. 24시간 내 아프간에 파견된 동의 다산부대인 한국군 철수와 감옥에 있는 탈레반인들 중 우선 3명이 조기 석방되도록 한국 정부가 답변을 12시간 내 줄 것을 여론몰이하면서 압박했다. 탈레반은 한국 정부가 아프간 정부와 미국 정부를 상대로 아프가니스탄 감옥에 있는 탈레반인 죄수 중 3명이 우선 조기 석방되도록 압력을 행사해 달라고 요청했다. 그러지 않으면 한국인 피랍자를 추가 살해하겠다고 압박해 왔다.

박예원[11] 청와대 파견 특사 주재로 외교부 조성윤 직원과 썬맨은 이 사안에 대해 논의하기 위해 세레나 호텔 룸에서 긴급히 회동하게 되었다. 청와대 파견 특사는 탈레반이 연이어 추가 살해 압박과 금일 언급한 내용에 대해 각각 개인적인 의견을 물었다.

이와 관련하여 외교부 조성윤은 아프가니스탄 주요 고위 인사의 말에 의하면 한국 측에 탈레반이 언급한 것은 단순 압박으로 추정되며 실제 추가

---

11) 박예원 청와대 특사는 위험한 상황에서도 침착하고 상대를 설득하는 힘과 판단력이 뛰어난 인물이었다.

살해는 하지 않으리라고 본다고 전달했다.

그러나, 썬맨은 이와 반대로 탈레반과 통화 시 강한 톤과 탈레반의 언급 내용을 실제 들었던 느낌으로는 탈레반에 의한 추가 피랍자 살해 가능성이 매우 크다고 말했다. 따라서 대책 마련이 시급히 필요하다고 개인적인 의견을 피력했다. 그런데 그 당시 어떠한 대책 마련을 했는지 여부는 지금도 잘 모른다. 썬맨은 그 당시 정부합동대책반 회의에도 참석할 필요도 없었고 참석을 하지 않았기에 회의에서 어떤 액션 조치를 결론 내렸는지 궁금했을 뿐이다.

모든 인질 피랍 사건에서 중요한 것은 데드라인 시간 내 반응을 던져주는 것이다. 단순한 반응 답변(에코, Echo)이라도 탈레반에게 적시성 있게 던져주는 것이 필요했다. 탈레반에게 모종의 반응 답변을 주는 것이 중요한데 반응 답변을 만들어 던져주었는지는 모르겠다. 왜냐하면, 썬맨은 초반에 카불 현지에서 주어진 업무가 정부합동대책반에 직접 관여하는 게 아니었다. 썬맨은 기존에 먼저 파견되어 있던 사람들이 업무의 경계를 치고 있었기에 관할 업무 범위를 넘으면 안 된다는 것을 스스로 느꼈다. 그래서 한국 정부가 탈레반 측에 모종의 반응(Echo)을 던져주어야 한다고 강하게 몰아갈 수 없었고 자칫 오버하면 욕 얻어먹으니까 오버하기 싫었다. 느낌 그대로를 전달하는 수준으로 말했다.

아쉬운 점이 많았지만 모두 허겁지겁 일개미처럼 땅에 머리를 박고 열심히 일할 때가 아니라 그 당시 그 시점에는 모두가 모종의 반응(Echo)을 만들어 탈레반 측에 던져주기 위한 액션을 위해 열어놓고 소통이 필요했다. 그야말로 '열심히'가 아니라 '선택과 집중'이 필요한 때였다.

4. 추가 살해 압박과 이어지는 2차 인질 살해

탈레반은 7월 25일 샘물교회 소속 한국인들을 인솔했던 배영호 목사를 살해하고 알 자지라 방송을 통해 공개했다. 이후 지속해서 탈레반은 추가 살해하겠다고 한국 정부를 압박했다.

이에, 국정원은 피랍자 구출을 위한 정예 요원을 아프간에 급파했다. 청와대 특사로 백준규 실장과 박예원 비서관 등 2명이 급파되어 아프간 정부 주요 인사들을 분주하게 면담하면서 인질 석방에 대한 협조 지원을 요청했다.

모든 일에서 맥을 잘 잡아야 한다. 상대를 누구로 하면 문제를 해결할 수 있을까? 하는 단순한 질문일 수도 있다. 그간 피랍 사건이 발생했던 여타 국가 및 지역 상황과는 판이한 상황이었다. 모두 다 바쁜 상황이어서 이러한 상황에 대해 의논하고 개인 의견을 개진할 기회가 주어지지 않았다. "우리가 모르고 있다는 사실을 적에게 절대 알리지 말라~!"라고 하는 문구가 생각난다. 아쉬웠다.

카르자이 아프간 정부가 인질 석방을 위해 탈레반에 할 수 있는 여력은 애초부터 없었던 부분도 있다. 카르자이가 그 직위에 앉은 배경을 보고 그때와 그 이후의 미국에 대한 심적인 흐름을 읽을 필요가 있었다. 그동안 카르자이가 미국 주요 인물들과 회담 내용에서 나타난 모종의 심리적인 심정 흐름을 보아도 알 수 있었다. 카르자이는 아프간 내 마약 거래와 연계된 마약 총책이었던 친인척 가족 중 한 명이 살해되었다는 데 대해 마음 깊숙한 곳에 섭섭함을 갖고 있었다. 카르자이는 미국에 대한 반감과 섭섭한 마음을 깊숙이 감추고 있었다. 이러한 점 등을 고려해 볼 때 아프간 정부와 외교적 협상 지원은 카르자이 정부의 무능과 무성의로 애초부터 불가한 부분이 있었던 상황이었다.

탈레반의 특수한 상황으로 해결할 방법이 다른 피랍 사태 발생 사례와 현격히 다른 상황이었다. 직설적으로 말하자면 당시 카르자이 정부가 할 수 있는 여지가 별로 없는 상황이었다. 다만, 탈레반에 영향을 미칠 수 있는 요소가 있다면 아프간 감옥에 있는 탈레반 소속 인원들에 대한 석방이었다. 하지만 이는 카르자이 정부 단독으로 마음대로 할 수 있는 상황도 아니었다. 탈레반은 배영호 목사 살해에 연이어 5일 후 7월 30일 한국인 피랍자 심가영을 추가 살해하고 알 자지라 방송을 통해 공개했다.

결국, 추가 살해로 인해 상부의 결정으로 외교부는 뒤로 빠지고 국정원이 인질 석방의 주도권을 잡고 직접 접촉 협상을 추진하게 된 계기가 되었다. 그래서 썬맨을 포함한 다른 사람들을 탈레반 인근 가즈니로 급히 투입하여 탈레반과 직접 접촉 협상을 추진하기 시작하였다. (출처: 자유일보 게재 기사 내용, 2023)

「'교섭' 국정원이 주도…맹활약 공작원
'선글라스맨'이 된 까닭은…」

〈자유일보〉
이범찬
중원대교수

2023. 06. 01.　www.jayupress.com/news/articleView.html?idxno=17954

[특별기고] 영화 '교섭' 아프간
인질 석방, 실제 협상 막전막후

2007년 교인 23명 탈레반에 납치… 테러범과 협상 불가 美 원칙에 구출 난항 인질 2명 살해되자 국정원 최정예 요원이 비선 채널 구축하고 협상 대표로 나서 외교부, 합의문 서명·인터뷰 거부하자 탈레반 추가 살해 카운트다운하며 협박 대통령 긴급지시로 '정보요원'이 인터뷰… 노출 최소화를 위해 '선글라스맨' 탄생

〈중략〉

탈레반은 납치 1주일 되던 7월 25일 봉사단을 이끈 배○○ 목사를 살해한데 이어 닷새 뒤에는 인질 1명(심○○)을 추가로 살해, 그 주검을 알자지라 방송을 통해 공개했다. 인질이 살해되자 외교부가 뒤로 빠지고 국정원이 인질 석방의 주도권을 쥐고 직접 협상에 나서게 됐다. 국정원장은 "앞으로 추가로 인질을 더 죽게 하는 것은 국정원 책임"이라면서 "전 조직 역량을 동원해 인질이 무사히 풀려나도록 하자"라고 조직원들을 독려했다. 그리고 바로 피랍자 구출 및 정보수집을 위해 요원들을 아프간 현지로 급파했다.

5. 우연한 인연이 미션을 변경하다

썬맨이 본부에서 아프간으로 파견 나올 때의 실제 임무는 탈레반과 직접 협상을 추진하는 것이었다. 카불 도착 이전까지 개인적으로 생각했던 임무와 도착 직후 초기 일시 주어진 임무는 달랐다. 그야말로 통상적인 외교관 업무였다. 이거야 그간 해외 근무 시 수없이 경험했으니 눈감고 누워서 떡 먹기였다. 카불주재 한국대사관에 가서 기존에 늘 해 왔던 외교관으로서 업무만 하면 되는 것이었다. 상대적으로 심적 부담도 적었다.

썬맨은 출장 전 침투 및 협상 임무를 받고 직업병처럼 본인 스스로 정신 무장을 했다. 출국부터 카불에 도착할 때까지 실제 액션을 하기 위해 시나리오를 구상하고 고민하여 심적인 무거움을 줄곧 안고 갔다. 그런데 카불 도착 시 초반에 의례적인 대사관 업무가 주어졌다. 혼자 내심으로 '모든 일이 다 그렇지.' 하면서도 의문이 생겼다. 그때 썬맨에게 누가 귓속말로 당시 김영수가 Plan K를 가동하고 있다고 말해주었다. 썬맨은 잘되어 가는 것으로 이해했다. 그러나 Plan K를 운영한다는 김영수를 직접 만나서 이야기를 잠시 들어보자 의구심이 들었다.

얼마 안 가서 그의 말이 사실과 달랐던 것, 그리고 결과적으로도 아닌 것이라는 게 판명되었다. 썬맨은 그 순간 비밀이라는 이름 아래 허구가 감추어지는 모순을 내용으로 한 영화의 한 장면이 스쳐 지나갔다. 첩보와 정보를 헷갈리는 사람들과 섞여서 뭐하겠느냐 하는 생각을 했다. 잠시 쿨하게 대사관 사무실에서 의자를 돌리면서 있었다. 썬맨은 카불 도착 시까지 혼자 액션 시나리오를 고민하느라 엄청나게 심적 스트레스를 받았다가 갑자기 너무나 편한 업무에 '우와 이거 무슨 느낌이지!' 하고 혼자 중얼거렸다.

그러다 피랍자 중 심가영 2차 인질 살해가 발생했다. 서울에서는 난리였다. 카불에서 그냥 있을 게 아니라 탈레반 지역으로 적침이 필요했던 순간이었다. 갑자기 썬맨에게 가즈니 침투자로 변경 지시가 내려졌다. 2002년 월드컵 기간에 인천공항에서 히딩크 입국 시 업무를 같이 했던 사람의 의견이 반영된 것이었다. 추진력과 협상력·어학 능력 등을 종합적으로 고려해서 갑자기 바뀌었다고 했다. 우연한 인연으로 운명이 바뀐 순간이었다.

6. 문화의 인식 차이와 언론 보도 통제의 중요성

테러 단체와 해적 단체 등을 포함한 피랍 주체에 의한 어떠한 피랍 사건이 발생한 후 인질 피랍된 해당국의 국내외 언론 보도 통제가 매우 중요한 사안인 것으로 나타났다.

탈레반 측은 당시 한국 내 언론은 물론 국제 언론들을 자세히 스크리닝했다. 다만, 아쉬운 점도 있었던 것으로 나타났다. 탈레반은 외국의 군대 시스템이 탈레반 군대 시스템과 확연히 다른 점을 잘 이해하지 못하고 있었다. 이에 탈레반은 민간인을 외국 군인들로 잘못 인지하고 무조건 위협 요소로 간주하고 주시하는 경향이 있었다. 탈레반 수장은 추후 썬맨에게 한국인 피랍자 중 군 장교 등 군인이 있는지 우회적으로 문의해 왔다. 썬맨은 왜 이런 질문을 하지? 의문이 들면서도 피랍자들 모두 민간인이며 군인은 한 명도 없다고 말했다.

탈레반 측이 썬맨에게 피랍자 중 군 장교 출신이 있는지 여부에 대해 문의해 온 것은 피랍자 중 군인 신분자에 대한 우려감을 느끼고 있었던 것으로 추론할 수 있다. 이러한 점에서 피랍 주체는 통상 해당국 언론 및 국내외 언론을 항시 주시하고 있다. 이에, 피랍 사건이 발생했을 경우 피랍된 인질이 소속된 국가의 국내외 언론 보도 통제가 때로는 인질들의 생명과 연관될 수 있다는 점이다. 그러나 2007년 당시 어떠한 언론이나 보도 내용이 탈레반의 인질 살해에 직간접적인 영향을 미쳤는지 여부에 대해서는 명확하게 말하기는 어렵다.

2부
협상 중기
협상의 기술, 관계의 줄다리기

김원만은 추가 살해는 절대 있어서는 안 된다는 가이드라인을 강조했다. 심야에 강적들의 심장부를 찾아 헬기를 타고 침투했다. 인연의 힘이 되어준 글귀를 매일 같이 되새기면서 강한 집념과 촉(Cue)을 가지고 강적들의 수장을 찾으려고 갖은 노력을 했다. 드디어 수장과 썬맨 간 다리를 연결해 줄 중간 매개체인 구세주를 찾았다. "트라이앵글 전법을 구사하여 그들의 수장과 직접선을 구축했다. 그리고 운명적인 첫 만남에 이어 2명의 인질을 극적으로 석방시켰다."

4막

강적들의 수장을 찾아
직접 맞서다

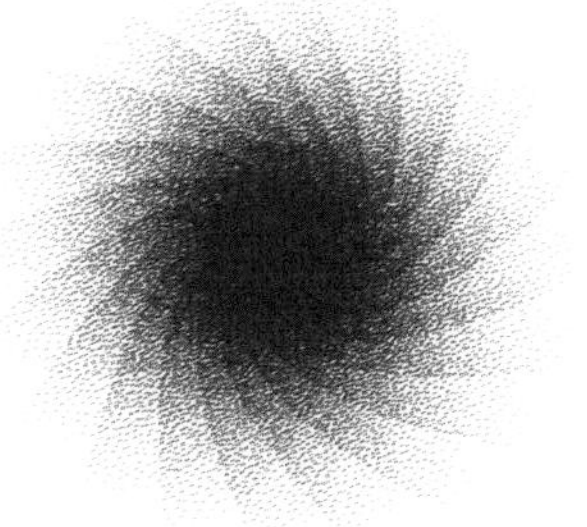

탈레반 아지트 인근 가즈니주

1. 심야 헬기로 가즈니 바람과 먼지를 뚫고서

썬맨은 탈레반에 의해 2차 인질 살해가 발생한 이후 추가 살해자가 발생하면 절대 안 된다는 가이드라인을 받았다. 한시도 잊지 않았다. 추가 살해를 끝까지 막겠다는 강한 의지를 갖고 있었다. 심적인 부담이 함께 왔다. 탈레반의 추가 살해 압박 때마다 더 많은 스트레스를 받았다.

동료와 함께 어둠에 휩싸인 캄캄한 심야에 헬기를 타고 카불 ○○○ 공군 기지에서 출발하여 가즈니에 긴급 투입되었다.

한국 정부는 탈레반의 한국인 2차 살해 이후 한국인 피랍자들이 소재하는 아프가니스탄 남부 소재 칸다하르 지역과 원거리에 위치하는 카불에서 인질 석방을 위해 상황실을 운영하는 것은 현실적으로 무의미하다고 판단했다.

이에, 헬기를 이용하여 7월 31일 새벽 급히 카불 ○○○ 공군 기지에서 가즈니로 날아갔다. 애초 7월 30일 ○○○ 공군 기지에서 헬기에 탑승하기 위해 낮 시간대에 도착하여 기다렸다. 여러 가지 이유로 출발시각이 지연되었다. 기약 없이 몇 시간 동안 헬기를 기다렸다. 모래바람으로 인한 기상악화와 비행 시에 탈레반 측의 헬기에 대한 공격 가능성이 우려되어 계속 지연되었다. 안전한 헬기 비행 시간대를 모색하느라 장시간의 기다림에 피곤함이 몰려왔다. 그러나 극복해 내야 했다.

다음 날인 7월 31일 새벽에 헬기에 탑승하여 가즈니로 진입했다. 썬맨은 가즈니에 투입되기 직전에 후배와 함께 주카불 한국대사관에서 서로 연락을 하며 기본 준비를 급히 서둘러 마쳤다. 운명의 변화가 시작되었다.

헬기 이륙을 수 시간 기다린 후 헬기 탑승 신호를 통보받았다. 급히 헬기에 탑승하고 헬멧을 착용하고 이륙할 준비를 했다. 잠시 후 드디어 헬기가 가즈니로 가기 위해 이륙했다.

그러나, 헬기는 비행 도중 강한 풍량과 탈레반의 지상 공격 가능성이 큰 것으로 우려되어 5분간 비행한 후 다시 ○○○ 공군 기지로 되돌아왔다. 가즈니로 향하던 중 되돌아와서 헬기에서 다시 내려 몇 시간을 기다렸다. 더위와 함께 모래바람이 불어왔다. 긴 시간의 기다림에 몸이 지쳐갔다. 운동선수가 시합도 하기 전에 기다림에 지치는 격이었다. 썬맨은 한 번도 특수어를 공부한 것에 후회한 적이 없었다. 그러나 지친 상태에서 이게 '팔자'인가 하다가 또 갑자기 자식에게는 언어를 해도 '좋은 언어'를 하도록 해야지 하며 혼자 중얼거리게 되었다. 운명이려니 했다.

한국에서 출국하기 전에 급히 출국하느라 경황이 없어 개인이 사용할 필요한 물품을 준비하지 못했다. 햇볕을 가려줄 모자를 챙겨올 여유도 없었다. 가즈니 현지는 뜨거운 햇볕이 내리쬐는 무더운 날씨였다. 뜨거운 햇볕

을 가려줄 모자가 필요했다. 가즈니로 출발하기 위해 헬기 탑승을 기다리
는 동안 인근에서 뜨거운 햇볕을 가려줄 모자를 구입했다. 모자의 전면에
는 아프간 현지어 및 영어로 아프가니스탄이라고 새겨져 있었다. 그 모자
는 디자인이나 섬유의 질이 열악했지만, 피랍 협상 기간 무더운 햇볕을 가
려주느라 땀이 어린 모자가 되었다. 가즈니에서 활동하는 동안 용이하게
사용했다. 그야말로 그 모자는 패션 디자인 면에서도 뒤처지고 세련되지
않았지만 무더운 날씨에 이마를 가려준 고귀한 도구였기 때문에 아직도 소
중히 간직하고 있다.

뜨거운 햇볕을 가려준 땀이 어린 고귀한 모자

○○○ 공군 기지 내 비치된 공개된 의자에 앉아서 기다리는 동안 영국
군인들이 보였다. 헬만드주에서 탈레반과의 총격으로 사망한 영국군 한 명
의 시신을 운구해 와 공항에서 영국으로 이송해 가기 전 묵념과 의식을 하
고 있었다.

썬맨은 이러한 영국군 한 명의 전사자 운구 장면을 보고 긴장도 되고 스트레스가 몰려왔다. '장난이 아니겠구나!' 하는 생각이 뇌리에 지속 되풀이하여 맴돌았다. 한편으로는 전략적인 사고와 치밀한 계획하에 움직이면 조기 피랍자 석방이 가능할 수 있다는 반신반의 자조 섞인 말을 중얼거렸다.

드디어 헬기 탑승 신호가 다시 왔다. 시간은 바야흐로 자정이 넘은 새벽 2시 30분이었다. 급히 헬기에 탑승했다. 시끄러운 헬기 좌석에 앉아 군용 헬멧을 쓰고 안전띠를 착용했다. 잠시 후 헬기 조종사의 출발 준비 완료 발언과 함께 다시 헬기가 이륙하여 가즈니 심장부로 비행했다. 심야 시간에 ○○○ 공군 기지에서 우여곡절 끝에 8시간을 기다린 후였다.

헬기 내에서 병사 한 명은 비행 도중 지상에 탈레반이 숨어 있을 만한 의심 지역을 지날 때마다 지상을 향해 연발 엄호사격을 했다. 가즈니로 이동 중 만에 하나 지상에서 헬기를 향한 탈레반의 군사 공격에 대비하여 공대지 엄호사격을 수시로 군데군데 하면서 비행했다. 탈레반이 소재할 가능성이 있는 위험 지점을 대상으로 엄호사격을 집중적으로 실시했다.

헬기는 험준한 산악지대 사이로 비행하면서 지나갔다. 이 순간 한때 영화관에서 감명 깊게 보았던 〈클리프 행어(Cliff Hanger)〉 영화가 연상되었다. 긴장감이 순식간에 몰려오기도 했다. 위기 협상의 고개를 넘어야 한다는 집념과 열정이 솟아났다. 외국에 가면 애국자가 된다는 말과 국가적 주요 사안이 발생했을 때 해결해 나가는 과정에서 애국자가 된다는 말이 새삼 생각났다.

당시 헬기 조종사 및 엄호사격을 해 준 병사에 대해 지금도 감사함이 든다. 보통 투철한 사명감 없이는 하기 힘든 일이었다. 이렇게 위험한 지역에서 묵묵히 임무를 수행해 주는 헬기 조종사와 엄호사격을 해 준 병사에게 고맙다는 마음과 함께 많은 생각을 했다. 그래서 썬맨은 엄호사격을 해 준 병사에게 엄지 척을 해 주었다. 그리고 "We are the world."라고 말해주었다. 그 병사도 나에게 화답으로 엄지 척을 해 주었다. 헬기에서 내리면서 헤어질 때 감사함의 악수와 포옹을 했다. 당시에 개인적으로 헬기 소속 국가에도 감사하는 마음이 떠올랐다. 한국인이 피랍되었는데 ○○ 헬기가 동맹국 관계이지만 통 큰 지원이었다. 이렇게 헬기가 위험을 무릅쓰고 우리를 탑승시켜 이동시켜 주는 협조를 해 주는 데 대해 순간 마음속으로 고마움에 '선진국은 역시 다르구나!' 하는 생각도 문득 떠올랐다.

헬기 지원과 여러 협조가 잘될 수 있는 계기가 있었다. 당시 카불에 파견되었던 국방부 전호식 장군은 관련 당국과 사전 구축한 친분을 기반으로 평소 긴밀한 업무 협의 및 협조가 원활히 이루어졌다. 평소에 만든 친분이 위기 시에 많은 도움을 주는 경우가 있다. 전호식 장군이 해외 유학 시 함께 공부했던 다니엘 장교가 카불에 있는 군부대의 고위 장성으로 파견을 나와 근무하고 있었다. 그곳에서 다시 우연히 만났다. 또 다른 우연한 인연의 시작이었다. 항시 썬맨에게 든든한 힘이 되어주었던 '총잡이' 후배는 총기를 능수능란하게 다루는 유능한 저격수였다. 국방부 내에서 영어에 능통하고 유능하기로 소문나 있던 전호식 장군이 카불에 파견되었다. 가즈니에서 함께 군부대 내 숙소 지역을 벗어나 밖으로 외출할 때 사용할 안전 장비를 공급받았다. 국방부의 원활한 협조와 지원 덕분이었다.

드디어 7월 31일 새벽 3시에 바람과 먼지를 뚫고서 가즈니에 착륙했다. 헬기 날개에서 나오는 바람에 하얀 먼지가 휘날리는 가운데 가즈니 ○○○ 군부대 내 비행장에 도착했다. 첫 시야에 하늘에 떠 있는 큰 고무풍선이 눈에 띄었다. 탈레반 지역을 관망하는 정찰 위성이었다. 또한, 가즈니 일대를 세밀히 볼 수 있는 정찰 위성이었다.

이후 임시 숙소에 들어와 보니 새벽 4시였다. 잠시 눈을 붙일 수밖에 없는 상황이었다. 임시 숙소 방안에는 침대가 있었지만 그야말로 한국의 팀스피리트 훈련을 하던 때와 같은 훈련장 텐트 내 임시 막사 침대였다. 그리고 먼지로 뒤덮인 침대 위에서 잠시라도 날이 밝을 때까지 눈을 붙여야 하는 그런 상황이었다. 새삼 썬맨은 '힘든 상황이 시작되는구나!' 하고 중얼거리게 되었다. 또한, 피곤이 밀려와서 안 잘 수 없지 하고 먼지에 뒤덮인 침대에 피곤함에 지쳐 쓰러지듯 몸을 뉘었다. 새벽 시간대인데도 불구하고 항공기 이착륙 소리와 총소리로 제대로 잠을 잘 수가 없었다. '이제부터가 시작이구나!'라는 생각이 들자 가슴속 깊이 울림이 왔다. 긍정 모드로 전환해야 했다.

사람들은 각기 처한 환경에 따라 각기 자신의 기분 전환과 업시키는 방법이 다양하다. 그러나 폐쇄되고 제한된 공간에서는 활용할 수 있는 종류도 제한된다. 묵상 기도일 수도 있고 음악, 시 등을 읽거나 미술 책자 화보 등 여러 가지 방법을 강구할 수 있다. 가즈니 ○○○ 군부대 내 헬기 착륙장에서 불어나오는 먼지가 주변을 덮었던 힘든 상황에서 썬맨은 협상 심리적인 힘을 충전하기 위해 상황에 맞게 간편한 방법으로 음악을 택했다. 가즈니 일대는 헬기 이착륙 시 나오는 더운 바람과 먼지(Wind and Dust)가 자주 흩날리는 환경이었다.

심리적 전환을 위해 또 그 순간 환경에 부합하는 음악을 들었다. 인간과 시간의 흐름에 대한 절박한 인식과 책임을 노래하면서 많은 인기를 얻었던 팝 음악인 캔자스의 〈Dust in the wind(바람 속의 먼지)〉를 들었다. 이 음악을 들으면서 긍정 모드로 전환하여 협상 심리적 힘을 고양시켜 나갔다. 음악의 말미에 "Everything is dust in the wind(모든 것이 바람 속의 먼지이죠)"를 다시 들으며 힘든 심리적인 중압감을 극복해 나갔다.

긴박한 출장 시에도 음악을 평소 선별해 놓은 것을 가지고 갔었다. 그러기에 심한 먼지 바람이 불고 무더운 가즈니 내 폐쇄된 공간에서 엄청난 스트레스를 해소하고 심리적 긴장을 극복해 나가기 위한 수단 중의 하나로 좋아하는 음악을 활용할 수 있어서 천만다행이었다. 협상의 심리적 힘을 보충하는 데 많은 도움이 되었고 피랍 협상 기간 동안 힘들 때나 위기 때나 자주 좋아하는 음악으로 심리적 무장을 해나갔다.

모든 사람은 각자에게 맞는 스트레스 해소법을 환경에 맞게 평소에 활용하는 것이 필요하다. 썬맨은 서울에서 출발할 때부터 그랬듯이 음악으로 긴장된 스트레스를 해소해 나가면서 또 다른 심리적 안정을 도모했다. 그리고 앞으로 있을 탈레반과의 협상을 추진해 나갈 힘을 충전해 나갔다. 다음 날 동이 트자 비행장과 떨어진 다른 블록에 있는 정식 군부대 내 다른 막사 숙소로 이동했다. 이착륙 장소와 다소 떨어져 있어 그나마 조금 다행이었다.

막사 내에 우연히 전에 체류했던 어떤 사람이 놓아두고 간 명함 뭉치를 보았다. 지푸라기라도 연결되는 사람이 있으면 잡고 싶은 심정이었다. 인질 피랍 문제를 해결하기 위한 연결고리를 찾아야 한다는 집념으로 가득 차 헝그리 정신으로 무장하게 되었다. 어떠한 사람들이 이곳에 체류하는지와 혹시나 도움을 받을 만한 인물이 있는지 등에 대해서 촉(Cue)을 세워서 면밀히 점검해 보았다. 역시 힌트를 찾을 수 있었다.

2. 인연의 힘이 되어준 글귀

가즈니 ○○○ 군부대 안에 사무실을 임시로 사용했다. 심야 시간에 카불에서 가즈니로 헬기로 이동해 올 때도 뇌리에 스쳐 지나갔던 것이 있다. 바로 헬기 소속 해당 국가에 대한 고마움 같은 그런 생각이 다시 떠올랐다. 해당 국가에 대한 고마움과 헬기 조종사를 비롯하여 '각자 맡은 임무에 묵묵히 충실하게 임하는 부분에 대해 배울 점이 많고 멋지다!'라는 생각이 잠시 들었다.

　사람과 사람, 사람과 사물 사이를 연결 지어 주는 말에도 각기 인연 내지 우연한 기회에 연관성이 있는 경우를 우리는 가끔 경험한다. ○○○ 사무실에 아침 일찍 근무하기 위해 들어갔다. 사무실 내 책상에 앉아서 탈레반과 협상 추진 방안에 대해 구상하고 있었다. 그때 사무실 벽 내부를 얼핏 보는데 첫눈에 들어온 글귀가 보였다. 이 글귀는 힘든 협상 추진 과정 동안에 많은 위안이 되었다. 수시로 중얼거리면서 협상의 에너지를 충전하기 위해 글귀를 보며 다짐했다. 아마도 이 글귀는 이 사무실을 바로 직전에 사용했던 누군가가 작성한 글귀인 듯했다. 벽에 걸린 달력 종이에 수기로 작성된 글귀는 이렇게 적혀 있었다. "Yesterday is a History, Today is a Gift, Tomorrow is a Mystery."(어제는 역사, 현재는 선물, 내일은 알 수 없다) 한국의 유명한 김혜자 배우가 어떤 드라마에서 말한 대사가 생각난다. **"후회스럽고 미련이 남는 과거에 얽매이지 말고, 알 수 없는 내일에 너무 기대하지 말고, 오늘 현재를 눈부시게 누려라."**라는 말과 연관성이 있어서 심적으로 더 와닿았다. 썬맨은 이 글귀와 연계하여 참으로 새삼 또다시 느끼는 것이 혹자가 한 말이 문득 생각났다. "삶에서 지혜는 가까이에 있고 버릴 게 없는 것이니라. 그러니 범사에 감사하면서 지내라." 범사에 감사하면 우연한 인연이 긍정의 기회가 되어 시너지 효과로 변화되어 도와준다고 말해주고 싶다.

　피천득 작가의 수필『인연』에 **"현명한 사람은 옷깃만 스쳐도 인연을 만들어낸다. 반면 보통 사람은 다가온 인연인 줄 알면서도 잡지 못하고 멍한 사람은 인연을 만나도 모른다."**라는 말이 있다. 이처럼 우리는 바쁘다는 핑계로 다음으로 미루지 말고 인연을 소중히 여겨 꽃으로 승화시켜 나가는 지혜가 필요하다고 새삼 느꼈기에 이야기해 주고 싶다. 어느 가수의 〈다시 한번 생각해 줘요〉에 나오는 가사 중 "옷깃을 스쳐 가도 인연이라 했는데…."라는 말이 새삼 느껴진다. 이러한 자그마한 인연의 요소가 협상에 있어 트라이앵글 전법 구사의 기초가 되었다.

이렇게 수기로 적혀 있는 영문 글귀를 보면서 이 글귀를 적은 사람은 먼 발치에 고국에 있는 가족을 놔두고 혼자 아프가니스탄 이국땅 하고도 매일 전쟁터 같은 곳에 와서 임무를 수행하고 있었던 사람이었다. '그 사람은 어떠한 생각을 가지고 적었을까?' 하고 잠시 생각해보았다.

썬맨은 이 글귀로 다른 착상과 넓은 생각과 의지를 갖고 협상의 가속도를 배가해 나가는 전환점으로 여기면서 감사하다는 말을 되새겼다.

어린 시절 교실 칠판 위 액자 속에 걸려 있는 급훈같이 이 글귀를 마음에 새기면서 협상을 해나갔다. 이렇게 긍정적인 생각을 하게 해 준 글귀의 주인공은 어떤 사람이며 누구일까? 곰곰이 생각해보면 이것도 인연이라고 생각한다. 언젠가 한국말이 영어로 전달되어 글귀를 쓴 본인이 나타나면 또 다른 인연의 시작을 기대하며 그 사람에게 감사의 말을 전해주고 싶다. 친필로 뭔가를 전해주고 싶다.

Yesterday is a history

Today is a gift

Tomorrow is a mystery

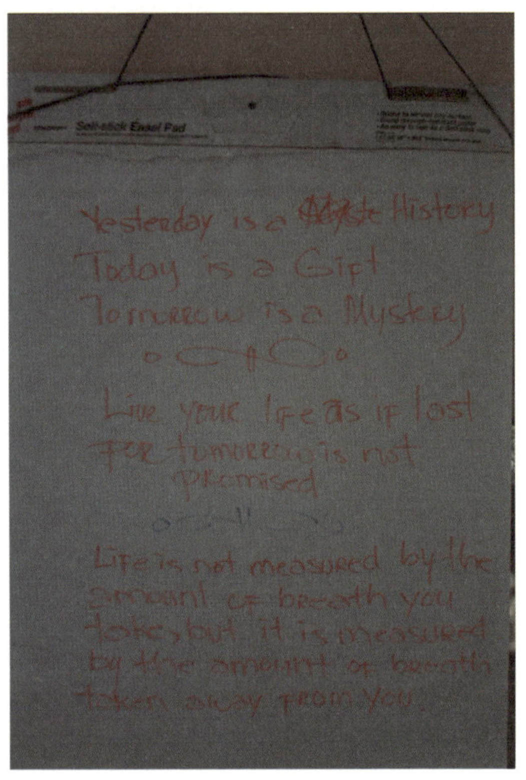

달력 수기 내용 실제 사진

이 글귀를 수기로 쓴 분을 찾으면 감사의 뜻을 표하고 싶다. 이 글귀는 가즈니 군부대 내 사무실 출입문 옆에 걸려 있는 달력 종이에 수기로 쓰어 있었다. 썬맨은 이 글귀를 임무 수행하는 동안 수시로 되새기면서 힘든 순간순간들을 헤쳐나가려고 노력했다.

3. 함정의 덫에 걸린 일시 억류 위기

전날 저녁에 둥근 달을 보고 또 시간이 지나 다음 날 아침에 이글거리는 태양이 솟아올랐다. 가즈니 현장에 급히 전화가 걸려왔다. 신강철의 외침이었는데 "너네들 사무실에 처박혀 있지 말고 죽을 각오로 당장 탈레반을 만나러 가라!"라는 고성 소리였다.

그럼 누가 나가야 하나? 잠시 각오의 시간이 흘렀다. "나…. 난 난 아니야….." 유능한 총잡이는 먼저 자신이 적침하겠다고 했다. 총잡이가 선수 치는 말에 썬맨은 자동으로 적침이었다. 급히 당장 만나라는 소리에 탈레반 측과 서둘러 약속을 정했다. 탈레반 측과 전화로 ○○○ 입구에서 만나기로 약속했다. 우리와 탈레반은 각각 제한된 인원으로 구성하여 만나기로 했다. 식곤증이 오는 점심시간 직후 시간이었다. 썬맨은 늘 총잡이와 함께 움직였다. 이날도 같이 움직이기로 되어 있었다.

그러나 당일 총잡이는 몸살기가 있어 잠시 쉬면서 깊이 잠이 들었다. 총잡이는 연일 고생으로 과로한 상태였다. 썬맨은 곤히 잠들어 있는 후배를 깨우기가 미안하기도 하고 안쓰러웠다. 이렇게 생고생을 하면서 지쳐서 곤히 잠들었으니 차마 깨울 수가 없었다. 썬맨은 만나기로 한 장소가 우리 사무실이 소재하는 인근 지역 게이트이고 게이트 앞에 무장 군인도 있고 우리 아지트이니까 혼자 가도 괜찮겠지 하고 가볍게 생각했다. 그래서 총잡이를 깨우기가 그래서 깨우지 않고 혼자 나갔다. 잠깐 만나고 온다는 생각에 혼자 나갔다. 그것이 순간 함정의 덫이었다. 잘못 판단한 것이었다. 순간 날고 긴다 해도 아무리 사소한 일이라 해도 신중하지 않으면 감나무에서 떨어질 때가 있다는 말이 뇌리를 스쳐 지나갔다. 삶에서 이것은 괜찮겠지 하고 가볍게 생각하여 결정한 것이 오류로 오는 때를 흔히들 경험해 보곤 한다.

가즈니 군부대 입구 외부

썬맨과 약속한 탈레반 측 인원들이 나타났다. 탈레반 측과 썬맨은 상호 인사를 했다. 날씨는 덥고 먼지도 날리고 있었다. 또, 다른 사람이 보니까 자신들의 SUV 차량 내에서 얘기하자고 했다. 썬맨은 그러자면서 믿고 탈레반 차량에 잠시 탔다. 뜨거운 햇볕 아래 주변의 이목과 들개들이 왔다 갔다 하는 상황이어서 차량 내가 오히려 시원하고 안전하게 보였다. 하지만 탑승하면 안 되는 것이었다.

대화 중 차량은 어느새 발진하여 탈레반의 아지트인 어떤 은둔지 안가로 달렸다. 어떤 구간에는 탈레반은 이동하는 도중에 썬맨의 눈을 가리고 이동했다. 탈레반 은둔지 가옥에 도착했다. 일시 반강제 억류로 느꼈다. 썬맨은 '이거 무슨 맛이지! 엿됐다!' 하고 순간 생각이 들었다. 싸한 느낌(feel)이 왔다.

썬맨은 탈레반 측에게 비신사적으로 이렇게 하는 법이 어디 있냐고 하면서 강하게 항의했다. 탈레반 측은 자신들의 아지트에 왔다고 상부에 전화하는 등 태연했다. 일순간의 억류였다.

썬맨은 순간 식은땀이 흘렀다. 그러나 어릴 적 누누이 들었던 말이 스쳐 지나갔다. 호랑이한테 물려가도 정신만 바짝 차리면 살 수 있다는 말에 이 판사판이라는 용기로 힘을 실어 탈레반 측에 얘기했다. 내가 인질을 구하기 위해 탈레반 측과 협상하기 위해 온 한국 정부 인사이다. 너희와 협상하는 채널인 사람을 너희 맘대로 이렇게 너희 아지트로 데리고 오면 어떻게 하느냐고 설득했다. 이내 부드럽게 변신하여 말했다. 협상할 사람을 이렇게 하면 안 되지 않느냐고 설득 조로 말했다. "내가 나가야 너희와 스무스한 협상으로 빨리 인질 협상을 마무리하지 않겠는가?"라고 설득해 나갔다. 탈레반 측도 동감이라는 듯이 고개를 끄덕였다.

썬맨은 **이슬람의 IBM 문화**가 번뜩 생각이 났다. 나는 너희의 IBM(In shalla, Bukra, Malish)문화를 존중한다고 했다. 우리는 Brother이다. 탈레반은 이 말에 친근감을 표시하고 나의 진의를 알아차리는 듯했다. 호의적으로 변했다. 협상을 추진할 사람을 잡아두면 어떻게 되겠나? 평화적인 방법이 아니라 군사적인 방법으로 맞설 수밖에 없는 상황이다. 그러면 다 파멸이다. lose-lose가 된다. 그래서 win-win으로 하자는 것이다.

썬맨은 본인이 빨리 돌아가서 너희와 연결하여 협상을 추진해야 할 사람이니 풀어달라고 강력히 요청했다. 잠시 후 부족 원로 격인 사람 몇 명이 함께 들어왔다. 이들은 썬맨에게 자신의 이름을 말하면서 인사말을 점잖게 건네었다. 자기들끼리 잠시 의논한 후 수장 격인 사람이 썬맨을 돌려보내라 했다. 이 사람이 이후에 매일 같이 썬맨과 협상을 주도해 왔던 반대쪽 파트너 탈레반 수장이었다. 탈레반은 진정성을 알아차리고 잘 알겠다고 했다. 잠시 후 썬맨에게 가자면서 차량으로 이동하여 애초 출발지였던 썬맨 사무실이 있는 가즈니 군부대 앞 게이트에 데려다주었다.

썬맨은 게이트로 통과하여 사무실에 돌아왔다. 안도의 한숨이 나왔다. 그런데 사무실에서는 이런 사정도 모르고 썬맨에게 여러 번 전화했는데 전화를 안 받길래 무슨 일이 있는 거 아닌가 별생각을 다 했다면서 전화를 안 받으면 어쩌냐고 톤을 높여서 말했다.

썬맨은 숨 넘어갈 듯한 순간을 겪은 터라, 미안한 마음을 말 대신 침묵으로 표현하고 지나쳤다. 처음에 아무렇지도 않은 척하는 게 힘들었다. 식은 땀이 흘렀다. 무더운 날씨 탓도 있지만, 너무 극도의 심리적인 괴로움을 겪었다.

가즈니 군부대 내에서 심가영 피랍자 살해 시신을 참관 입회하는 일이 있었다. 강한 정신력을 가진 강영호는 문하원의 양보로 참관실에 들어가 잘 마치고 나왔다. 반면 참관 차 들어간 F는 들어가서 바로 나왔으며 구토와 심적으로 트라우마를 겪어 얼마 후 한국으로 귀국했다. 표면적으로 이해가 안 간다고 할지 모르지만 직접 당면해 보면 쉽게 말할 수 없다. 누구나 그러한 상황을 실제 당해보면 알 수 없다. 사람에 따라 다르기에 말이다. 얼마나 심리적으로 힘들었을까 하고 충분히 이해가 가는 부분도 있다.

썬맨은 아무도 모르게 죽을 뻔한 경험을 하고는 너무 당황스러웠다. 이라크에서 한국인 인질이 납치되어 살해된 상황들이 일순간에 영화 필름처럼 머리를 스쳐 지나갔다. 이리하여 여러 날 밤을 자면서 탈레반에 잡혀가는 악몽을 꾸었다. 너무 힘들었다. 일순간 한국으로 그냥 돌아가고 싶기도 했다. 여기서 돌아가면 누구와 똑같은 인간이라는 손가락질이 무서워서 이를 악물고 참아내었다. 또한, 서울에서 밤새워가면서 나보다 더 고생하는 후배와 동료들이 눈에 아른거렸다. 힘이 되기도 하고 방어막이 되어주었다. 모 후배가 불러주었던 노래가 생각난다. "포기하지 마~" 가사 구절이 생각나고 'ㅇㅇ이 하면 다르다'라는 말을 자조적으로 되새기면서 마음을 가다듬으려 무척 애썼다. 당시 너무 힘든 순간을 겪었기에 나이에 걸맞지 않게 어머니의 얼굴을 떠올리면 금방이라도 울컥할 것 같은 심정이었다.

4. 우연을 허투루 여기지 않는다면

진리는 먼 곳에 있지 않고 가까이 있다는 말이 생각난다. 순간 다가오는 자그마한 우연이 위기 상황에서는 큰 힘으로 작용한다. 우연을 응용할 경우 알게 모르게 큰 원동력이 된다. G 간호 장교는 인질 협상하느라 바쁘겠지만 잠자기 전에 읽어보라고 책 한 권을 주었다. 그 책은『천사는 여기 머문다』외 수상작품을 모은 2007 이상문학상 작품집이었다.

2007 이상문학상 작품집

썬맨은 힘들고 바빠서 시간이 없었지만 고마워서 목차와 소제목을 잠시 잠시 훑어보았다. 그 책 속의 내용을 대충 잠시 보게 되었다. 책의 소제목 내용과 이선희 가수가 부른 유명한 〈J에게〉 노래를 젊은 시절에 들었던 그 우연의 순간을 허투루 여기지 않았다. 탈레반 수장이 나에게 이름을 물었던 사항에 대해 중요한 착안을 했다.

가즈니의 밤은 조용하면서도 긴장감이 감도는 환경이었다. G는 내가 스트레스 연속으로 힘들어 할까 봐 배려심을 발휘해 주었다. 나는 저녁에 탈레반과 수시로 전화 통화를 해야 했다. 조용한 별도의 방이 필요했다. G는 이러한 상황을 알고 고맙게도 별도의 숙소를 마련해 주었다. 문하원[12]과 강영호[13]가 사전 상황을 읽고 그렇게 분위기를 만들어 주었다. 피랍 석방자들이 석방될 경우 필요하면 사용할 임시 숙소였다.

G는 썬맨에게 인질 석방을 위해 협상을 잘 추진하라라며 응원의 신호도 보내주었다. 잘 마무리되어 빨리 귀국하기를 희망한다고 하면서 수고한다고 격려의 박수도 보내주었다. 이러한 고맙고 따뜻한 마음이 탈레반과 대화 시 협상의 힘을 불어넣어 주었다. 협상하는 데 열정의 기(氣)를 던져주었다.

어느 날 가을이었다. 나는 젊은 시절 한때 이선희 가수가 부른 〈J에게〉라는 노래를 들었는데, 피아노 반주에 맞추어 흘러나오는 멜로디와 광경에 감명을 받은 적이 있다. 감수성이 예민한 청춘 시절에 한때 감성에 훅 빠졌던 적이 있었다. 어떤 때는 그냥 개폼인지 뭔지는 모르지만, 하늘을 바라보면서 나름 감성을 느꼈던 적이 순간 떠올랐다.

순간의 선택이 평생을 좌우한다는 말이 새삼 떠오른다. 대학 시절에 이

---

12) 국가관이 투철한 국방부 파견군인 장교로서 의리의 사나이였다. 어려운 상황 속에서 적극적인 협조를 했다.

13) 대테러 관련 해박한 지식을 보유하고 있을 뿐만 아니라 영어를 유창하게 구사한 유능한 베테랑이었다.

런 경험을 한 적이 있다. 내일 중요한 시험이 있는데 여자친구가 커피 마시러 가자고 했다. 내가 너하고 손잡고 향기로운 커피를 마시면서 지내고 싶다. 하지만 지금은 가야 할 길이 있어서 못 간다고 일러주어라. 우연의 물꼬를 목표를 응용해서 커피숍에서 도서관으로 방향을 틀었던 것이 한 끗 차이를 가져왔다. 낭만을 무시하라는 것은 아니다. 삶의 현장이었다. 그때 대학 시절에 나는 자그마한 응용의 방향과 의미 차이로 결과가 달라지는 경험을 수차 겪어 보았다.

이러하듯이 삶에서는 누구에게나 기회가 온다고 한다. 삶에서 우연의 기회가 세 번 온다고 한다. 크고 작은 차이는 있을지언정 응용하고 노력하는 경우 우연의 기회가 온다. 다만 각자가 자신에게 다가왔거나 다가오고 있는 기회를 알아차리지 못한 것일 뿐이다. 아니 기회를 잡아채지 못하느냐 잡아채느냐의 차이이다.

당시 탈레반 수장과 대화 질문에서 내 가까이 있는 위 두 가지 사안을 우연의 환경으로 응용했다. 어떤 심리학자의 말을 빌리자면 사람은 자그마한 일이라도 평소 경험한 주변에서 순간 착상을 떠올린다는 말이 있다. 모든 일이 부지불식간에 어릴 적부터 쌓아온 경험과 자그마한 일에서 출발하고 우연의 인연이 우연의 기회로 시너지 효과를 낸다는 말을 하고 싶다. 작은 불씨를 모아서 큰 불씨가 우연히 되었다. 위기에서 Cue(촉)가 와닿았고 우연의 Cue를 응용하느냐 응용하지 않느냐의 차이를 경험했다.

5. 미 국무부 소속 직원과 조우

　가즈니 군부대 내 파견된 잭슨(Jackson)이라는 미 국무부 산하 USAID 소속 직원 여성분은 명석하고 노련했다. 유능한 사람이라고 하는 게 맞다. 잭슨이 언급한 본인의 소속 부서명이 정확한지는 미지수다. 가즈니 군부대 내 체류하던 썬맨에게 접근하는 방법이 아주 매끄럽고 자연스러웠다. 그렇게 잭슨은 썬맨에게 접근했다. 이렇게 접근하면, 활동 기법에 대해 잘 알지 못하는 일반인 입장에서는 그의 속내를 다 들킬 수밖에 없을 정도로 그녀는 노련하면서도 매너가 뛰어났다. 그래서인지 잭슨은 가즈니에 파견 와 있던 한국의 두 정부 부처 사람(ㅁㅇㅇ, ㄱㅇㅇ)으로부터 들은 이야기가 있었는데 그 이야기가 어느 날 미 국방부가 발간하는 게재 내용에 실리는 해프닝이 있었다.

　미국 여성 잭슨은 고수였다. 상대에게 적절한 말의 톤과 무언의 신호를 보내고 상대의 무언 신호를 감지하는 능력이 탁월했다. 활동상의 많은 전법 중에 우선 대화 중 무언의 신호를 보내고 감지하는 촉(Cue)이 뛰어났다. 그리고 Give&Take와 Take&Give를 잘 활용했다. 해외 경험도 많은 사람이었다. 썬맨은 큰 원(Circle)에서 중심으로, 중심에서 원 바깥으로 접근하는 원리를 생각하면서 광활한 질문을 던져주고 'If…. 협상 전법'으로 다가갔다. 이리하여 실제 미 국무부 여성이 관할하는 사무실에 출입해서 새로운 것을 알 수 있었다. 그리고 정찰 위성으로 스크린에 잡히는 차량이 이동하는 실시간 장면을 스크린 화면을 통해 우연히 추적해 볼 수 있었다. 잭슨은 안전관리상 썬맨을 보호해 주기 위해 GPS 관련 기기가 잘 작동되는지를 테스트하기 위해서라면서 썬맨이 협상 장소인 적신월사 등으로 이동하기 전에 반드시 통보를 해 줄 것을 요청했다. 여기서 강한 부정은 강한 긍정이라는 말의 톤이 있듯이 몇 가지 느낌이 왔다.

이에, 썬맨은 잭슨에게 출발 시각을 통보해 주었다. 탈레반 수장은 자신의 핸드폰이 감청당할 가능성이 있다는 것을 매번 강조했다. 그러면서 자신과 통화 시 사용하는 메인 핸드폰 번호를 비밀로 유지하라고 누차 강조했다. 탈레반 수장이 강조한 이유를 드디어 알 수 있었다. 그래서 썬맨은 잭슨에게 연락 시 또 다른 보조 핸드폰을 사용했다.

썬맨은 여기서 뭔가를 알고 싶었고 또 다른 뭔가를 인지했다. 그래서 어느 날 탈레반 측과 두 번째 직접 대면 접촉을 하기 위해 적신월사로 갈 때 의도적으로 곧바로 적신월사로 가지 않고 다른 길로 갔다가 얼마간 멈추고 있었다가 최종 목적지인 적신월사로 이동해서 갔다. 원래 도착 시각에 여유가 있었기도 했다. 이 스크린을 기술상 길을 먼저 세팅해 놓고 추적하는 것인지 다른 방법으로 추적하는 것인지 등이 궁금했기 때문이다. 아니나 다를까 잭슨은 썬맨이 직접 대면 접촉을 마치고 왔을 때 잠시 후 다가왔다. 잭슨은 먼저 다른 이야기를 꺼내면서 자연스럽게 대화를 이어갔다. 잠시 후 썬맨에게 오늘 차량이 가야 할 길로 가지 않고 갑자기 없어져서 자신이 일시 깜짝 놀랐다고 말했다. 오히려 썬맨은 의식하지 않고 태연하게 안전에 신경 써 주어서 고맙다고 말하고 넘어갔다.

잭슨은 노련함에 세밀함도 있었다. 여러 가지 해외 경험 사례를 포함하여 사적인 이야기도 솔직하게 말해주었다. 썬맨은 어느 날 대화를 하던 중 급히 아프간으로 파견 오느라 출장 올 때 옷가지를 충분히 못 가지고 왔으며 바지도 한 개밖에 안 가지고 왔다고 말한 적이 있다. 어느 날 그 잭슨은 아주 자연스럽게 썬맨에게 바지를 하나 가볍게 사용하라고 주었다. 여기서 잭슨의 친절성과 세밀한 마음 씀씀이를 느꼈다. 순수한 인간미를 그대로 이해하고 고마웠다.

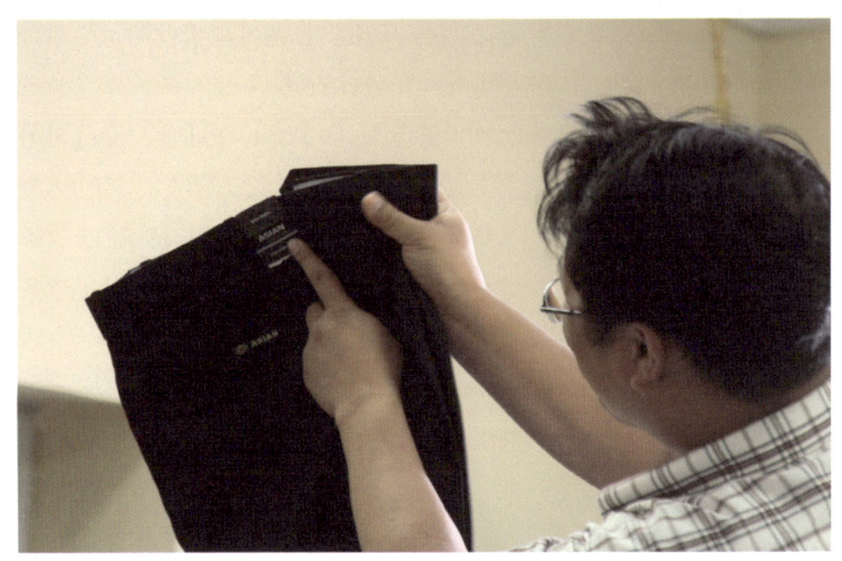

잭슨이 선물한 바지

미국 여성인 잭슨은 대국적 견지에서 많은 경험치를 가진 뛰어난 사람이었다. 말의 코멘트가 살아 있는 느낌을 받을 수 있었다. 매번 유연하면서도 혼이 실린 진정성 있는 말을 느낄 수 있었다. 썬맨은 그 어려운 여건 속에 탈레반과 협상을 추진해 나가는 동안 잭슨의 협조에 감사하다는 말을 전하고 싶다. 썬맨은 바쁜 와중에 잭슨에게 매너 있고 친근감 있게 잘 응대해 주려 노력했다. 썬맨은 미국 국무부 여성인 잭슨으로부터 대화하면서 많이 배웠다. 감사하게 생각하고 또 감사하다는 말을 전해주고 싶다.

6. 트라이앵글 모형으로 탈레반 수장과 직접선 구축

썬맨은 우선 탈레반 측과 연결하기 위해서는 알 자지라 방송 기자를 통해 입수한 탈레반 전화번호로 연락하여 직접 접촉선을 만드는 방안도 있었다. 하지만 이것은 차선책으로 생각했다. 결정권이 있는 수장이 누구인지 궁금했다. 이 지점에서 방법상 선택의 갈림길에 서게 되었다. 그래서 가즈니 연합군부대 내에서 탈레반과 접촉선을 만들어 주거나 탈레반에 대해 연관성이 있는 사람, 즉 구세주를 찾아야 할 필요성을 절실히 느꼈다. 뜻이 있는 곳에 길이 있나니 하고 활동할 변신 버전을 중얼거리면서 시나리오를 구상했다.

썬맨이 군인들을 접할 수 있는 곳으로 군부대 내 식당 또는 카페로 좁혀졌다. 식당에서 군인 3명이 식사를 하는 동안 이런저런 얘기 중에 단서를 우연히 포착했다. 눈과 귀에 힘이 불쑥 솟았다. 군인들이 군부대 내에 탈레반 대상 관련 활동 시에 통역하거나 기타 지원에 현지인 협조자를 운용하고 있는 것을 포착했다. 이거다! 하고 관심을 기울였다.

군인 3명이 갑자기 식사를 마치고 가는 순간 썬맨은 이들 중 군부대 내 협조자 운용을 말했던 한 명을 따라가서 말을 걸고 싶었다. 느낌(feel)이 왔다. 그래서 썬맨은 식사 도중에 식사를 중단하고 급히 그 군인들을 따라 나갔다.

다행스럽게도 군인 3명 중 한 명이 이동 중에 화장실로 가는 것이었다. 조금 전에 바로 현지인 협조자 운용에 대해 이런저런 얘기와 함께 불만을 토로했던 바로 그 사람 '마이클'이었다. '썬맨은 찬스다!'라는 느낌(feel)이 왔다. 썬맨은 화장실 안으로 자연스럽게 따라 들어갔다. 잠시 후 마이클과 눈인사와 함께 반갑다고 인사를 나누고 카페까지 함께 갔다. 그 짧은 시간에 마이클은 한국 정부에서 왔다니까 알아차리고 한국인 피랍자들 때문에 자기네들 탈레반 대상 군사 작전을 제대로 이행 못 하고 있다고 불만 섞인 말을 단번에 던졌다. 썬맨은 곧바로 동감의 표시로 "그럴 것이다."라고 하면서 말을 연결해 나갔다. 그래서 "제가 하루라도 빨리 석방 문제를 해결하려고 합니다."라고 말을 툭 던졌다. 이런저런 유익한 단서가 될 이야기를 들었다. 썬맨은 군부대 내에 있는 현지인 KM이 탈레반 대상 군사 작전 때나 기타 사항에 통역 등 지원을 해 주는 운용 협조자라고 들었다. 이름도 지나가는 말로 썬맨과는 무관하겠지 생각하고 쉽게 얘기해 주었다. 이것이 썬맨이 탈레반과 협상의 문을 여는 단서인 열쇠 역할이 될 줄이야…….

썬맨은 마이클을 화장실에서 반갑게 만나고 카페까지 가서 얘기를 들을 수 있는 분위기를 어떻게 만들었을까? 썬맨은 의도적으로 순진 모드, 바보 모드, 불쌍 모드로 변신했다. 그리고 공통분모를 찾을 수 있는 말을 조각조각 던졌다. 먼저 마이클에게 나는 한국 정부에서 온 피랍 협상자라고 소개했다. 그러나 아프가니스탄과 가즈니에 대해서 아무것도 모르는 사람이다. 또한, 물론 아는 사람이 한 명도 없다. 그야말로 안타깝고 불쌍하기까지 하다. 너하고 얘기하는 것이 가즈니에서는 외국인으로는 처음이다. 그러니 너무 반갑다. 어떠한 얘기도 좋으니 조언을 해 주기를 바란다고 했다. 협상 문화에 맞게 결론부터 말하는 연역적 협상 대화법과 짧게 짧게 조각 대화법을 해나갔다.

그리고 동질감을 느끼고 얘기할 수 있는 공통분모를 급히 내던졌다. 썬맨은 한반도는 남북한 대치 국면에 있으며 한국 내 미군이 주둔하고 있다는 말로 이어갔다. 1980년대 초반에 한국에 주둔하는 미군 군속 카츄사(KATUSA)에 근무했다고 말하면서 연결고리를 찾았다. 마이클도 과거에 한국에 살았다고 했다. 급친이 되었다. 우연의 인연이 열쇠로 변했다. 희망의 단서를 찾았다.

썬맨은 마이클과 헤어진 후 곧바로 식당과 카페를 들르면서 군부대 내에 소수 현지인 중 마이클이 말해준 현지인 KM을 찾으려고 했다. 썬맨이 주둔하고 있는 군부대 내에 현지인은 소수였다. 이 사람 저 사람들과 대화를 걸면서 KM을 찾으려는 주파수를 던졌다. 썬맨은 집념과 열정을 가지고 촉(Cue)을 가지고 목표를 향해 가면 반드시 이루어진다고 생각하고 탱크처럼 밀고 나갔다. 지푸라기라도 잡고 싶은 간절한 심정이었기 때문이기도 하다. 간절하니까 현지인 KM을 찾았다.

드디어 현지인 KM을 카페에서 만났다. 썬맨은 KM에게 '구세주' 같은 현지 지인과 만날 수 있도록 협조를 유도했다. KM은 군부대와 직접 관련이 없는 현지인 한 명을 알아봐 주겠다고 했다. 현지인 JH를 썬맨이 있는 곳으로 가 보도록 해 주겠다고 말했다. 얼마 후 구세주 같은 JH가 실제 썬맨 사무실 앞으로 걸어 들어왔다. 이렇게 트라이앵글 모형으로 사람들을 연결하고 연결해서 간절함이 이루어졌다.

가즈니는 여전히 이글거리는 태양 볕 아래 하루가 멀다 하고 흙먼지가 바람과 함께 뒤섞여 심하게 날리는 나날이었다. 이러한 상황 속에서 길거리를 누비면서 생활하던 '구세주' 같은 현지인 JH가 나타났다. JH는 알음알음 수소문하여 ISAF 군 기지로 들어와 썬맨이 근무하는 사무실을 찾아왔다. JH는 아프간 내 고위 인사와도 잘 아는 발이 넓은 사람이었다.

JH는 서양 문화 시각으로 보면 서양식 정장 넥타이 문화와 비교해서 얼핏 보기에 허름하고 남루하다고 볼 수 있었다. 현지 기준으로는 아주 정상적이고 평범한 옷을 입고서 찾아왔다. 현지 이슬람 문화에 맞는 의상으로서 서양의 드레스드업한 정장 스타일과 비교해서 판단하는 시각은 위험하고 바람직하지 않다. JH가 착용한 의상은 현지 문화에 맞는 의상이었다. 왜 이 말을 이야기하는가 하면 서양 문화 시각에서 단순히 겉으로 보이는 의상 착의를 보고 쉽게 판단하면 오류를 범할 수 있다는 점을 강조하기 위해서이다. 실제 그러한 사례가 비일비재하다. 그리고 그때 그곳에서도 실제 그런 일이 있었다.

JH는 썬맨에게 자신이 이번 한국인 피랍자 석방을 위해 탈레반 윗선과 선을 닿고 있는 사람이라면서 도와줄 수 있다고 언급했다. 썬맨은 우선 동료에게 말했다. 동료는 썬맨에게 곧바로 판단하여 말하기를 "저렇게 입고 온 저 사람이 뭘 하겠나?" 하면서 사기일 가능성이 농후하니 빨리 나가게 하라고 했다. "JH를 빨리 나가게 해서 보내주어라."라고 말했다. 그래서 급히 데리고 나갔다. 그러나 하마터면 귀중한 옥석을 잃을 뻔했다.

썬맨은 생각이 달랐다. Cue로 뭔가 있는 것으로 감지했다. 썬맨은 JH를 밖으로 데리고 나가 조용한 장소인 구석 모퉁이로 가서 상호 앉아서 이런저런 질문과 함께 대화를 통해 신뢰성에 대해 검증했다.

썬맨은 Q(질문) 시 관심도를 흩트려 놓기 위해 왔다 갔다 하는 식의 지그재그(Zig Zag) 대화 전법을 구사했다. 취미가 뭔지? 운동은 뭘 좋아하는지? 물었다. JH는 본인이 기대하고 있는 질문이 아니라는 듯 의아해하기도 했다. 그 이후에 아프가니스탄 내에서 누구와 일하고 어떤 일을 하고 있는지? 탈레반과 윗선에 선을 닿고 있다는 것이 사실인지? 알고 있는 탈레반 윗선이 누구인지와 도와줄 수 있는지 등에 관해 이야기를 나누었다. 썬맨은 이미 직접 만나본 적이 있는 현지인 KM에 대해 JH가 잘 알고 있다기에 한 치의 의심도 없이 JH를 믿게 되었다.

JH는 썬맨에게 탈레반 수장의 전화번호를 보여주었다. 그 외 몇 개의 탈레반 측 이름과 전화번호도 갖고 있었다. 썬맨은 카불에서 입수해 온 전화번호와 JH가 가진 몇 개의 번호 중에 같은 번호를 가지고 있던 한 사람이 있었다. 순간적인 촉(Cue)으로 믿음이 왔다. 무슨 우연의 일치인지? (What a Coincidence…!) 굴러온 금덩어리였다. 하마터면 놓칠 뻔했다.

과거 외국에서 생활할 때 혼자서 자주 떠올렸던 나 자신만의 어문록 중

하나가 다시 생각났다. "아무리 하찮은 사람도 무시하지 말아라." 그리고 절대 간과하지 말고 금(Gold)이 될 수 있다는 말이 스쳐 지나갔다. '버릴 게 없어!'라고 혼자 중얼거리게 되었다.

썬맨은 JH를 활용한 협상의 기초 단계인 기반 조성으로 트라이앵글 전법(Triangle)을 적용했다. 썬맨은 JH를 통해 비선 연락할 별도의 핸드폰 번호를 탈레반 수장에게 조속히 전달해 주도록 요청했다. JH와 썬맨이 헤어진 지 3시간 만에 탈레반 수장으로부터 썬맨에게 직접 연락이 왔다. 탈레반 수장의 목소리 톤을 보니 긍정 필(feel)이 느껴졌다. 너무 반가웠다. 잘 될 것으로 느껴졌다. 말 온도에서 따뜻한 온기를 촉(Cue)으로 느낄 수 있었다.

탈레반 수장은 조심스럽게 자신의 핸드폰 번호는 비밀이며 절대 보안을 강조했다. 자신은 탈레반을 대표하여 모든 것을 결정할 수 있는 결정권을 가지고 있다고 했다. 또한, 향후 이 핸드폰으로 단둘이서만 상호 연락 교신할 것을 되풀이 말했다. 핸드폰 감청 가능성을 강조하면서 썬맨의 핸드폰 번호도 대외적으로 보안을 유지해 줄 것을 강조했다. 그래서 썬맨도 새로운 번호를 전달했다고 답변하고 탈레반 수장의 요청대로 비밀을 잘 유지하겠다고 화답했다.

탈레반 수장은 썬맨에게 자신의 핸드폰과 썬맨의 휴대전화 번호가 감청 가능성을 염두에 두고 번호 자체에 대해 대외에 비밀을 유지할 것을 되풀이 강조했다. 썬맨은 그렇게 하겠다고 약속했다. 또한, 탈레반 수장은 썬맨에게 이 휴대전화 번호는 자신과만 통화 시에 사용할 것을 제안해 와 그러기로 상호 약속을 했다. 탈레반 수장은 자신의 이름을 말해주고 썬맨의 이름을 물었다. 썬맨은 이선희 노래와 이상문학집에서 공통으로 나온 영어 단어에서 착안했던 이름을 말해주었다.

7. 트라이앵글 전법으로 설계된 신뢰의 힘

썬맨은 트라이앵글 모형대로 JH로 하여금 탈레반 수장을 만나서 썬맨의 가상의 신상 내용을 던져주도록 짧은 시간 내 교육했다. 그 이유는 탈레반 수장이 썬맨을 단번에 믿도록 하는 근거를 미리 알려주도록 하는 것이다. 탈레반 수장이 썬맨에게 전화하도록 함은 물론이거니와 썬맨과 통화할 경우 어느 정도의 신뢰감을 느끼도록 하면서 귀찮은 질문을 하지 않게 하는 것이었다. 그리고 상호 신뢰하에 신속히 본론 협상 대화 주제로 들어가게 하기 위한 것이었다.

썬맨은 구상했던 시나리오대로 진행했다. 썬맨의 신상은 우선 개인의 신상 내용을 얘기하거나 들을 때 협상의 관점에서 관심도가 높은 우선 순서로 말해주었다. 그리고 신상 내용 중 가상의 자료도 포함하여 알려주었다. 혈액형(O형, 실제 O형이 아니지만 원만함을 보여주려는 의도), 직업(아프간에 비유할 경우 총리에게 직접 보고하는 격인 정책 특보), 이름과 학력 그리고 가족 사항(3남 2녀, 실제 내용과 상이), 기타 특이사항으로 원만한 성격(협상하기에 좋은 사람으로 이해하게 했다), 결단력이 뛰어남, 개방적 성격, 한국 내에서 영향력이 있는 인물임을 강조하여 협상 카운터 파트너로 쉽게 믿고 전화하도록 했다.

썬맨은 기다릴 시간이 없었다. JH에게 짧은 교육을 했다. 어떻게 하면 탈레반 수장이 썬맨을 한국 정부 협상 카운터 파트너로 단번에 믿어줄까에 초점을 두고 주입식 교육을 했다. 썬맨은 JH가 탈레반 수장에게 말해줄 자신의 세부 신상 관련 내용 중 혈액형, 직업 및 직책, 가족 사항, 성격 등 4가지 요소에 방점을 두었다.

이리하여 탈레반 수장은 다행히도 단번에 의심 없이 썬맨을 믿었다. 촉박한 짧은 시간 내에 '나를 믿어주세요~'라고 수차례 말하는 그것보다 시나리오를 구상하여 가공된 세부 신상정보를 진중하게 전달하도록 한 것이 주효했다. 트라이앵글 전법~!

드디어 탈레반 수장이 썬맨에게 전화를 걸어왔다. 수장은 썬맨에게 반갑다고 말하고 자신을 탈레반 내 결정권이 있는 사람으로 소개하고 썬맨에 대해서는 충분히 들어서 잘 알고 있다고 먼저 말했다. 가상 시나리오가 탈레반 수장이 썬맨에 대해 신뢰감을 느끼도록 하는 데 적중했다. 탈레반 수장은 썬맨을 믿고 피랍 협상 본론으로 곧바로 들어가 협의를 시작했다.

썬맨은 수장에게 협상 종료 시까지 총 두 번의 강성 협상을 추진했다. 썬맨은 2차 인질 살해 이후 윗선으로부터 지금부터 더 이상 추가 살해는 절대 일어나서는 안 된다는 가이드라인을 받았다. 심한 스트레스와 함께 협상 종료 시까지 같은 입장을 유지했다. 수장과 직접 접촉선을 구축한 직후와 8월 16일 3차 만남에서 한국 측 첫 조인한 사람의 강한 논리 주장에 파투난 협상 이후 추가 살해 방지를 위해 두 번의 강성 협상을 추진했다. 수장과 직접 접촉선을 구축한 직후에 썬맨은 수장에게 닻 내리기 효과(Anchoring Effect)로 한국인 피랍자들에 대한 추가 살해는 절대 안 된다고 강조했다.

만일, 추가 살해가 발생하면 더 이상의 평화적인 협상은 없고 곧바로 미군과 합세하여 스텔스기로 탈레반 중심부에 대한 대대적인 군사 공격을 감행할 것이라고 강성 발언을 했다. 그리고 강약의 조절을 위해 곧바로 그러한 상황으로 가면 안 되기에 상호 원-원(Win-Win) 협상을 추진하자고 강조했다. 첫 번째 강성 협상을 구사하여 기선 제압과 만만하게 보이지 않게 하려고 먼저 선수를 쳤다. 수장은 원-원(Win-Win) 협상을 위해 서로 노력해 나가는 것이 중요하다고 짧게 화답했다.

8. IBM 이슬람 문화와 유머로 협상 분위기 전환

썬맨은 기회가 있을 때마다 탈레반 측에 **이슬람의 IBM(In shalla, Bukra, Mallish) 문화**를 존중한다고 말했다. 그리고 "이슬람 사람들을 좋아한다."라고 말하면서 급친을 만들어 갔다. 이슬람 문화를 요약한 IBM의 인샬라(In shalla)는 모든 것이 신의 뜻을 의미하고 일이 될 수도 있고 안 될 수도 있다는 의미이며 부크라(Bukra)는 내일을 의미하며 신께 감사라는 말도 포함하고 있다. 말리쉬(Mallish)는 문제없다, 괜찮다는 말이다.

한편으로 썬맨은 야한 개그와 유머로 탈레반의 강경 모드를 완화 모드로 만들었다. 썬맨은 탈레반이 서방권을 아프간 침략자로 규정하고 극도로 싫어하는 점에 착안해서 공감이 가는 유머 개그를 떠올려 말했다. 탈레반 수장에게 야하지는 않지만, 우스개 개그로 헬리콥터 시리즈1을 이야기했다 (특정 국가 및 누구를 지목해서 하는 것이 아님을 우선 밝힘).

어느 날 미국·중국·인도 정상(특정 국가를 지목하고 싶지 않아 지면상 정상들의 이름은 생략)이 비밀 회담을 어느 한적한 섬에서 개최했다. 이들 정상은 비밀 회담을 마치고 헬리콥터를 타고 돌아오는 중이었다. 그 헬리콥터에는 미국·중국·인도 정상 3명과 수녀님 1명 및 책가방을 멘 초등학생 등 총 5명이 탑승하고 있었다. 이 헬리콥터가 따다다다~ 하고 소리를 내면서 비행한 지 얼마 안 되어 위급 상황이 발생했다. 이에, 헬리콥터 기장이 다급하게 방송했다. 이 헬리콥터가 기기 고장으로 위기 상황이 발생하여 조만간 추락할 위기에 놓여 있다고 알렸다. 곧 헬리콥터가 추락할 위기이기에 여러분! 급히 탈출해야 합니다! 라고 방송했다. 이 헬리콥터 내에는 여러분들이 탈출할 때 사용할 수 있는 낙하산이 4개밖에 없다고도 알렸다. 낙하산이 한 개 부족한 상황이었다.

이러한 다급한 위기가 발생한 이때 각국 정상들은 자기 나름으로 순서를 정해서 살아남겠다고 서둘렀다. 먼저 미국 모 대통령은 탑승자들에게 나는 세계의 리더이자 세계 경제를 먹여 살리는 미국 대통령이기에 제일 먼저 낙하해야 한다고 설득했다. 그리고 먼저 낙하하겠다고 한 후 헬기에서 최초로 뛰어내렸다. 다음으로 중국 총리가 나와서 세계 중 가장 많은 인구를 가진 나라가 중국입니다. 중국 총리인 내가 인구 멸종 위기를 선제적으로 방지하기 위해서라도 먼저 뛰어내려야 한다고 주장했다. 중국 총리는 두 번째로 뛰어내리겠다고 한 후 헬기에서 낙하산을 메고 뛰어내렸다. 이후 인도 총리는 인도가 세계에서 IT 강국이기에 세계의 IT를 살려야 하기에 먼저 뛰어내려야 합니다. 그리고 낙하산을 메고 뛰어내렸다. 드디어 수녀님과 초등학생 2명만 남았다. 수녀님이 초등학생에게 다가가 손을 잡고 차분한 목소리로 말하기를…. 애야! 나는 살 만큼 살았으니 내가 양보할 테니 마지막 한 개 남은 낙하산을 네가 가지고 낙하하라고 말했다. 그리고 잘 살아야 한다고 마지막이라 생각하고 초등학생의 손을 잡고 눈물을 글썽이면서 작별 인사를 했다. 이때 초등학생 왈! 큰 소리로 웃으면서 말했다. 수녀님! 낙하산이 2개 남아 있으니 걱정하지 마세요! 하하하 웃으면서 말했다. 수녀님은 '어떻게 낙하산이 2개 남았느냐?'라고 질문했다. 초등학생이 말하기를 ○○ 국가 모 대통령이 자기만 살겠다고 먼저 급하게 뛰어내리느라 낙하산 대신 옆에 있던 제 책가방을 가지고 뛰어 내렸습니다. 썬맨은 탈레반이 가장 적대국으로 생각하고 미워하고 있는 점을 공감해 주기 위해서였다.**(이 부분은 상대가 탈레반이고 협상의 관점에서 강대국 몇 개 국가를 무작위로 말한 것임을 밝힌다. 또한, 상대에게 공감을 해 주기 위한 것이다.)**

또한, 야한 유머 개그를 상대에게 이야기해서 상대의 얼굴에 웃음꽃을 피우게 했다. 탈레반 측에 말했던 당시 유머 개그 중에 '여자 산적 시리즈' 한 가지를 축약하고 생략해서 말하고자 한다. 어느 날, 해가 질 무렵이었다.

여자 산적이 험준한 깊은 산골에서 기다리고 있는데 3명의 남성이 걸어 올라가고 있었다. 3명의 남성이 여자 산적 가까이 왔다. 이때 여자 산적이 갑자기 말하기를, 너희 3명 멈춰 서라! 라고 위엄 있는 큰 소리로 명령했다. 이후 여자 산적은 너희 3명이 각자 가지고 있는…. (이하 생략) 합한 길이가 40센티가 안 되면 너희 3명 모두 바로 여기서 죽는 줄 알아라…. (이하 생략) 첫 번째 남자…. 두 번째 나와봐……. 마지막 세 번째 3이라는 숫자였다……. 합해서 40센티로 죽음을 겨우 면했다. 휴~ 살았다. 1, 2번 남자가 3번 남자에게 무시하는 말투로 뭐라고 했는지? 그리고 3번 남자는 뭐라고 일갈했는지…? (이하 생략) 이렇게 상대에게 맞는 그 문화에 맞는 유머 격언이 때로는 유리한 협상 분위기를 조성하는 데 촉매제로 작용했다.

탈레반 수장과의
치열한 밀당

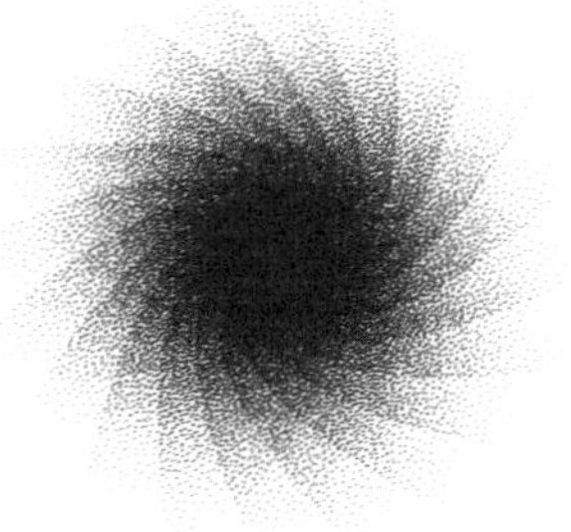

"그들의 수장과 썬맨은 지속적인 줄다리기를 했다.
탈레반에게 문화, 심리, 기법의 3박자를 복합적으로
적용한 융합적인 협상 전략을 구사해 나갔다."

1. 탈레반 문화에 맞는 대화 시나리오의 힘

썬맨은 탈레반 문화에 맞는 창의적 대화 시나리오를 활용하여 수장과 친분을 강화해 나갔다. 썬맨은 탈레반 수장과 친분 강화 및 부드러운 대화 분위기 조성을 위해 지극 정성으로 매일 아침저녁에 유선으로 안부 인사를 했다. 썬맨은 직접 접촉 협상장에서 탈레반 협상 파트너를 통해 요청 사항을 포함한 메시지를 적은 메모지를 탈레반 수장에게 은밀히 전달했다. 협조도와 친근감을 강화하는 데 역점을 둔 간단한 메모 쪽지였다.

썬맨은 탈레반 수장과 매일 저녁 통화할 때는 하늘에 있는 밝은 달과 빛나는 별을 보자고 제의하면서 인간적인 감동을 주어 원활한 이면 협상을 할 수 있는 여건을 강화해 나갔다. 또한, 탈레반 수장이 깊은 산속에 있는 점 등을 감안, 자연적인 지리 조건을 활용한 대화 소재를 선정하여 활용했다. 달과 별을 얘기하고 달 속에 수장의 얼굴이 그려져 있는 점 등을 문학적으로 표현해 주어 친밀감을 강화했다. 달 바로 옆에 빛나는 별이 한국 측 썬맨으로 수장의 얼굴인 달을 비추어 주는 것으로 대화를 풀어나갔다. 이런 부드러운 대화는 원만한 협상 타결에 긍정적으로 작용했다. 이렇게 친밀한 관계가 형성되는 매개체를 활용한 것이 효과적인 것으로 추후 나타났다.

이런 맥락에서 문화(Culture)에 대한 지식을 활용하여 상대에 대한 접근과 설득 소재로 활용하는 창의적인 대화 시나리오를 만드는 것이 중요하다는 것을 확인했다. 썬맨은 탈레반 수장에게 탈레반 문화에 맞는 대화 시나리오를 창의적으로 활용했다. 아침저녁으로 지극 정성을 쏟아 안부 인사를 했던 것이 협상의 촉매제로서 긍정적으로 작용한 것으로 나타났다. 덕분에 피랍 협상의 긍정적인 기운을 살려 나갔다.

2. 감성 터치와 촉(Cue) 활용

탈레반과 1차 협상 시 탈레반 측에 피랍 문제 해결 방안에 대해 문의했으나 4가지 옵션 방안에 대해 정확히 말해주지 않았다. 반복된 재질문을 통해 탈레반이 제시한 정확한 4가지 옵션 방안을 들었다. 탈레반 수장과 지속적인 대화를 통해 감으로 느낄 수 있었던 것은 탈레반 측이 옵션의 중요도 및 순서를 수시로 바꾸어 가면서 얘기한다는 점이었다. 가장 마지막으로 제시한 미상[14] 해결 방안도 해결 방법 중의 하나가 될 것이라는 예감을 어렴풋이 인지할 수 있었다. 말하는 톤에서 감(feel)을 느낄 수 있었다.

중대 사안에 대해서는 더블 체크가 중요하기에 썬맨은 가끔 중간 매개체

____

14) 탈레반이 초기에 전혀 고려하고 있지 않은 옵션이라고 강조했던 미상 해결 방안이 최종 협상 타결 방안으로 채택된 옵션이었다. 강한 부정은 강한 긍정을 의미하는 경우이다. 이하 세부 내용 생략.

JH를 탈레반 측에 투입하여 탈레반 수장을 직접 만나서 탈레반의 의향을 파악해 달라고 유도했다. 이를 통해 역시 미상 해결 방안이 저 깊은 마음속에 깔려 있다는 것을 재확인했다. 그렇지만 탈레반 입에서 우회적으로 반응은 보이지만 자존심상 먼저 직접 결론적으로 말하지는 않을 것이라고 개인적 느낌을 말해주었다. 대신 대화 중 우회적으로 말할 것으로 본다고 했다.

탈레반 측은 이러한 내심을 드러내지 않기 위해 지속해서 당연히 이행할 수 없는 요구 사항을 제시했다. 첫째, 한국이 아프가니스탄 내 미군 및 다른 외국군 철수에 도움이 되도록 노력해 달라고 요구하였으며, 둘째, 아프가니스탄 감옥에 있는 탈레반인 죄수가 석방되도록 해 줄 것을 요구했다. 탈레반은 이에 대해 과도하게 강조했다. 과도하게 강조하는 긍정은 부정이나 반대의 의미가 숨어 있을 수 있다는 느낌을 주었다. 썬맨은 이행할 수 없다는 의미를 전달했다. 그리고 탈레반 측에 각도를 달리하여 유사한 질문을 했다. 만일(If) 네가 나라면 미국을 움직일 수 있는 힘(Power)의 균형면에서 미국과 비교가 되지 않는 비대칭 상황에서 미군 철수를 이행할 수 있는지? 탈레반인을 석방시킬 수 있겠는지? 반문했다.

이에 대해 탈레반 측은 겸연쩍게 얼버무리면서 '한국 측의 노력한 결과가 어떻든 간에 단순히 노력해 달라는 것이다.'라고 변화된 말을 했다. 한 발 물러서는 여지를 보였다. 여기서 썬맨은 너무 논리적으로 코너로 몰고 가면 탈레반 협상 문화를 감안했을 때 바람직하지 않기에 최대한 노력해 보겠다는 선에서 간략히 대응하고 넘어갔다. 상대를 너무 코너로 논리적으로 몰아가면 안 된다는 탈레반의 문화를 되새겼다.

썬맨은 2명의 여성 석방을 선제적 조치로 보여달라고 설득 시 If 대화법을 구사한 과정에 관해 이야기하고자 한다. 탈레반이 마지막 제시 방안에 대비하여 질문했다. 시간적인 문제이지만 만일(If) 내가 다음에 결정적인 선물을 줄 수 있는데 너도 탈레반 수장으로서 책임과 결정권(Decision maker)을 가지고 있다는 것을 보여줄 수 있는지? 그러자 탈레반 수장은 '썬맨이 결정권을 가지고 있다고 믿고 있는데' 하면서 '자신이 결정권을 가지고 있으니 믿어도 된다.'라고 말했다. 썬맨은 곧바로 자존심의 갈림길에 설 수 있는 자극적인 부분을 터치하는 말을 던졌다. 네가 결정권을 가지고 있다고 믿고 Brother로서 생각하고 있다. 초기에 탈레반 측에서 나에게 협상 위기 시마다 추가 살해 압박을 해오고 있으니 100%를 믿을 수 있는 증거가 되게 피랍자 중 우선 선제적 조치로 2명을 석방해 주는 선물을 줄 수 없는지? 썬맨은 니블링(Nibbling Effect) 협상 전법을 구사했다. 만일, 그렇게 한다면, 나도 그 2명의 석방 선물을 가지고 한국의 탑(탈레반 수장이 자신이 결정권이 있다고 하면서 썬맨도 그렇게 믿겠다고 한 점 등 결정권이 있는 느낌을 주기 위해서)을 직접 설득해서 너에게 선물을 줄 수 있지 않겠나? 라고 8월 10일 저녁에 달과 별 아래에서 이렇게 질문했다. If 협상 전법을 구사한 것이다.

탈레반 수장은 자존심의 갈림길에서는 자극 터치에 곧바로 반응을 보여주었다. 탈레반 수장은 2일 내 바로 피랍자 중 한국 측이 정해 주든지 아니면 우리가 선별해서 2명을 석방시켜주겠다고 답해 주었다. 그리고 몇 분이 지난 후 탈레반 수장은 썬맨에게 2명의 석방자를 누구로 할지 선택권을 주겠다고 했으나 썬맨이 수장에게 맡기겠다고 말했다. 그러자 수장은 2명의 석방자 명단까지 제공해 주었다. 썬맨은 수장에게 감사의 표시와 함께 감성 터치를 해나갔다.

썬맨은 탈레반 수장에게 "결정권을 보여주어서 고맙고 나를 처음부터 지금까지 믿어주어서 고맙다. 그래서 나도 최선의 노력을 다해 나가겠다."라고 화답했다. 이를 계기로 협상의 가속도가 붙어 나갔다.

탈레반은 패키지식 협상 스타일이 아니라 조각조각 협상 스타일이었다. 탈레반 수장은 먼저 한국 군대의 철수와 기독교인들의 철수와 아프간 내 기독교 전파 활동 금지 등에 대한 약속을 먼저 받기를 원했다. 이러한 사전 정지 작업을 한 후에 석방을 위한 현실적인 사안을 포함한 제반 사항에 관해 얘기하기를 원했다.

3. 한국 측 약품은 어디로 가버린 것일까?

탈레반은 썬맨에게 한국 측에서 피랍자용 약품을 전달하는 메시지를 받았지만 약품을 일절 받지 않았다고 말했다. 피랍자에게도 그러한 상황을 일절 알리지 않았고 약품을 받지 않았으니 전달할 일도 없었다. 탈레반 내부적으로 외부에서 오는 미상 물품에 폭약 장치 또는 도청 장치 등 위해 물질이 섞여 있을 개연성을 심각하게 우려하여 사전에 일체 차단했다고 말했다. 민감한 반응을 보일 수밖에 없는 환경이었다.

심지어 탈레반은 전달하려는 약품 속에 GPS 장치가 포함되어 있을 개연성을 우려하여 차단했다. 피랍자들에게 심리적 동요를 방지하기 위해 일절 받지도 않고 아무것도 전달하지 않기로 했다고 말했다.

3차 협상 시 첫 조인한 사람은 3차 대면 접촉 시 피랍자용 약품을 협상 종료 시점에 탈레반 사람에게 전달하려 했으나 탈레반 측은 약품 수령 자체를 완강히 거부했다. 더욱이 탈레반이 화가 나 있는 상태였기에 더더욱 받을 리가 없었다. 첫 조인한 사람은 탈레반 측이 이전에 한국 측 약품 수령을 일절 거부했던 것 등을 포함하여 지금까지 있는 상황과 3차 대면 접촉 현장에서 일어났던 상황을 잘 이해하지 못한 것인지 의문점이 남는다.

탈레반 수장은 3차 대면 접촉이 종료된 당일 저녁에 썬맨에게 전화를 걸어왔다. 수장은 오늘 첫 조인한 한국 측 ○○○이 탈레반 측을 극도로 화나게 했다. 탈레반을 화나게 해 놓고 거기에다 더해 어떻게 피랍자들에게 약품을 전달해 달라고 할 수 있느냐며 따지면서 물었다. 강한 불만을 표출했다.

4. 탈레반의 협상 트릭 활용

탈레반 수장은 8월 11일 오전 2차 대면 접촉 직전에 썬맨에게 전화를 걸어 왔다. 썬맨은 혹시나 오늘 2차 직접 접촉을 연기하자고 하는 것은 아닌지 살짝 우려했다. 다른 안건이었다. 한국 언론, 특히 연합뉴스가 한국인 인질들이 이미 석방되었다고 보도했다고 말했다. 사실과 다른 내용을 보도했다고 불만을 토로했다.

이에, 썬맨은 2차 대면 접촉 직전으로 지금의 좋은 분위기가 초기 나쁜 분위기로 되돌아가지 않게 하려고 확인해 보겠다는 선에서 대화를 짧게 마쳤다. 흔들리면 안 된다고 생각했다. 썬맨은 개인적인 생각으로 탈레반 측에서 협상의 우위를 차지하기 위해 한국 언론 보도 내용에 대해 불만을 제기하는 것으로 생각하고 짧게 대응했다. 좋은 분위기로 흘러가는 이 시점에서 제기할 게 아니라고 생각했다. 탈레반의 다른 의도가 깔린 협상 트릭이다.

5. 디지털보다 아날로그를 더 좋아해

협상 초기에 상대와 공감하고 신뢰를 쌓아가려면 때로는 상대의 관점에서 접근할 필요가 있다. 누구나 다 알고 있다. 그러나 사람들은 현실과 맞닥뜨리면 뻔히 알면서도 당황하여 자기 입장에 더 비중을 두는 협상 진행 과정상의 오류를 가져온다.

당시 탈레반은 험준한 산악지대 내 언덕 위에 집을 짓고 살고 있었다. 민둥산 위에 살고 있었다. 직접 만나서 말하거나 아니면 유선 통화가 더 효과적이다. 디지털보다 아날로그 상태로 말로 전달하는 것이 더 효과적이었다. 여기에 디지털을 들이대면 탈레반으로서는 당황스러워할 뿐만 아니라 거절은 뻔하고 숨통이 막힌다. 오히려 왜? 라고 의구심만 더할 뿐이다.

쉬운 예를 들어보자. 부쉬맨에게 첨단 통신 기기를 들이대면 물 위나 나무 위에서 갖고 노는 놀잇감에 불과하다. 무용지물이다.

협상 초기에 가장 기본적으로 상대의 입장과 수준을 파악하고 그 수준에 맞추어서 함께 심호흡을 해 주어야 한다. 아쉬움이 남는다. 바빠서 시간적 여유도 없었지만 원활한 의견 소통이 부족했다. 탈레반 수장에게 괜히 본인 의도와는 무관하게 할 수 없이 질문을 했다.[15] 서로 원활한 연락을 위해 첨단 통신 기기 제공을 해 줄 테니 받을 수 있는지 물었다가 곧바로 거절을 당하고 탈레반의 의구심만 증가시켰다. 썬맨은 수장에게 질문하기 싫었고

---

15) 탈레반은 한국 정부가 피랍자용 의약품을 투입했으나 감청 장치를 심어 놓았을 가능성 등을 의심하면서 약품 수령을 거부했다. 더욱이 통신 기기를 투입하려고 탈레반 측에 타진했을 경우 탈레반은 당연히 거절할 상황이었다. 탈레반이 당연히 거부할 것을 알고 있었지만 보고를 위한 절차상의 이행을 할 수밖에 없었다.

물어보지 말았어야 했는데 본인 의도와는 달리 의문의 1패를 당한 느낌이었다. 바보처럼 뒤통수를 한 대 맞은 기분이었다. 아쉬움이 남는다.

썬맨은 우이씨! 날씨도 더운데 열 꼭지 돌게 하는 것으로 느끼면서 혈압이 하늘로 치솟을 정도였다. 이러면 큰일을 그르칠 수 있다고 생각하고 곧바로 지워버리기로 했다. 변신 모드를 구사했다. 상대의 환경을 감안해 보면 디지털보다 아날로그가 더 좋은 경우이다.

6. 조력자 백업 강화

썬맨은 가즈니에서 트라이앵글 전법을 추가 확대하여 중간 다리 역인 JH[16]와 연결되는 가즈니 내 안전 등의 총책임을 맡고 있던 실세인 JS[17]와도 긴밀한 협조의 축을 구축 운영했다. 그야말로 Brother 전법이 통했다. 가즈니 지역에서 활동할 때나 이동할 때 안전 확보 지원 등 원활한 협조를 받을 수 있었다. 그리고 군부대 게이트 통과 시 썬맨과 총잡이가 탑승한 차량은 검색하느라 시간 소비하지 않고 곧바로 무사통과도 원활히 이루어졌다.

탈레반과 4차 협상 막바지 때 공동 기자 회견을 어렵게 하기로 합의한 이후에 또 다른 장애물이 있었다. 공동 기자 회견장인 적신월사 게이트 문이 경찰들의 경계벽으로 출입이 차단되어 있어 언론 기자들의 적신월사 내

---

16) 썬맨과 처음 만난 이후 인질이 석방될 때까지 많은 협조를 했다. 썬맨이 탈레반 수장에게 비밀 내용을 전달해 주는 역할뿐만 아니라 협상의 가속화를 위한 중간 역할도 해 준 중요한 인물이었다. 피랍자들이 석방될 때 탈레반으로부터 인질들을 인계받을 때도 주도적으로 협조한 인물이었다. 마음이 따뜻한 인물이었다.

17) JH가 썬맨에게 소개해 준 인물로 가즈니 내 실세였다. 공동 인터뷰 직전에 적신월사에서 기자들의 진입을 막고 있던 경찰 병력을 철수시켜 기자들이 적신월사 게이트를 통해 공동 인터뷰장까지 들어오게 했던 주요 인물이었다.

로 진입이 여전히 불가능했다. 탈레반은 기자들이 적십자사 게이트를 통과하여 안으로 들어오게 하는 것도 한국 측 책임이라고 말했다. 한참 동안 진입이 차단되어 탈레반 측에서 추가 살해 압박을 가해 오는 순간이 다가왔다. 썬맨은 급히 JS에게 유선으로 적신월사 게이트 문을 열어 주도록 재촉하면서 협조를 요청했다. JS는 결정적인 순간 적신월사 게이트 문을 막고 있던 경찰들을 철수시키고 문을 열어 주도록 해 주었다. JS의 결정적인 협조로 위기의 순간을 넘길 수 있었다. 협상의 진행속도를 가속화할 수 있었다. 그야말로 속전속결이었다.

썬맨은 가즈니 실세인 JS와 JH 등 2명의 협조로 협상에 가속도를 내는 데 적극적인 측면 지원을 받았다. 썬맨과 이들은 더욱 친밀한 관계 구축이 되어 차량 이동 및 안전 확보에도 협조도가 배가되었다. 뭐든지 적극적으로 도와줄 기반이 만들어졌다. 썬맨과 총잡이가 탑승한 차량이 외부로 이동할 시 필요할 경우 JS가 직접 안전 경호도 해 주었다. 그야말로 JH를 활용하여 탈레반 수장과 아프간 가즈니 실세의 두 개의 축을 트라이앵글 전법으로 구축하여 운영하게 되었다. 브라더(Brother) 전법이 통했다.

7. 출장지 토로와 협상 심리 기반 강화

썬맨은 한국에서 출발할 때 가족들에게 쓸데없이 걱정을 끼치지 않고 싶어 출장지를 아프가니스탄 대신 아시아 말레이시아라고 말했다. 혹자가 말하기를 일주일이면 해결된다고 해서 기간이 짧아서 그렇게 말했다. 간단한 양복 한 벌, 와이셔츠와 속옷, 양말 각 한 켤레씩만 여행 가방에 넣어 인천공항으로 출발했다.

카불에 도착한 이후 약 일주일이 지나서까지 가족들에게 전화하지 않았다. 너무 바빠서이기도 했지만, 아프가니스탄이라는 것을 알리고 싶지 않아서 참았다. 억지로 알려주지 않으려고 했던 것이 본인에게 더 스트레스로 작용했고 가족들의 궁금증도 증폭되었다.

이후 여타 출장 때와 달리 전화를 지속하지 않는 것은 본인에게도 스트레스이고 가족들에게는 우려감을 더 유발할 수 있기에 참다 참다 가족에게 전화를 걸었다. 결국, 전화번호가 아프가니스탄으로 표시되면서, 가족들은 통화 이후 오히려 더 큰 걱정과 스트레스를 겪게 되었다. 가족들은 국내 뉴스에 매일 같이 아프간 피랍 사태가 보도되어 피랍 가족들의 한숨 소리와 무사 석방을 위한 인터뷰 내용 등을 들었다. 언론 매체를 통해 청와대 NSC 회의는 매일 개최되고 관련 내용이 수시로 보도되었으며 국가 주요 업무가 마비될 정도로 심각한 상황이었다.

가족들은 많은 스트레스를 받았으며 인질 사태 해결 일자가 지연될수록 더 힘겨워했다. 썬맨은 직업상 사명감으로 헤쳐나간다고 하지만 가족들은 떨칠 수 없이 스트레스를 받는 상황이었다. 왠지 강의 물줄기가 바다에 도달하기까지는 힘차고 빠르게 흘러가다가 바닷물에 접목해서는 느리게 섞여져 강물의 흔적을 찾을 수 없는 그런 느낌과 같이 뚜렷하지 않았다. 가족들이 받았던 스트레스에 대한 해결의 끝이 보이지 않았다.

결국, 썬맨은 협상에 전념하기 위해서 가족들에게 출장지를 솔직히 말했다. 일시라도 짐이 덜어지는 것 같았다. 하지만 나의 스트레스와 가족의 스트레스가 시소게임처럼 되었다. 내가 덜어지면 가족은 더 많아지는 현상이 벌어진 것이다. 직업상 어쩔 수 없겠지. 하지만 썬맨은 출장지를 사실대로 아프가니스탄이라고 가족들에게 토로한 이후 협상 심리 기반을 강화하는 계기가 되었다. 또한, 협상에 가속도를 낼 수 있었다.

8. 강적의 수장 vs 썬맨 간 밀당

썬맨은 강적의 수장과 직접 채널을 통해 긴밀한 협조 체제를 구축했다. 두 사람 간 중요 사안에 대해 수시로 전화 통화를 통해 긴밀히 협의해 나갔다. 두 사람 간 매번 이슈별 선제적으로 긴밀히 의논해 나갔다. 썬맨은 탈레반과 1차 및 2차 대면 접촉 협상이 원만하게 잘되어왔기 때문에 지금부터 인질 석방 협상이 속도를 내어 잘 해결될 것이라고 생각했다. 실제 2명의 여성 인질도 석방되는 성과도 있어 잘되어 갈 것으로 당연하게 생각했다. 더욱이 2차 대면 협상 종료 시점에 썬맨은 탈레반 협상 대표 B○○와 수장에게 3차 대면 접촉 시에는 피랍 석방을 위한 실질적인 대안을 가지고 올 것을 강조했다. 탈레반 측도 실질적 대안을 가지고 오도록 노력하겠다고 약속했다. 이리하여 썬맨은 가능한 한 3차 대면 접촉 협상을 조속히 개최하여 인질 석방을 한시라도 빨리 해결하고 싶었다. 따라서 의지를 갖고 탈레반 수장과 매일 통화하면서 3차 대면 접촉 일자 등에 대해 속도를 내어서 긴밀히 설득해 나갔다.

한편, 썬맨은 탈레반 수장에게 3차 직접 대면 접촉 때부터 외교부 2명이 처음으로 참가할 것이라고 통보했다. 대신 기존에 참석했던 1명이 제외된다고 통보했다. 한국 측은 썬맨을 포함하여 총 3명임을 통보하고 탈레반 측의 이해를 구했다. 탈레반 수장은 무슨 특별한 이유가 있는지 의구심을 가졌다. 잠시 생각한 후 답을 주겠다면서 전화를 끊고 다시 걸겠다고 했다. 썬맨은 순간 싸한 느낌이 왔고 뭔가 이상한 느낌이 들었다. 썬맨은 새로운 인원이 포함되는 것에 대해 탈레반 측에서 거부할까 봐 심히 우려했다. 탈레반 수장은 다소 이상하게 생각하기도 했다. 지금까지 원만하게 협상을 잘해 나가고 있는데 새로운 인물이 왜 조인하는 것일까? 의아하다면서 생각해보고 검토한 결과를 추후 알려주겠다고 했다.

　한참 시간이 지나간 후였다. 탈레반 수장은 외교부 2명이 협상장에 첫 조인 가능한지 아닌지에 대해 답을 주기 위해 썬맨에게 전화를 걸어왔다. 썬맨은 전화를 받자마자 여느 때와 달리 탈레반이 조인을 거부할까 봐 우려감도 마음 한구석에 갖고 있었다. 다행스럽게도 탈레반 수장은 썬맨이 협상장에 오면 외교부 2명이 조인해도 된다고 말했다. 이 대답이 썬맨에게는 왜 그렇게 반가웠던지 그리고 큰 소리로 잘 들렸는지 모른다. 그러나 그 좋은 기분과 느낌도 잠시였다. 썬맨은 외교부 2명이 협상장에 첫 조인하는 것에 탈레반 수장이 동의했다고 현지 국방부 측과 외교부 측에게도 곧바로 알려주었다.

　수장과 줄다리기를 지속했다. 살라미 협상 전술[18]과 닻 내리기 효과(Anchoring effect)를 활용했다. 그야말로 탈레반 수장과의 줄다리기의 연속이었다. 썬맨은 경우에 따라 탈레반 수장에게 가상의 시나리오를 적용하여 해결의 실마리를 점진적으로 찾아 나갔다. 협상의 가속화를 위해 우회적이고 점진적으로 접근하는 살라미 협상 전술을 구사했다.

　가상 시나리오를 만들어 이야기를 풀어나갔다. 일례로 탈레반 수장에게 '오늘 서방측에서 지상 공격에 의존할 경우, 서방측 인명 피해가 발생하고 탈레반에 대한 타격이 미약하다고 판단하고 있다.'라고 말해주었다. 그래서 서방측은 대규모 스텔스 폭격기를 동원한 공중전으로 탈레반을 공격하

---

18)　살라미 협상 전술과 관련하여 간단히 설명하면, 살라미는 이탈리아 소시지 이름이며 살라미를 먹을 때 잘고 얇게 썰어서 먹는 형태를 비유했다. 조금씩 조금씩 자신이 갖고 있던 의도를 성취해 나가는 협상 전술을 말한다. 단계별로 하나씩 요구하여 목적을 달성해 내며 장기간 이 전술을 쓰면 굳어진 선입견으로 기정 사실인 것처럼 상대를 믿게 만드는 것을 말한다.

는 군사 공격 계획 플랜 D를 가동하려 한다고 말해주었다. 그러나 썬맨은 한국인 인질 피랍자의 인명 피해를 방지하기 위해 공격을 미리 막았다는 식으로 탈레반에 대한 군사 위협 압박이 상존하고 있음을 암시하는 가상 시나리오를 수시로 되풀이 말했다. 탈레반 수장은 썬맨에게 플랜 D에 대해 이것저것 물었다. 또한, 서방 측 단독 계획인지 아니면 카르자이와 합동으로 하는 것인지 물었다. 이런저런 대화를 한참 한 후에 탈레반 수장은 썬맨에게 결론적으로 다행이고 잘했다고 말했다. 탈레반 수장은 마음속으로 협상의 가속화에 대한 압박을 암암리에 받는 느낌이었다. 가상 시나리오를 말하여 썬맨은 탈레반 수장과 더욱더 쉽게 협상의 가속화를 위한 실마리를 풀어나갈 수 있었다.

썬맨은 2명의 인질 살해 피해가 발생한 이후 더 이상 추가 인명 피해가 발생해서는 안 되며 추가 인명 피해를 반드시 막아야 한다는 지시를 수차례 받았다. 이를 늘 마음속에 지니고 있었으며 탈레반 측의 살해 압박 시마다 심적으로 스트레스가 몰려와 괴로웠다. 탈레반 측은 2명의 인질을 살해한 이후에도 간헐적으로 살해 대상자를 지정하여 인질 살해 압박을 가해오고 있었다. 썬맨이 탈레반 수장과 직접 접촉선을 구축한 계기로 살해 압박이 일시적으로 완화된 상태였다.

썬맨은 닻 내리기 효과(Anchoring effect)를 활용했다. 탈레반 수장에게 추가 인질 살해 방지가 협상의 필수적 요건이라고 수시로 강조했다. 만일(If) 추가 인질 살해가 발생한다면 한국은 탈레반과 협상을 추진해 나가는 의미가 사라지며 원만한 협상의 의미도 없게 된다고 수시로 반복해서 말했다. 또한, 추가 인질 살해가 발생할 경우나 어떤 미상 사고로 인해 인질들의 생명에 조금이라도 피해가 발생하면 윈-윈(win-win) 협상을 더 이상 할 수가 없게 된다. 곧바로 군사적인 공격으로 갈 수밖에 없다고 강조했다. 그렇게 되면 탈레반 측에 엄청난 인명 피해와 재산상의 손실 등이 발생하게 된다. 탈레반과 한국 측이 모두 얻는 게 없이 루즈-루즈(lose-lose)가 된다. 상호 윈-윈(win-win)으로 가자고 강조했다. 탈레반 수장도 동감한다고 말했다. 마지노선을 강조만 하지 않고 그 선을 어기면 어떤 결과가 나오고 그러한 결과를 막기 위해 어떻게 해야 한다는 일종의 대화상 화술을 통해 상호 간 대립을 완화하는 기법을 사용하였다. 마지노선에 함께 '우리'라는 느낌을 느끼는 말을 수시로 던져주었다.

6막

극적 만남,
인질 석방의 기적

만남의 장소인 국제적십자사 적신월사 게이트

1. 탈레반 수장과 극적인 만남 합의

썬맨은 탈레반과 직접 대면해서 만나야 한다는 것을 한시도 잊지 않고 있었다. 탈레반 수장과 극적인 만남을 위해 가속도를 내어 협의해 나갔다. 탈레반 측에서는 직접적인 대면 접촉 협상 장소에 대해 한국 측이 칸다하르로 오지 못하듯이 자신들도 카불에 가면 위험한 상황이 될 것이므로 카불로 갈 수 없다고 했다. 양측 모두 신변 안전이 보장되는 장소를 고민하게 되었다. 탈레반 수장은 썬맨에게 신변 안전이 보장될 수 있는 방안에 대해 물어왔다. 탈레반 수장은 썬맨에게 유엔의 신변 안전 담보 방안에 대해 협의해 왔다. 현실성이 없는 방안이었다. 다른 한편으로 탈레반 수장은 만날 장소에 대해 자연스럽게 언론화하여 자신들의 입장을 대외적으로 홍보하려는 의도도 가지고 있었다. 시간은 흘러가고 있었다.

썬맨은 우리 스스로의 믿음이 안전 담보라고 하고 양측 중간 지점인 가즈니에서 만나는 방안을 제시했다. 그러나 탈레반은 또 다른 속셈이 있는지 확답을 주지 않고 주저했다.

썬맨은 그렇게 신변 안전만 지속 주장하면 첫 직접 대면 접촉 협상이 하세월이다. 시간이 오래 걸릴 수밖에 없다. 시간이 지연될수록 대외적으로 비밀이 유지될 수 없다. 우리의 환희에 찬 만남이 지연될 수밖에 없다고 강조했다. 탈레반 수장이 항시 어떤 모 국가를 의식하고 있고 적대감을 갖고 있는 점에 초점을 맞추어 말해주었다.

탈레반 수장에게 신변 안전에 대해 양측이 구두 보장 합의 등으로 1차 직접 접촉을 추진하자고 유도했다. 탈레반 수장은 시간이 흘러가고 있는 것에 조바심을 나타내었다. 조바심이 말의 리듬 속에 나타났다. 얼마 후 썬맨을 믿고 1차 접촉을 하겠다면서 동의한다고 했다.

탈레반 수장은 썬맨과 협상할 경우 통상적 협상 방안과 같이 제안을 큰 것부터 어려운 것을 우선 제시하면서 그다음보다 쉬운 것을 유도하는 협상 스타일을 강구했다. 썬맨은 주고받는(Give & Take) 협상 관점에서 탈레반 수장에게 질문했다. 접촉 일시는 탈레반 측에서 결정하고 접촉 장소는 카불과 칸다하르가 아닌 장소로 썬맨 측에서 정하는 게 어떠한지? 탈레반 수장은 좋다고 답했다.

썬맨은 애초 접촉 일시는 탈레반 수장에게 결정권을 주고 접촉 장소는 우리 쪽이 주도적으로 결정하는 계획을 내심 갖고 협상을 추진했다. 양측 모두 가능한 한 빨리 서로 접촉하려는 의지를 갖고 있었다는 것이 확인되었다. 썬맨은 한국 측에게 유리한 장소로 선정하기 위해 전략적으로 협상 장소 선정권을 가져 왔다.

썬맨은 탈레반 수장에게 접촉 장소에 대해 대략적인 가이드라인을 파악하고자 장소에 대해 폭넓게 문의했다. 처음에는 탈레반 수장은 카불은 안 된다고 언급했다. 그 이유는 카불은 자신들의 신변 안전이 담보되지 않기 때문에 안 된다고 했다. 탈레반은 그 외 제3국이든 여타 다른 장소를 제의해 달라고 요청했다. 칸다하르도 카불도 상호 안전하지 않으니 아프가니스탄 외 제3국 지역에서 만나자고 제의해 왔다.

이에 대해 썬맨은 지금 시간도 없을 뿐만 아니라 협상이 한 번으로 끝나는 것도 아니기에 제3국으로 이동해서 협상하는 것은 어렵지 않겠는지? 하고 질문을 던지면서 가즈니 내로 유도했다. 대화에서 협상 기법 중 질문법(Que)[19]을 구사했다. 실은 내심으로 제3국은 말이 안 된다는 복안을 갖고 내심으로 열이 북받쳐 올랐지만 그래도 어쩌나? 인내하고 부드럽게 대응해 나가야 한다면서 스스로 다짐을 했다. 때로는 국가적인 차원에서도 자존심이 상하고 왜 피랍 사건이 발생했는지? 하면서 화가 치밀어 올랐다. 썬맨은 탈레반 수장에게 안전 담보를 보장한다고 했고 한국의 인질을 확보한 탈레반이 갑인 상황인지라 아프가니스탄 내 가즈니에서 접촉하는 것이 어떠한지? 물으며 가즈니로 의도적으로 유도했다.

이에, 탈레반 수장은 썬맨을 믿겠다. 그리고 썬맨의 제안대로 가즈니에서 접촉하는 데 동의한다고 했다. 구체적인 접촉 포인트에 대해서는 추후 재협의하기로 했다. 썬맨은 한편으로 제3국으로 하자고 했을 때 마음이 조마조마하기도 했다. 제3국으로 하자고 말했던 순간 화가 치밀어 올라오던 것을 참아내느라 스트레스가 머리 뒤통수를 때렸다. 하지만 썬맨은 탈레반 수장으로부터 접촉 장소로 가즈니에 동의한다고 들었던 순간 안도의 한숨이 나왔다.

썬맨은 탈레반 수장에게 나를 믿어주니 감사하다고 했다. 그리고 조속히 드라마틱한 우리의 첫 만남을 이행하자고 제의했다. 썬맨은 안전 총책인 JS를 통해 안전 담보를 구두로 사전 확답받은 후 탈레반 수장에게 아프

---

19) 상대의 사고를 유도하거나 제한하기 위한 대표적 협상 기법의 하나로, 질문의 방향과 형태에 따라 협상 주도권이 좌우된다. 상대의 요구 사항이나 의도를 파악하기 위한 하나의 수단이다.

간 정부에서 안전 담보를 받았다고 언급해 주었다. 탈레반 수장은 '믿어도 되겠지?'라고 했다. 썬맨은 일전에 수장이 나를 믿는다고 말한 것을 기억한다. 내 말을 믿어도 좋다. 너희는 한국인 피랍자들을 데리고 있는 갑의 상황에서 우리 한국이 안전 담보를 하지 않으면 어떻게 되겠나? 그러니 당연히 내 말을 믿고 만나자.

탈레반 수장은 썬맨 말을 믿겠다고 말했다. 그리고 썬맨을 믿고 직접 대면 접촉 협상을 추진하겠다고 약속했다. 이리하여 직접 대면 접촉 협상 합의가 급속도로 진전되었다. 썬맨과 탈레반 수장은 8월 10일 가즈니주에 있는 국제적십자사(ICRC)에서 1차 만남에 최종 합의했다.

대면 접촉 참석 인원수와 관련하여 썬맨은 탈레반 수장에게 양측 인원을 2명으로 하는 것이 어떠한지? 질문 유도했다. 탈레반 수장은 흔쾌히 동의한다고 화답했다. 또한, 탈레반 수장은 접촉 장소인 가즈니 적신월사(ICRC)로 가는 데 안전한 담보가 보장되어야 한다고 주장했다. 썬맨은 JS 안전 총책에게 급히 전화하여 신변 안전 담보를 재확인차 요청했다. JS는 신변 안전 확보에 대해 담보해 주겠다고 확답을 했다. 썬맨은 JS로부터 이미 안전한 담보 의사를 받아놓은 상태였다. 곧바로 탈레반 수장에게 가즈니 내 적십자사에 오고 가는 것에 대해 안전 확보를 당연히 책임지겠다고 말했다.

탈레반 수장은 썬맨의 말을 믿고 이행하겠다고 약속했다. 썬맨은 "Brother! 문제없다."라고 확답을 주면서 확신을 시켜주었다. 썬맨은 기회 있을 때마다 코멘트를 날려주었다. 탈레반 수장이 썬맨을 믿는다는 말을 해 주었을 때 이때 기회를 잡아서 입맛에 맞는 코멘트를 날려주었다.

썬맨은 "처음 통화음 소리를 듣자마자 그 이후 Brother가 썬맨으로 하여

금 Brother를 믿게 했고 믿고 있게 만들었고 지속해서 믿도록 만들었다. 그래서 썬맨도 Brother를 믿어왔고! 믿고 있고! 믿을 것이다!"라고 짧은 코멘트를 날려주었다. 이러한 코멘트는 우리의 일상 비즈니스에서도 절실히 필요한 순간 변신 모드 스타일 구사 방법이다. Brother 전법 중의 하나이다.

탈레반 수장은 당시 상황이 상황이니만큼 1차 협상장에 참석할 탈레반 참석자들의 안전에 매우 신경을 기울였다. 탈레반 수장은 썬맨이 매끄럽게 대화를 잘해 나가는 스타일이라고 치켜세워주었다. 또한, 썬맨이 말하는 것에 적극적인 호응과 웃음으로 응대해 주었다.

탈레반 수장은 썬맨에게 탈레반 측에서 참석할 협상 대표 명단을 B○○와 N○○○ 2명이라고 통보해 왔다. 물론 가명인 것을 인지했다. 가즈니주 적신월사에 도착하기 전에 수시로 유선으로 탈레반 협상 대표의 이동 경로에 대해 세밀하게 수시로 얘기해 주었다. 안전 확보와 함께 상호 신뢰성 확인이 되기도 했다. 탈레반 수장은 탈레반 협상 대표들의 신변 안전에 매우 신경을 쓰는 측면과 썬맨과의 친밀도를 보여주는 측면이기도 했다.

썬맨은 2차 살해 이후 탈레반이 추가 살해 압박을 해 올 가능성을 떠올릴 때마다 심리적인 압박감이 더 많이 몰려왔다. 썬맨은 최전선에서 초유의 한국인 피랍 상황을 원만한 협상으로 해결해야 한다는 사명감과 책임감이 밀려와 더 많은 심적인 부담감이 몰려오기도 했다. 그래서인지 접촉 이전에 탈레반과 초기 대면 협상을 어떤 식으로 풀어나갈 것인지에 대한 구상은 섰지만, 순간적으로 여러 의문점이 떠올랐다. 또한, 협상 대표가 어떻게 생겼을까? 강한 인상일까 순한 성격의 소유자일까? 등등 많은 생각을 하게 되었다. 심적으로 다각도로 강하게 준비했다.

어떠한 경험치가 부지불식간에 연상이 되었다. 썬맨이 1995년 영국 유학 시기에 만났던 아프가니스탄에서 유학 온 아프가니스탄 친구 한 명이 기억났다. 턱수염을 한, 아프간 내에서는 꽤 영향력이 있는 사람이었다. 비슷한 부류라고 생각하고 담담하게 직접 대면 접촉을 기다렸다. 직접 대면 접촉 협상 대표인 B○○는 당시 런던에서 같은 대학 내에서 썬맨과 만났던 아프가니스탄 출신 유학생과 유사한 얼굴 모습이었다. B○○는 온화하고 부드러운 성격의 소유자였다. 반대로 N○○○는 딱딱하고 강건한 태도를 지니고 있었다.

2. 아침저녁 안부 인사로 감동 먹이다

썬맨은 탈레반 수장과 비선 네트워크를 구축한 후 상호 연락을 하루에도 수차례 했다. 또한, 눈에서 멀어지면 마음도 멀어진다는 말이 있듯이 탈레반 수장과 얼굴 접촉이나 대화가 없어지면 상호 마음도 멀어진다(Out of sight, Out of mind)는 원칙을 철저히 지키기 위해 가능하면 빈번하게 대화를 하려고 노력했다. 사람도 자주 만나거나 통화를 해야 친해지는 법이다. 한국 속담에 멀리 있는 친척보다 가까이 있는 이웃이 더 낫다는 말과 일맥상통한다. 그래서 썬맨은 탈레반 수장과 하루에 수차례 연락을 주고받았으며 친밀도를 높여갔다.

무엇보다도 썬맨이 자신의 부모님에게도 잘 안 하던 아침 안부 인사와 저녁에 잠들기 전에 잘 자라는 안부 인사를 매일 정성스럽게 혼을 실어서 했다. 이렇게 함으로써 지성이면 감천이라는 말이 있듯이 탈레반 수장도 썬맨에게 매우 친근하고 밀접한 Brother 관계로 대해주었다. 원만하게 협상이 잘 풀려나간다는 신호가 보였다.

썬맨은 탈레반 수장과의 개인적인 친밀함을 조성하기 위해 야간에 하늘에 떠 있는 밝은 달과 별 얘기를 수시로 했다. 브라더(Brother)! 저기 하늘에 떠 있는 둥근 달은 Brother이고 그 바로 가까이 옆에 있는 별은 썬맨이라고 비유하면서 상호 친근감을 표시했다. 때로는 달 속에 Brother 얼굴이 보인다고 하면 탈레반 수장도 썬맨이 보인다고 화답하면서 서로 웃음소리를 내어 웃곤 했다. 때로는 같은 달과 별을 다르게 표현해 주었다. 하늘에 떠 있는 환하게 웃는 달인 Brother 옆에 빛나게 반짝이는 별인 썬맨이 서로 반기면서 있다고 코멘트를 날려주기도 했다. 이리하여 서로 화기애애하게 웃곤 하였다. 더욱더 친밀한 관계가 되었다. 탈레반 수장은 웃으면서 흔쾌히 '협상이 잘될 것이다.'라는 말로 화답해 주었다. 그야말로 말 한마디가 분위기를 좌우하는 경우이다. 썬맨도 곧바로 협상이 잘될 것이라고 나도 믿는다고 화답했다. 우리가 남이가?! Brother라고 확신을 수시로 심어주었다.

탈레반 수장은 썬맨에게 자신이 탈레반을 대표하는 결정권이 있는 사람이라고 자주 말하면서 썬맨도 한국 정부를 대변할 수 있는 사람인 것으로 중간 매개체로부터 들어서 알고 있다고 했다. 썬맨은 탈레반 수장과 친분 조성 강화에 중점을 두고 대화를 이어갔다. 탈레반 수장은 썬맨을 신뢰한다고 되풀이 말했다.

3. 탈레반과 운명적인 첫 만남

드디어 탈레반 협상 대표 B○○와 N○○○ 2명이 8월 10일 10시 1차 대면 접촉 장소인 적신월사에 역사적으로 등장했다. 탈레반 측은 자신들의 등장이 마치 아프간을 재정복했다는 기분까지는 아니지만, 그 정도로 당당한 기세로 협상장에 나타났다. 탈레반은 한국 측과 첫 접촉을 통해 피랍 협상과 탈레반의 건재함을 보여준다는 두 가지 측면에서 감격스럽고 역사적인 이벤트 순간으로 인식하는 느낌이 들었다.

탈레반은 미국이 탈레반 정권을 무너뜨렸다면서 지속해서 심리적인 홍보 기회를 노리고 있었다. 탈레반은 기회가 있을 때마다 대외적으로 탈레반의 존재감을 알리고 싶은 마음이 많은 상태였다. 한국 측과 첫 직접 대면 접촉 협상을 '홍보할 수 있는 좋은 기회다!' 하고 생각했고, 이에 강하고 단호한 의지를 품고 있었다.

탈레반 협상 대표는 도착하자마자 '절호의 기회다!' 하고 알 자지라 방송과 인터뷰했다. 아무도 예상하지 못한 상황이었다. 탈레반은 자신들의 건재함을 과시했다. 한국인 피랍 인질 사태를 최대한 이용하여 일차적으로 자신들의 죄수 석방을 지속 주장하면서 한국인 피랍 인질과 맞교환 등을 주장했다.

탈레반은 한국 측과 첫 직접 접촉 협상 외에 아프간 정부가 원래 탈레반 정권이었다고 주장하면서 탈레반이 건재해 있다는 점을 대외적으로 알리고 싶은 기회로 활용하고자 했던 의도가 많았다. 기회로 삼아 탈레반 자신들의 입장에 대한 국제 사회의 지지를 위한 홍보 의도가 숨겨져 있었다.

아프가니스탄 정부 측 역시 탈레반이 적신월사 앞에서 1차 대면 접촉 직전에 알 자지라 방송 기자와 갑자기 인터뷰한 것에 대해 전혀 예측하지 못했다. 그다음 2차 대면 접촉 때부터 아프가니스탄 정부는 적신월사 앞과 적신월사 내에서 알 자지라 방송 기자 등 언론 기자와의 인터뷰는 물론 접근 보도를 일절 금지했다.

마침내 탈레반과 극적인 첫 만남이 이루어졌다. 한국 측과 탈레반 간 많은 우여곡절 끝에 역사적인 직접 대면 접촉 형태로 첫 만남이 이루어졌다. 썬맨은 탈레반 수장과 미리 약속한 대로 8월 10일 10시 정각에 한국 측 협상 대표로서 탈레반 협상 대표 2명과 적신월사 2층에서 직접 대면 접촉 협상을 추진했다.

썬맨은 피랍자 기준으로 초기 갑의 위치인 탈레반이 어떻게 나올지 등에 대해 궁금증을 가지고 만일의 돌발적인 위험 상황 발생에 대비하여 안전 문제도 복합적으로 고려해야 하는 상황이었다.

유능한 총잡이는 여느 때와 마찬가지로 사전 은밀히 경계를 서고 있었다. 비상 상황 발생 시 서로 알려줄 신호 체계를 정하고 사전 연습도 했다. 다각도로 만반의 준비를 했다. 총잡이는 썬맨에게 협상 개시 이전에 공중에 미 전투기가 지나간다고 말했다. 협상 시간에 공중에서 미 전투기가 날아다니고 있었는데 설마 하면서도 만에 하나 폭격을 할까 봐 우려감도 느꼈다.

탈레반 B○○와 N○○○가 협상장에 처음 나타났다. 탈레반 B○○는 어느 정도 유연한 인상이었으나 N○○○는 엄하고 딱딱한 분위기를 나타내는 첫인상을 보였다. 서로 정반대되는 모습과 인상을 풍겼다. 탈레반은 조금 전 알 자지라 방송과 인터뷰를 해서 자신들의 건재감을 과시한 이후여서인지 기세가 등등한 느낌을 보였다. 탈레반은 의도적으로 더 강한 인상을 주려고 노력하는 모습이 역력했다.

썬맨은 당당하면서도 태연하게 여유 있는 모습으로 탈레반 협상 대표를 맞이했다. 탈레반은 처음에 악수도 하지 않고 말로만 간단히 인사만 하고 곧바로 앉아 협상 분위기를 강하게 몰고 나갈 만반의 준비를 하는 듯 보였다. 강한 기세를 좀 약하게 만들 필요가 절실했다.

썬맨은 선수를 쳐서 탈레반과 첫 만남에서 현지인 문화에 맞게 상호 껴안으면서 의도적으로 천천히 포옹 인사를 했다. 탈레반 관습 문화에 맞게 인사말 등 서론을 장구하게 나열하고 결론은 나중에 언급하는 귀납적인 대화법으로 천천히 말의 속도를 늦추어서 말을 이어갔다.

썬맨도 귀납적 대화법으로 탈레반 측에게 오늘 적신월사 2층에서 한국인 피랍 협상을 위해 만나게 되어 반갑다고 먼저 인사말을 장구하게 전달했다. 그리고 가명을 전달하면서 간단히 소개했다. 탈레반 측도 자신들의 직위와 이름을 가명으로 언급했다.

썬맨은 협상의 문화, 협상 심리 그리고 협상 기법 세 가지를 복합적으로 활용하는 융합적 협상 전략을 구사했다. 다시 말해 협상의 문화적인 측면에서 탈레반과 인사할 때 악수 대신 포옹 인사를 했다. 협상 심리적인 측면에서 탈레반이 미국을 비롯한 군대 파견 국가들에 대해 탈레반의 적이라고 되풀이 강조한 점을 고려하여 가상 시나리오로 과거 한국 학생들의 반미데모와 일본의 식민지 사례를 언급해 주면서 공감을 표시했다. 그리고 협상의 기법적인 측면에서 측(Cue)을 활용한 만일(If)이라는 질문법을 구사하여 상대의 의중을 파악하고 상호 긴장 대치 완화를 위해 휴식 시간을 수시로 제안 활용하기도 했다. 초기에는 딜(Deal)을 하지 않는 현상 유지 전략도 강구했다.

드디어 본격적인 대화가 시작되었다. 탈레반은 간단히 상호 양측 소개를 한 직후 대화를 이어갔다. 좋은 역할자(Good Cop)인 B○○가 모두 발언을 했다. 썬맨도 인사말로 안부 인사 및 날씨에 관한 이야기 등으로 말의 속도를 천천히 하면서 의도적으로 지연 작전을 구사했다. 귀납적 대화법으로 장구하게 인사말 등을 늘어놓았다.

유한 모습을 지닌 B○○도 인사말과 날씨 등 만남의 의미 등에 대해 인사말을 연이어 갔다. 탈레반 측은 좋은 역할자(Good cop)와 나쁜 역할자(Bad Cop)를 사전 정하고 대면 접촉 장소에 온 것이었다. B○○는 Good cop이었으며 N○○○는 Bad Cop이었다.

N○○○는 자신이 말을 강하게 하려고 지속 기다리면서 B○○가 말을 하는 중에 끼어들어 말할 기회를 찾고 있었다. N○○○는 더 인상을 강하게 보이면서 뭔가 작정하고 말을 할 태세였다. 강하게 발언할 기회를 기다리고 있는 모습이었다. N○○○가 격앙된 목소리로 발언을 이어갔다. 그야말로 협상에서 선수를 치는 격이었고 피랍인들을 확보하고 있다는 측면에서 강성 협상 모드로 강한 톤으로 말을 이어갔다.

썬맨은 내심으로 예상을 하고 있었고 흐름을 읽고 웃어주자고 다짐하면서 고개를 끄덕여 주었다. 중간중간에 김 빼는 말을 해 주었다. 상대가 말을 많이 하도록 부추겼다.

마침내 N○○○는 아프간에 수감되어 있는 탈레반 죄수와 한국인 피랍자 석방을 맞교환하는 조건을 제시했다. 강성으로 말을 이어갔다. 여기서 썬맨은 N○○○의 수작에 말려서 따라가면 강성 대 강성으로 협상 분위기가 될 위험한 상황이 발생할 수도 있다는 점을 포착했다. 썬맨은 이러한 점을 인지하고 적정하게 반응해 주면서 N○○○에서 상대적으로 유한 B○○에게 말할 기회를 주고자 B○○에게 뭔가 또 다른 말을 하도록 눈치를 주었다.

N○○○의 강성 발언에 연성 대화법으로 응대하면서 완화된 대화 분위기를 유도해 나갔다. N○○○는 처음에 인정사정없는 딱딱하고 경직된 얼굴 모습을 한참 동안 유지했다. 썬맨은 N○○○의 강경 모드 대화 분위기에서 전환점을 찾아야 했다. 협상 중에 협상의 전환점을 찾고 협상의 원활

화를 위해 5~10분간 휴식 시간(Break time)을 갑자기 제안하여 갖기도 했다. 기회 있을 때마다 의도적으로 상호 포옹 인사를 했다. 협상 전술 중의 하나로 휴식 시간을 대치 국면 완화나 지연 작전용이나 촉(Cue)을 포착하는 기회로 활용했다.

탈레반 측은 당초에 말한 자신들의 요구 사항을 지속해서 반복하여 말했다. 썬맨은 부정을 하지 않고 지속해서 긍정적인 노력을 해보겠다고 적극적인 반응을 보여주면서 대응해 나갔다. 즉흥적이고 순간에 맞는 반응 멘트도 던져주면서 대화를 이어갔다. N○○○는 한국 측이 야구 투수 볼로 비유하면 강속으로 직구를 날려주기를 기다리고 있는 태도였다. 썬맨은 이러한 N○○○의 생각을 간파하고 야구 투수가 강속구로 직구를 날리지 않고 느린 속도의 커브 볼을 던지는 격으로 N○○○의 강성 발언 수위를 낮추어 가기 위해 적절하게 김 빼기 작전으로 대응해 나갔다. N○○○의 강경 태도를 이완된 태도로 유도했다.

썬맨은 탈레반에게 중동 격언에 "자기 집을 방문한 손님에게 절대 빈손으로 가지 않게 한다."라는 말이 있듯이 오늘 우리가 상호 좋은 협상을 하여 좋은 결과가 있기를 바란다고 말했다. B○○는 탈레반도 좋은 협상 결과가 있기를 바란다고 호응해 주었다. 썬맨은 탈레반과 대화 접촉 시 이슬람식으로 상호 친근감을 표시하면서 기회 있을 때마다 포옹 인사를 하고 부드러운 분위기로 만들려고 최대한 노력했다.

예상했던 대로 탈레반은 협상 대화법이 주변 환경과 감정의 영향을 많이 받는 고 상황 문화권이었다. 모두 발언이 길고 결론을 한참 지난 후 나중에 말하는 귀납적 협상 대화법을 구사했다.

N○○○는 점차 대화 시간이 길어짐에 따라 다소 말의 속도가 느릿해졌고 발언하는 음의 높이가 낮아졌다. 초반에 비해 다소 완화된 발언 태도였지만 여전히 중간중간 강성 협상 모드를 취했다. 썬맨은 연성 협상 모드로

지속 대응해 나갔다. 내심으로 웃으면서 부드럽게 하려고 노력했다. 썬맨은 탁구 게임에서 상대가 강한 속구로 직구 스트레이트 볼을 넘겨올 때 드라이브를 걸면서 속구 속도를 줄이면 된다는 말을 되새기면서 N○○○의 강성 협상 모드에 김 빼기 작전을 이어갔다. 썬맨은 연성 협상 모드로 대응하면서 대화 분위기를 이어갔다.

썬맨은 탈레반 입장에서 어느 정도 이해가 간다고 공감을 표시해 주었다. 하지만 우리 한국군은 아프가니스탄을 무력으로 침입한 것도 아니고 군사 행동을 한 것도 아니다. 오로지 순수 재건 지원 등 민간인들을 도우러 온 것일 뿐이다. "그야말로 민간 재건 사업 지원을 하러 온 것이 주요 목적이다."라고 힘주어 강조했다. 너희들이 눈으로 확인할 수 있지 않으냐면서 의료 지원 사업이지 뭐냐? 라고 중간중간에 따져 묻듯 말했다. 그리고 피랍된 한국인들도 봉사 활동을 하러 온 점을 이해해 주기를 바란다고 말했다. 이렇게 순수 봉사 활동을 하러 온 사람들을 인질로 납치하는 것은 납득이 잘 안 간다고 말했다. 탈레반이 한국인 피랍자들을 데리고 있는 상황으로 힘을 가진 탈레반 너희들이 한국 측의 입장을 이해하고 조속한 석방을 해 주면 안 되겠냐고 요청했다. 탈레반 N○○○의 발언 수위에 힘 빼는 드라이브 걸린 느린 탁구볼 스타일의 코멘트로 대응해 나갔다.

썬맨이 다음에 탈레반 수장을 통해 확인한 사항이지만 탈레반 측은 피랍 초기에 압수한 피랍인들의 카메라 등에 찍힌 사진을 보고 피랍인들이 선교 활동을 한 것으로 생각하고 그렇게 주장했던 것이었다. 탈레반 수장은 피랍인들이 아프간에 봉사 지원보다도 기독교 선교 활동을 하러 온 것이라고 강하게 주장했다. 썬맨은 처음에는 '봉사 활동을 한 것이다.'라고 힘주어서 반박 조로 말했다. 탈레반은 썬맨의 말을 인정 못 한다는 듯이 되풀이 선교 활동이라고 말했다. 썬맨은 똑같은 현상을 보고 서로 달리 보는 것이라고 짧게 대응하면서 선교 활동이 아니라는 듯이 단호하게 부정하고 넘어갔다.

짧게 반응하고 빠져나갔다. 대결 구도를 피하려고 노력해 나갔다. 상대의 표정을 간파해 나가면서 말의 톤을 조절해 나갔다.

연이어 탈레반 측은 아프간 북부 지역 마자리샤리프에서 저녁 시간에 단체로 모여서 기독교적인 기도하는 모습들을 봤다고, 우리는 다 알고 있다고 강하게 반박했다. 증거가 되는 첩보를 입수했다고 강조했다. 그래서 탈레반은 한국인 피랍이 당연하다는 당위성을 내세우면서 지속해서 격앙된 분위기로 몰고 갔다. 처음에는 아프간 내 한국군 철군을 24시간 내 결정해서 답변해 달라고 요청했다. 만일 만족할 만한 답변이 없을 경우, 피랍인들을 차례로 추가 살해하겠다고 강하게 압박했다. 탈레반은 압박하는 긴장 분위기로 강성 협상 모드를 유지해 나갔다.

이에, 썬맨은 탈레반의 격앙된 목소리를 다운시키고 강성 협상 분위기를 완화시키기 위해 이슬람 기도시간에 맞추어 휴식 시간(Break time)을 제의했다. 탈레반 측도 휴식 시간을 갖는 데 동의했다. 휴식 시간이 협상의 분위기를 전환하는 데 일조를 했다.

탈레반 2명은 휴식 시간 동안 바로 옆에서 이슬람식 기도를 했다. 이때 썬맨은 탈레반 측 인물 2명 옆에 같이 앉아 기도하는 자세를 취하면서 동질적인 분위기를 연출했다. 탈레반의 강성 협상 모드를 연성 협상 모드로 전환하려고 온갖 노력을 해나갔다. 썬맨은 기도 시간이 종료된 후 다시 탈레반 측 2명과 가볍게 담소를 나누면서 Brother를 만나서 정말 반갑다고 인사를 재차 하면서 포옹 인사도 하는 등 친근한 분위기로 부드럽게 전환하려 노력했다. 이리하여 탈레반 측은 휴식 시간 이후 강성 협상 모드에서 연성 협상 모드로 전환하여 다소 부드러운 태도로 변화되었다.

탈레반 측 2명은 좋은 역할자(Good cop)와 나쁜 역할자(Bad cop)로 역할 분담을 하면서 대화를 이어갔다. 그야말로 강성 모드와 연성 모드를 넘나들면서 혼합하여 대화를 이어갔다. 썬맨은 탈레반에게 오늘 우리가 싸우려고 만난 것이 아니지 않으냐? 어떻게 하면 피랍 인질 협상을 원만하게 해결할 수 있는지 대안을 제시해 주기 바란다고 부드럽게 개방된 질문(Q)을 던졌다. 탈레반의 표정이 바뀌기 시작했다. 피랍 문제를 조속히 해결할 방법이 무엇인지?, 어떠한 방안들이 있는지? 문의하면서 몇 가지 가능한 옵션을 순서대로 나열해 주기를 희망한다고 유도했다. 문장을 짧게 짧게 조각을 내어 협상 질문을 이어갔다.

이에 대해 탈레반은 4가지 옵션[20]이 있다고 언급했다. 3가지만 얘기하고 한 가지는 머뭇거리고 넘어갔다. 향후 협상 시 어떠한 의도가 있는지 개괄적으로 인지할 수 있었다. 탈레반은 귀납적인 대화를 했다. 다른 우회적인 말을 한참 늘어놓았다. 썬맨은 본론을 기다리고 있었다. 귀납적 대화를 하는 스타일을 읽고서 본 대답을 기다리고 있었다. 탈레반 측은 이후 본 대답을 가능케 하는 말을 이어갔다.

이에, 썬맨은 탈레반의 요구 사항에 대해 잘 들었고 어느 정도 이해한다고 했다. 하지만 할 수 있는 것과 할 수 없는 것이 있다. 우리가 할 수 있는 것이면 뭐든지 해 주고 싶다. 다만, 한국군 철수 문제와 아프가니스탄 내 한국 기독교인 철수와 기독교 활동 금지 약속은 우리의 사안으로 신중히 검토해서 조속히 답변을 주도록 하겠다고 말했다. 이 두 가지 사안에 대해 실은 내심으로 당연히 이행하겠다는 결심은 있었지만, 귀납적인 대화 스타일에 맞추어 협상의 지연 작전 측면을 고려하여 즉답을 의도적으로 미루었다.

---

20) 탈레반은 4가지 옵션 내용을 설명하면서 첫 질문 시 대답과 달리 두 번째 질문에서는 옵션 내용의 순서를 변경해서 말했다. 탈레반 자신들의 실제 원하는 요구 사항은 숨어 있었다는 의미이다.

썬맨은 한국 측이 실질적으로 할 수 있는 것을 말해주기를 희망한다고 재차 강조했다. 탈레반이 일부 의도를 숨기고 있다는 것을 인지했다. 우리가 한국인 피랍자 석방을 위해서라면 할 수 있는 것에 대해 적극적으로 검토해서 답변해 주겠다고 약속했다. 그러면서 탈레반 측에 그다음 요구할 수 있는 대안에 관해 얘기하도록 자연스럽게 유도해 나갔다. 탈레반은 머뭇거리며 우회적인 표현으로 강조하고 넘어갔다. 순간 썬맨은 강한 부정은 때로는 강한 긍정을 감추는 반어적인 표현일 수 있다고 느꼈다.

썬맨은 탈레반의 옵션을 파악한 후 탈레반 대표 2명에게 **중동 이슬람 격언에 "집에 찾아온 손님을 융성하게 대접하고 절대 빈손으로 보내지 않는다."**라는 말을 다시 언급했다. 자연스럽게 조속한 피랍자 석방 해결에 대한 협조를 유도했다. 그리고 가시적으로 오늘 직접 접촉 협상에 대한 결과물로서 성의를 보여주는 측면에서 1~2명의 피랍자를 우선 석방해 주기를 바란다고 설득했다. 썬맨이 탈레반 수장에게 이미 말해 놓았다고 말해주었다. 탈레반이 투쟁 단체가 아니라 선한 면을 보여주는 이미지로 한두 명의 피랍 인질을 선제적 조치로 우선 석방시켜 주기 바란다고 반복해서 말했다. (Nibbling Effect 협상법 활용) 그렇게 해주면 한국 측도 뭔가를 말해 줄 수 있지 않겠느냐고 유도했다.

탈레반 측은 1~2명의 피랍자를 석방하는 문제에 대해 자신들이 직접 결정할 권한이 없다고 말했다. 탈레반 수장과 협의해 보겠다고 답했다. 잠시 후 Bㅇㅇ는 썬맨이 직접 탈레반 수장과 협의해 보는 방법을 제의했다. 오늘 협상을 마치고 돌아가 한국인 피랍자 중 일부 몇 명을 석방하는 성의 문제에 대해서는 협의한 후 결과를 통보해 주겠다고 답변했다.

이에, 썬맨은 오늘 저녁에 탈레반 수장과 전화해서 협의해 보겠다면서 고맙다는 말을 던졌다. 그리고 잘 알겠다고 적극적이면서 살아 있는 호응의 답변을 날렸다.

오늘 탈레반 대표들을 만나기 전에 탈레반은 무기를 소지하고 전쟁만 하는 무섭고 험악하게 생긴 것으로 언론을 통해 알고 있었다. 하지만 실제 오늘 이렇게 만나보니 탈레반도 우리와 같은 사람이라고 이해하게 되어 반갑다고 했다. 상호 친분을 부드럽게 유도했다.

탈레반 BOO는 웃으면서 부드럽게 말을 이어갔다. NOOO도 이전과 달리 표정을 좀 더 부드럽게 웃음 띤 얼굴을 보였다. 우리의 탈레반 수장은 더 잘 생겼다고 부드럽게 말했다.

썬맨은 탈레반 측에게 마무리 발언으로 오늘 이렇게 만나 뵈어서 무척 반가웠고 오늘 탈레반이 요구한 사안들 중 우선 한국 정부가 해결해야 하는 사안인 한국군 철수 문제와 한국 기독교 전파 금지 및 출국 문제 2건에 대해서는 조만간 검토한 후 답변해 주겠다고 언급했다. 또한, 탈레반 측이 한국 측의 입장을 고려하여 조속히 피랍자 석방 해결을 위해 노력해 주기를 바란다고 재차 강조했다. 오늘 양측의 첫 만남이 결실이 있었다고 생각한다. 탈레반 측의 요구 사항이 무엇인지에 대해 말해주어 고맙다는 말을 해주었다.

탈레반 측 BOO도 오늘 한국 측 대표와 첫 만남은 의미가 있었고 상호 생각을 확인하고 추후 해답을 주고받을 수 있는 좋은 계기가 되었다고 화답했다. 또한, 상호 조기에 원만한 해결을 위해 노력하자고 제의했다. NOOO도 처음과 판이하게 달리 미소를 머금으면서 연이어 말했다. 한결 말의 분위기가 부드러워졌다. 오늘 한국 측과 첫 만남이 의미가 있었고 좋은 만남이었다고 했다. 상대방을 이해하고 확인할 좋은 기회였다고 말했다. 확연하게 초기의 강한 태도가 완화된 모습이었다. 썬맨은 의도적으로 친밀도를 높이기 위해 포옹 인사를 연거푸 했다.

썬맨도 탈레반 측에 오늘 만나게 되어 반가웠고 적극적인 협조와 노력을 바란다고 재차 강조했다. 그리고 포옹 인사를 하면서 회담을 종료했다. 썬맨은 B○○에게 추가 접촉 날짜 등에 관해 물었으나 탈레반 수장에게 통화하여 결정하라고 말했다. 썬맨은 탈레반 수장과 통화를 해서 결정하겠다고 말했다.

썬맨은 탈레반 측 인물 2명 중 좋은 역할자(Good Cop) 역할을 한 B○○와 재차 포옹 인사를 한 후 맞잡은 손을 끝까지 놓아주지 않고 계속 잡고 이야기하면서 적신월사 현관으로 내려왔다. 썬맨은 B○○ 손을 꼭 잡고 놓아주지 않으면서 내려오는 짧은 순간순간에 코멘트를 지속 날렸다. 오늘 직접 탈레반을 만나보기 전에는 탈레반이 군사적으로 위협적인 투쟁 집단으로 위험한 인물들로 부정적인 선입견을 갖고 있었다. 그러나, 오늘 탈레반을 직접 만나보니 온화하고 우리와 같은 보편적이고 평범한 인간임을 확인했다. 안도감을 느꼈다고 이야기를 풀어서 친근감 있는 관계로 조성해 나갔다. 협상할 때 기회를 포착하여 상대의 손을 놓치지 않는 것도 하나의 방법이다. 상대의 손을 잡고 말할 경우 상대가 빠져나가지 못하게 하고 때로는 서로 밀접한 관계로 신뢰성을 강조하는 점 등 여러모로 작용하기도 한다.

썬맨은 탈레반의 강성 협상 태도를 연성 협상 모드로 전환케 하여, 차기 직접 접촉을 통한 협상 시에 원만한 분위기 속에서 협상해 나갈 수 있는 환경을 만들었다. 정성껏 혼을 실어서 따뜻한 마음(Warm heart)을 전달하려고 노력했다. 이리하여 탈레반도 역시 좋은 분위기를 연출해 주었다. 오늘 한국 측 대표들을 만나서 매우 반가웠고 애초 우려했던 것보다 훨씬 더 좋은 회담이었다고 화답했다. 화기애애한 분위기를 연출했다. 탈레반은 오늘 만남에 대해 매우 흡족하다고 되풀이 말했다.

모든 일은 정성이 담긴 혼이 실려야 한다. 사랑한다고 해도 정성이 담기지 않은 혼이 없는 말은 백해무익이다. 한 번을 말해도 혼이 담긴 힘 있는 사랑의 메아리가 연인들이 추운 겨울에 길거리에서 만나도 춥지 않은 이

유가 아닐까? 이러하듯 썬맨은 탈레반 측 협상 대표에게 마음을 실어서 정중하면서도 부드럽게 친근한 분위기를 연출하면서 대화를 이어나갔다. 또한, 썬맨은 눈으로 B○○의 눈을 당겼다 밀었다 서로 아이 컨택을 해 주었다. 적극적인 호응을 보여주었다. 이런 분위기로 해나가면 좋은 결과가 있을 것이라는 협상의 좋은 신호를 던져주었다.

탈레반과 한국 측은 부드러운 분위기 속에 대화를 마무리했다. 썬맨이 직접 탈레반 수장과 최종 차기 접촉 일시에 대해 협의해서 결정하기로 합의했다. 탈레반은 조속히 재접촉을 하자고 말하면서 양측이 재접촉을 통해 긴밀히 협의해 나갈 것을 약속했다. 썬맨은 탈레반에게 오늘 제시한 탈레반 측의 피랍 문제 해결을 위한 옵션에 대해 신중히 검토한 후 다음 협상때 추가 협의해 나갈 것을 재차 언급했다. 조속한 시일 내 피랍 문제를 해결하기를 희망하며 긍정적으로 검토하여 도와줄 것을 요청한다고 언급했다. 탈레반 측도 잘 알겠다고 화답했다. 다시 한번 더 이슬람 문화에 부합하는 포옹 인사로 친근감 있게 헤어졌다.

1차 대면 접촉에 대해 협상적 관점에서 보면, 탈레반은 처음에 의도적으로 강한 인상을 보이려고 했다. 썬맨이 현지 문화에 맞게 이슬람식 포옹 인사를 했다. 상대방도 마음이 풀려 서로 화기애애한 분위기 조성을 위해 상호 노력했다. 문화의 공감대를 만들었다. 썬맨은 협상 중간중간 협상 대립 완화 및 새로운 분위기 조성을 위해 환기 차원에서도 수시로 휴식 시간(Break time)을 갖도록 제안했다. 매번 의도적으로 포옹 인사를 자주 하면서 스킨십을 통한 친분 강화를 했다. 휴식 시간에 탈레반의 의도를 파악하는 데도 주안점을 두고 적절히 질문을 던지면서 활용했다. 상대의 숨어 있는 의도에 대해 질문하고 파악해 나갔다.

4. 탈레반 수장과 별 아래에서 만남

탈레반 수장은 썬맨에게 1차 직접 대면 접촉 후 하늘에 총총한 별이 유난히도 빛나는 밤에 전화를 걸어왔다. 오늘 1차 대면 접촉을 덕분에 잘 마쳤다고 기뻐하며 말했다. "오늘 우리 쪽은 알 자지라 방송 측과 인터뷰도 했다. 한국 측과 첫 대면 협상을 통해 상호 의사를 충분히 교환했기에 매우 만족한다."라고 했다.(추후 아프가니스탄 정부는 언론 기자들의 탈레반 회담 참석자와 인터뷰를 금지했다.)

썬맨도 오늘 1차 만남에 흡족하다고 화답해 주었다.(Brother 전법을 구사) "저기 하늘에 있는 밝은 달과 빛나는 별을 보라! 달 속에 Brother의 얼굴이 보이고 Brother가 달 속에 있고 그 옆에 빛나는 별이 썬맨이다. 달과 별이 서로 환하게 빛을 교환하고 있다. 그리고 서로 웃고 있다. 앞으로 더 좋은 일이 있을 것으로 본다." 하늘에 있는 달과 별에 비유해서 만족의 표시로 밝게 얘기했다. 탈레반 수장도 오늘 저녁 달과 별이 여느 때와 달리 유난히도 밝다고 했다. 그리고 밝게 웃어주면서 그렇게 얘기해 주니 내 기분이 절로 밝아진다고 화답했다.

썬맨은 네가 결정권자라는 것을 익히 알고 있다면서 치켜세워주었다. 선제적 조치로 2명 석방을 재차 유도했다. 그렇게 해 주면 나도 보여줄 게 있다고 했다. 수장은 잘 알겠다고 했다. 곧바로 2명을 석방시켜 주겠다고 했다. 석방 일시도 얘기해 주었다. 피랍자 2명을 우선 석방해 주도록 하겠으며 내일 탈레반 우리 측 대표가 회의 참석 시 썬맨에게 내 의견을 공식적으로 언급해 줄 것이라고 말했다. 순발력은 위기 때도 필요하지만 전환점을 찾을 때 절대적으로 필요하다.

썬맨은 말할 기회라고 생각하고 탈레반이 요구 주장한 한국군 철수 문제와 기독교인을 포함한 한국인 철수 중 일반 한국인 철수부터 약속하는 카드를 말했다. 탈레반 측에서 수차례 한국군과 기독교인을 포함한 한국인 철수를 줄곧 주장해 왔던 점을 감안했다.(탈레반 수장의 파워를 치켜세우면서 힘을 보여달라고 언급했다, 살라미 협상 구사) 이후 ‘차기 접촉 일시를 언제로 하면 좋을까? 내일 해도 괜찮은지?’ 물었다.

수장은 “시간을 지연시키면 시킬수록 서방 등 주변에서 협상 방해꾼이 더 많이 생기게 마련이다. 내일 2차 접촉을 조속히 하도록 하자.”라고 제의했다. 급속도로 결정되고 일사천리로 나가는 느낌이었다. 썬맨은 마음을 터치하는 코멘트를 날리고 싶었다. “먼 훗날 필요할 경우 건강상 필요한 첨단 약을 Brother로써 주고 싶다. 새벽 시간에 기온이 내려가니까 아프지 않게 잘 챙기기 바란다.”라고 하면서 상호 좋은 분위기로 화답했다. 마음을 터치해 주었다.(탈레반 수장이 썬맨을 이름 외에 Brother로도 불러주기도 했다. 혼이 깃든 말 한마디 한마디가 얼마나 중요한지! 피부로 느꼈다)

5. 아침 안부 인사와 추가 밀당

어젯밤 하늘에 걸려 있던 밝은 달과 별이 사라지고 이글거리는 태양이 다시 솟아올랐다. 썬맨은 탈레반 수장에게 2차 만남의 날 아침 안부 인사 겸 전화를 평소보다 일찍 걸었다. 금일 2차 대면 접촉이 연이어 있을 예정이기 때문이었다. “어제저녁에 통화하고 기분이 좋아서 덕분에 잘 잤다, Brother에 대해 꿈도 꾸었다.”라고 말했다. “오늘 조만간 회담장에 갈 것이고 Brother가 보낸 사람들과 잘 만나겠다. 그리고 좋은 소식이 있으면 좋겠다.”라고 말했다.

탈레반 수장은 웃으면서 반갑게 화답했다. 왠지 좋은 분위기의 연속이었다. 나도 어제저녁 Brother와 통화하고 기분이 좋았다면서 뭔가 서로 통하는 것이 있는 것 같다고 말했다. 어제 통화 시에 썬맨에게 말해주었겠지만 썬맨이 한두 명 선제적 조치로 석방해 줄 것을 요구한 데 대해 “우리는 한국인 여성 2명을 석방시켜 주겠다.”라고 하면서 “오늘 회담장에서 만날 탈레반 사람이 한국인 여성 2명의 석방에 대해 나의 의견을 얘기해 줄 것이다. 누가 감청할 가능성이 있기 때문에 내 전화번호를 너만 알고 있어야 한다.”라고 되풀이 말했다. 내가 확고히 믿으니까 이렇게 온갖 얘기를 하고 그러지. 오늘 양측이 잘 만나서 좋은 회담이 되기를 바란다고 말했다. 썬맨은 잘 알겠다면서 오늘 회담이 잘 진행되기를 바라고 회담 마치고 난 후 또 둘이서 통화하자고 약속했다. 상호 좋은 분위기였다.

6. 협상의 촉매, 자일리톨껌과 홍삼 젤리의 힘

수장과의 좋은 대화 분위기가 두 번째 만남에도 연이어져 속전속결로 대화가 잘 풀려갔다. 뭔가 또 다른 좋은 느낌이 왔다. 탈레반이 기존의 카드에 집착하지 않을 것이라는 좋은 느낌이 왔다. 탈레반 죄수 석방 지원이 불가할 경우, 탈레반 측에서 다른 옵션을 제시하여 석방 문제를 해결해 나갈 것이란 ‘감(feel)’이 왔다.

탈레반 측은 수장이 언급해 주었던 2명의 인질 석방에 대해 그대로 재연했다. 조금 더 노력해 보고 안 되면 다른 실질적인 방안에 대해 논의해 보는 방안도 있다고 했다. 진전된 협상의 출구를 열어 주었다. 2차 협상의 전반적인 분위기는 3차 협상이 순조롭게 이어지면 모종의 실질적인 돌파구가 마련될 것으로 기대되었다.

탈레반 측은 변화된 태도를 보였다. 아프간과 미국이 자신들의 요구 사항을 수용하든 하지 않든 개의치 않는다면서 어쨌든 자신들의 요구 사항을 요청해보기 바란다고 말했다. 그러고 나서 1~2일 후 실질적으로 이행이 가능한 부분에 관해서 얘기해 나가자고 했다.

썬맨은 '최선을 다해서 그렇게 노력해 보겠다. 아프간 정부도 미국 등 국제 사회의 이목이 있어 불가할 것이다. 하지만 다시 한번 더 적극적으로 노력해 보겠다.'라고 반응해 주었다. 상호 윈-윈(Win-Win) 할 방안을 찾아내도록 노력해 나가야 한다고 설득하면서 구체적인 결과 도출을 유도했다. 니블링(Nibbling Effect) 협상 전법을 되풀이 구사했다. 마침내 탈레반은 썬맨의 요구 사항 일부를 수용한다는 뜻을 보였다.

탈레반은 주머니에 감추어 둔 돈지갑이라도 꺼내는 듯이 자랑삼아 보따리를 천천히 열었다. 귀측이 열심히 노력하는 것으로 보여 우리가 선물을 주겠다. 두 명의 여성을 8월 12일 국제적십자사(ICRC)를 통해서 석방하겠다고 말했다.

썬맨은 나머지 19명에 대해서는 어떻게 할 것이냐? 신속히 마무리하자고 유도했다. 탈레반 측도 조속히 해결하고 싶다면서 다음 만남에서 서로 좋은 방향으로 협의해 나가도록 하자고 말했다. 협상이 급 진전된 모습을 보여주었다. 다음 만남에서 큰 이변이 없는 경우 뭔가 좋은 결과가 나올 것이라는 '시그널'이 보였다.

이후 단순 해프닝에 대해 자유일보에 게재된 내용을 인용하여 말하고자한다. 2차 대면 접촉이 거의 끝나가는 무렵이었다. 서울에서 급하게 막 도착한 외교부가 대면 접촉에 처음으로 급히 조인하려 했으나 탈레반의 거부로 참석하지 못했다. (출처: 자유일보 기사 내용)

　잠시 침묵이 흘렀다. 썬맨은 곧바로 차기 접촉은 언제로 할 것인가? 하고 물었다. 탈레반 측은 회의가 끝난 후 "썬맨이 탈레반 수장과 직접 통화해서 결정하기 바란다."라고 말했다. 참고로 탈레반 측 B○○는 탈레반 수장도 가능한 빨리 협상을 진행하기를 바라고 있다고 말했다. 그러기에 조속히 다시 만나서 마무리하기를 원한다고 말했다.

　썬맨은 탈레반 수장과 오늘 저녁에 통화해서 다음 대면 접촉 일자를 협의해서 정하겠다고 화답했다. 드디어 한국 측과 탈레반 간 2차 직접 대면 접촉 협상이 좋은 분위기 속에 원만하게 종료되었다.

　양측은 대면 접촉 종료 후 국제적십자사(ICRC)에서 마련한 점심을 오랫동안 함께했으며 화기애애한 분위기에서 종료되었다. 다음 만남에서 좋은 옵션으로 해결의 실마리가 나올 것이라 예측되는 분위기였다.

　썬맨은 2차 직접 대면 접촉 협상이 종료된 직후 탈레반 측 인사 한 명의 손을 끝까지 놓치지 않고 붙들면서 적신월사 2층 협상장에서 1층으로 내려왔다. Break time 활용 전법이다. '핀포인트' 해서 짧게 얘기해야 할 기회였다. 이탈리아 죄수 석방 케이스는 한국에게는 적용할 수 없고 상황이 다르다. 영국 및 이탈리아, 일본 같은 국가들은 아프가니스탄 재건 사업에 분야별 프로젝트를 한 개씩 전담하여 추진하고 있어 한국의 입장과는 판이하다고 짧게 말했다. 또 추가로 이탈리아 사례를 한국에 적용하지 말아 달라고 재차 인식시키며 돌아가서 부족장 회의 시 적극적으로 말해주길 바란다고 했다. 탈레반 대표 B○○는 잡고 있던 썬맨의 손을 힘을 주어 잡으면서 그렇게 하겠다고 말했다.

　적신월사 현관 뜰에서 인천공항에서 구입해 온 자일리톨 껌과 홍삼 젤리를 주면서 먹어 볼 것을 제의했다. 썬맨은 좀 과장해서 말했다. 남자에게 매우 좋은 것이라고 말해주었다. 홍삼 젤리 등이 남성에게 에너지 보강에도 도움이 되고 종국적으로 건강에 좋다고 했다. 그야말로 에너지 보강제로 둔갑하여 말했다(이하 생략…). 그러나 탈레반은 처음에 혹시나 무슨 이상한 독약 등 해로운 것이 아닌지 의심하면서 거절하며 주저했다. 이에, 썬맨은 과거 유사한 경우에 적용했던 경험을 발휘했다. 먼저 샘플로 상대방 앞에서 직접 먹어보면서 남자에게 매우 좋은 에너지 보강제라고 말하면서 다시 먹어 볼 것을 제의했다. 혹시나 독약이라는 의구심을 제거했다. 그제야 탈레반은 받아서 먹어보았다. 탈레반 측은 2차 만남에도 만족해서도 그렇겠지만 좋은 반응이었다. 썬맨은 탈레반 수장에게도 나의 마음이라면서 홍삼 젤리 조각을 전달해 달라고 요청했다. 이것이 나중 탈레반 수장에게 에너지 보강제로 미화되어 좋은 긍정 반응을 보였다(이하 생략…).

협상에 유연성과 긍정적인 작용을 하는 데 있어 협상의 촉매제 역할을 했다. ‘우리’라는 것을 느끼게 하는 작은 촉매 요소가 되었다. 자그마한 매개체가 협상 가속화를 기하는 데 촉매 역할을 한 셈이다.

한국산 자일리톨 껌을 탈레반 측에 보는 앞에서 시범적으로 먹고 그에게 주고 함께 먹으면서 흡족함을 표명하는 반응을 읽을 수 있었다. 더욱이 썬맨이 조금 과장해서 홍삼의 효능에 관해 얘기해 주어서인지 신기하다는 반응을 보였다. 당시 현지 여건상 어려운 환경하에 지렛대로 활용할 수 있는 요소가 없어 찾으려 노력하다 보니 껌과 젤리 조각까지 동원하게 된 것이다.

탈레반 측은 자신이 처음으로 껌을 먹어본다고 언급하고 신기하게 생각했다. 다시 썬맨은 탈레반 측을 통해 탈레반 수장에게 담뱃값 크기보다 작은 양과 크기의 홍삼 젤리를 전달하도록 하는 등 인간적인 라포 형성 강화에 주력했다. 그 열악한 상황에서 가지고 있는 탄알을 순간 최대한 활용하는 수밖에 없는 환경을 고려한 것이었다.

탈레반 대표 B○○는 온화하고 관대한 인상을 지녔으며 썬맨에게 매우 친근하게 대해주는 등 서로 간 좋은 감정을 갖게 되었다. 썬맨은 B○○에게 3차 대면 접촉에서 좋은 결실을 보아서 피랍 석방이 좋게 타결되면 더 좋고 여하튼 기존과 달리 획기적이고 실질적인 대안을 모색해서 만나자고 강조했다. 이에 B○○는 3차 때 더 좋은 결과가 있도록 노력해 보겠다고 화답했다. 그리고 실질적인 대안을 모색해서 가지고 오겠다고 약속했다.

7. 가즈니에서 한국인 간 고요한 관계 유지

국내 언론에서 아프간 현장에서 마치 정부 부처 간 마찰이 있는 것처럼 보도했다. 사실과 달랐다. 서울에서 현실론과 명분론이 대립하는 것을 보고 추측한 것으로 근거 없는 허위 소문이다. 정말 허위 소문은 국가적인 에너지 손실을 초래한다. 왜 허위 소문이 난무할까? 독자들의 눈과 귀를 맹하게 하더라도 자극적인 것을 던지고 싶어서일까? 참… 안타까웠다.

아프간 현장에서 외교부와 국정원 간 불협화음도 전혀 없었다. 마찰이 없을 수밖에 없는 것이 가즈니주 외교부는 파르완 주지사를 이용한 길을 가고 있었고 썬맨은 그야말로 탈레반 수장과 직접 선을 통해 1차 2차 직접 대면 접촉 협상을 잘 마무리해서 이어가고 있는 엄연하게 다른 길을 가고 있었다. 오히려 가즈니 현장에서 외교부가 썬맨에게 탈레반과 진행되는 과정에서 특이사항이 있으면 알려주기 바란다고 협조를 요청하는 등 믿고 의존해 주어서 고마울 뿐이었다. 썬맨도 탈레반 수장과 중요 진행 상황을 수시로 바로 외교부 측에 알려주었다.

이런 연유로 언론에서는 협상 초기 중반까지 정부 부처 간 마찰이 있는 것처럼 아프간 가즈니 현장에서 실제 진행되었던 사실과는 다르게 보도되었다. 가즈니 현장에서는 4차 협상장에서 외교부의 공동 인터뷰 거부 외에는 큰 맥락에서 아무런 마찰이 없었고 각자의 길을 가면서 서로 조용히 잘 해나가고 있었다.

국방부도 적극적인 지원 협조를 해 주는 등 원활한 협조가 잘 이루어져 업무상 특이한 마찰 문제가 없었다. 다만, H가 모 부처 사무실에 약 전달 문제로 지엽적인 잡음이 있었다. 입에 담아서 얘기하기가 치사하고 옹졸한 내용이라 생략하겠다. 이런 소소한 것 외에 업무상 마찰이 없었다. 썬맨은 지지고 볶아대는 이런 소소한 것을 바빠서 전혀 알지도 못했고 다 끝나고서야 알게 되었다.

8. 2차 만남 종료 및 복귀 시 환호

썬맨이 2차 직접 만남을 무사히 마치고 ○○○ 군부대로 돌아왔다. 1차 만남 때와 같이 ○○○ 군부대 내 국방부, 외교부 등은 썬맨이 돌아올 때까지 협상이 잘되기를 기대하면서 기다렸다. 드디어 썬맨이 돌아오자, 모두 "수고했습니다."라고 모두 반갑게 맞이해 주었다. 한국인만이 느끼고 전달할 수 있는 전통적인 심정의 의미이다. 그리고 동질감을 느꼈다. 썬맨은 잠도 부족하여 피곤하기도 하고 협상을 하느라 지치기도 했지만 많은 힘이 되었다. 우리나라는 오늘날 조금 상황이 바뀌어가고 있지만, 여전히 마음 속에 한민족의 저력이 숨어 있다는 것을 순간순간 느꼈다. 짧은 순간이라도 함께하는 것을 느끼기도 했다.

가즈니 ○○○ 군부대 내에 있던 국방부 등 한국인들의 응원으로 썬맨은 힘들었지만, 더 많은 '열정의 힘'이 축적되었다. 집념을 가지고 밀어붙여서 속히 피랍인들이 석방되도록 해야겠다는 의지를 더 굳건하게 가지게 되었다. 다음 만남에서는 협상 마무리 내지 가시적인 성과를 내야 한다는 집념을 갖게 되었다. 때로는 탱크처럼 밀어붙이는 야성과 근성이 솟구쳤다. 썬맨은 2차 만남의 결과 내용을 상세히 요약해서 국방부와 외교부에 곧바로 알려 주었다. 국방부와 외교부 관계자들은 고맙다고 표명했다.

썬맨은 밤에도 혼자 탈레반 수장과 대화할 시나리오 구상을 했다. 탈레반 수장과 단둘이 수차례 통화하면서 조속한 석방을 이루기 위해 긴밀히 협상 대화도 해나갔다. 썬맨과 탈레반 수장은 서로 의문점이 있거나 협의할 내용이 있을 경우, 언제든지 수시로 전화 통화를 해서 협의해 나갔다.

탈레반 수장과 밀당은 계속되었다. 썬맨은 2차 만남 시 B○○와 약속한 내용을 서로 재확인을 통해 약속했다. 다음 만남인 3차 대면 접촉 시에는 서로 양측이 획기적이고 실질적인 대안을 검토해서 가지고 오기로 하며 조속히 피랍 협상이 마무리되도록 노력해 나가자고 약속했다.

탈레반 수장은 피랍 여성 2명의 석방 일자가 하루 연기된다고 통보를 해왔다. 썬맨에게 애초 8월 12일 석방하기로 합의했으나 8월 12일 현지 기상 악화(흙바람) 등으로 하루 석방이 연기되어 8월 13일 석방하겠다고 말했다. 실제 연기 이유와는 다르다는 느낌이 들었다. 썬맨은 피랍 여성 2명의 석방이 애초 약속과 달리 연기되어 내심으로 속이 타들어 가는 심정이었다. 탈레반 수장에게 Brother! 오히려 기상 악화 등으로 석방자를 배려해 주어서 고맙다고 역으로 표현했다. 나도 한국의 Top에게 조속히 보고하여 Brother에게 또 다른 선물을 줄 수 있도록 노력하겠다고 화답했다.

8월 12일 저녁에 이러한 대화의 연장 선상에서 "Brother! 저기 하늘에 떠 있는 밝은 달을 보세요. 환하게 웃고 있는 Brother 옆에 역시 웃고 있는 반짝이는 별을 보세요. 지금 둘이 함께 있는 것입니다."라고 전했다. 탈레반 수장은 썬맨에게 "그렇게 얘기해주고 생각해 주니까 내 마음이 흡족하다면서 둘이 함께 긴밀히 협조해 나가자."라고 말했다. 썬맨은 탈레반 수장에게 이런저런 가벼운 대화 내용도 주고받았다. 혼이 깃든 저녁 문안 인사를 하고 전화를 끊었다.

썬맨은 홀로 이 고요한 곳에서 한참 동안 하늘의 달과 별을 쳐다보았다. 지금의 상황과 향후 조속히 석방 협상이 성공적으로 이루어질 것이라는 기대감과 함께 무사 석방을 위해 간절한 마음의 기도를 했다. 그리고 인간이기에 고국에 있는 피랍자들의 유가족들이 걱정하고 있는 심정과 고국의 하늘을 잠시 생각했다.

또한, 인간이기에 출국 시 아시아 말레이시아로 출장 간다고 거짓말로 속였던 것이 직업 생리이지만 그래도 미안한 마음이 몰려오면서 잠시 국내 있는 가족들도 생각했다. 그런 생각도 오랜만이었다. 다급한 협상 진행 상황으로 바빠서였다. 하루빨리 협상을 가속화해서 피랍인들과 함께 귀국하고 싶었다. 피랍인들이 그룹별 흩어져서 말로 표현할 수 없는 열악한 상황에 있는 것을 상상해 보니 마음이 쓰리기도 했다. 한편으로는 '무슨 운명이지.' 하고 혼잣말로 물어보기도 했다. 오랜만에 한밤중에 혼자서 잠시나마 이런저런 생각을 했다. 피랍 인질들의 조기 무사 석방과 협상 심리 강화를 위한 전열 정비를 하기 위해 잔잔한 묵상의 기도도 했다.

다음 날 탈레반 수장은 썬맨에게 연락하여 8월 13일 15:30 피랍인 중 2명의 여성을 석방시키기 위해 차량으로 출발했다고 통보해 주었다. 얼굴을 가린 상태로 흰색 왜건 차량으로 여성 2명을 석방하기 위해 이동했다. 썬맨은 서울과 국방부 및 외교부 측에 2명의 여성 석방 사실과 함께 특이 진행 상황을 즉시 통보해 주었다. 국방부와 외교부 관계자들은 알려주어서 고맙다고 말했다.

9. 피랍자 2명 석방과 석방 대상자 양보 및 배려

탈레반 수장은 8월 10일 저녁 썬맨에게 선물을 준다면서 8월 12일 한국인 2명의 여성을 석방시켜 주겠다고 통보했다. 그리고 2명의 석방자를 누구를 해 줄까 하면서 명단을 문의했다. 썬맨은 미미한 오해 유발 방지와 사소한 부분에 나의 권한을 사용하여 탈레반 수장이 나중에 나의 요구 하나를 들어준 셈으로 착각할 수 있다고 인지했다. 즉 내가 쓸 수 있는 카드 하나를 날린다는 생각을 했다. 이 점을 방지하기 위해 석방자 2명 대상자 선정은 탈레반 수장에게 맡기겠다고 답했다.

이에, 탈레반 수장은 썬맨에게 2명의 석방자로 K와 L을 1차로 통보했다. 잠시 후 다시 바로 L 대신 KK로 한 명을 교체했다고 연락해 왔다. K 및 KK 여성 2명을 우선 석방하겠다고 통보했다. 애초 탈레반 측에서는 썬맨에게 유선상으로 K와 L을 우선 석방자로 선정하여 통보했으나 추후 다시 연락 오기를 L은 억류자 중 나이가 자신보다 많은 언니인 KK가 겁을 많이 먹는 점을 고려하여 자진해서 잔류하겠다고 양보하여 교체했다고 통보해 왔다.

이러한 위기 상황에서도 한국 피랍자 간 배려와 양보의 미덕을 볼 수 있었다. 썬맨은 피랍자 간 힘들고 열악한 순간에도 인간미와 의리가 담겨 있는 모습에 더욱 힘을 얻고 협상 속도를 가속화했다. 모든 인질을 조속히 무사히 석방시켜야 하겠다는 집념과 에너지가 다시 채워지는 순간이었다. 탈레반 수장은 썬맨과 이렇게 비선 연락을 통해 사전 자그마한 사항부터 큰 사안까지 제반 사항에 대해 긴밀히 협의를 통해 사전 정지 작업을 해나갔다. 또한, 탈레반 내부적으로 사전 결정된 사항을 유선을 통해 썬맨에게 매번 선제적으로 알려 주었다.

이렇게 하여 차기 협상장에서는 이미 결정된 사안을 알려주는 형태로 양측이 대화를 해나가는 등 차기 대면 직접 접촉 협상 시에는 윤활유처럼 원활하게 자동으로 협상이 잘 진행되었다. 외교부가 첫 조인해서 발언한 3차 협상을 제외하면 대부분 원활하게 잘되어 나갔다.

탈레반 수장은 빈번하게 썬맨을 믿는다고 하면서 상호 협의를 긴밀히 해나갔다. 드디어 탈레반은 약속대로 8월 13일 피랍자 중 2명의 여성을 석방했다. 썬맨은 적신월사에 직접 국방부 바그람에 근무하다 파견된 여자 간호 장교 1명과 외교부 1명을 대동하고 함께 갔다. 사전 신변수색 등 간단한 절차를 거치도록 협의 조치했다. 이후 모두 가즈니 군부대 내로 돌아왔다.

어두운 밤이 되었다. 썬맨은 여성 2명을 석방해 주어 고마운 마음에 탈레반 수장에게 전화를 걸었다. "Brother! 하늘에 달과 별을 보시죠. 유난히도 빛나고 있는 달과 별을…. 지금 달을 보고 있는데 유난히도 밝습니다. Brother 얼굴을 달 속에서 볼 수 있습니다." 탈레반 수장은 "허허허 그래." 하면서 "나도 Brother의 얼굴을 연상하여 별 속에서 볼 수 있다."라고 화답했다. 이에 썬맨은 Brother도 보고 있기에 저 달 속에 Brother가 있으며 바로 그 옆에 별 속에 썬맨이 있으니 지금 우리는 함께 같이 있는 것이라고 말해주었다. 탈레반 수장은 "허허허 그렇지…."라고 답변했다. 서로 화기애애한 분위기가 이어졌다. 이런 분위기가 지속 이어지면 향후 인질 석방 협상이 원만하게 조기에 잘 이루어질 것 같은 느낌(feel)이 또다시 왔다.

탈레반 측은 1차 직접 대면 접촉 협상을 위해 적신월사에 도착 시 알 자지라 방송 측과 인터뷰를 했으나 2차 직접 대면 접촉 시에는 아프간 정부 측의 반대로 적신월사에서는 알 자지라 방송 측과 인터뷰를 하지 못했다. 접근이 불가능했다. 이에, 탈레반 측은 탈레반 근거지와 카르자이 정권의 관할권 사이 중간 지점을 피랍자 2명 석방 시 인계지점으로 정했다. 인계

지점에 적신월사 차량을 도착하도록 했다. 그리고 탈레반 측은 피랍 여성 2명을 인계한 지점에서 알 자지라 방송 측과 인터뷰를 했다, 탈레반은 자기네끼리 어떠한 대가 없이 피랍자 여성 2명을 석방하는 것이 탈레반의 선함을 보여주는 사례라고 하면서 홍보적인 측면을 언급했다.

3부
협상 말기

협상의 결렬과 극적인 회복

첫 조인한 사람의 과도한 논리 주장은 상대를 화나게 하고 파투난 협상을 초래했다! 지금도 의문점으로 남는다. 왜 그렇게 했을까? 더욱이 을의 위치에서 먼저 어떻게 처신해 나가야 할지에 대해 곰곰이 생각해 볼 필요성을 상기시켜 준다.

추가 살해자로 지목된 두 아이의 엄마인 김아람과 서찬호를 탈레반이 살해하겠다는 긴박한 순간에 극적인 전환점을 찾아내기 위해 썬맨은 두 번째 강성 협상 카드를 내밀었다. 그리하여 갖은 노력을 다해 추가 살해는 끝까지 막아내었다.

7막

파투난 협상과
극적인 전환점

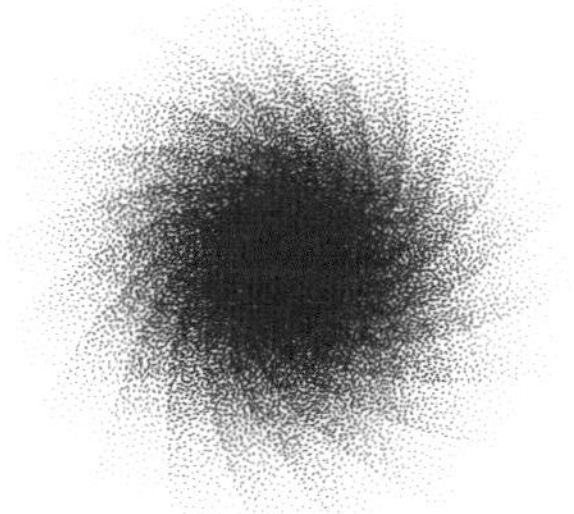

"첫 조인한 사람의 논리 주장으로 상대의 감정선을 건드려
극한 대립으로 치달았다. 우여곡절 끝에 전환점을 찾아
밀당은 계속되었다."

1. 첫 조인한 3차 만남 시 파투난 협상

그간 탈레반 측과 라포 형성을 토대로 1차 대면 접촉 협상과 2차 대면 접촉 협상이 좋은 분위기에서 잘 진행되어 왔다. 탈레반이 피랍자 2명을 석방해 주는 성과도 있었다. 이러한 맥락에 연이어서 썬맨은 3차 대면 접촉 협상도 왠지 잘될 것이라는 기대감을 당연하게 갖고 있었다.

그런데 서울에서 급히 파견된 사람이 처음으로 3차 대면 협상장에 조인했다. 썬맨은 이들이 당연히 그간의 협상 진행 내용에 대해 다 숙지하고 3차 대면 접촉에 조인했겠거니 하고 생각했다. 썬맨에게 와서 현재까지 협상 진행 상황에 대해 간단히 물었다. 썬맨은 그간 잘 진행되어온 사항을 설명해 주었다.

다만 바쁜 이유로 서로 협상 전략과 기법 등에 대한 의견 조율도 없이 협상에 참석했다. 썬맨은 그간 본인이 협상을 주도해 왔기 때문에 이들이 썬맨에게 와서 협상 기법과 말하는 수위 등에 대해 사전 의견 조율을 해 올 줄 알고 기다렸다. 아쉬웠다. 서로 바쁜 이유일까?

그러나 3차 대면 접촉에 이들이 처음으로 함께 조인한 시점부터 탈레반이 갑자기 강경 모드로 변신했다. 상황이 심각하게 꼬여 버렸다. 새로 구성된 한국 측은 협상 이전에 좋은 역할자(Good Cop)와 나쁜 역할자(Bad Cop) 역할 분담 등을 포함하여 협상 전술 전략 등에 대해 구체적인 협의가 없었다. 처음 참석하는 상황에서 첫 모두 발언에서 반드시 해 주어야 할 말도 빠뜨렸다.

첫 조인한 사람은 탈레반 측에 한국인 피랍의 부당성을 주장하면서 조속한 석방을 강력히 요청했다. 당당하게 주장했다. 또한, 탈레반 측에 한국인 피랍은 UN 규정상 위반이며 국제 사회로부터 비난받을 행위라면서 조속한 석방을 재차 강조했다. 그 사람은 당당하게 할 말을 했다고 생각했을 것이다. 하지만 탈레반 측 입장에서는 강성 협상으로 느껴졌다. 탈레반은 당장 이거 뭐지?! 하는 표정으로 썬맨에게 신호를 보냈다. 그리고 탈레반도 질세라 곧바로 강성 협상 대응으로 이어갔다. 연이어 첫 조인한 사람은 탈레반이 한국인 23명을 납치한 것은 국제법 위반이며 유엔 규정에도 위배되는 행위라고 강한 어조로 되풀이 말했다.

썬맨은 탈레반 측의 인상이 변화되는 것을 면전에서 보면서 아쉬움에 다소 당황스러웠다. 마음속이 타들어 갔다. 썬맨은 혼자 마음속으로 처음 3차 협상에 조인하여 탈레반 측이 2명의 인질을 석방시켜준 데 대해 감사 표명부터 말을 시작하기를 바랐는데 그러지 않았다는 데 아쉬움을 가졌다. 썬맨은 아쉽다고 생각하면서 갑자기 이러한 강경 협상 모드를 어떻게 하면 좋을까 심한 고민에 잠겼다. 썬맨은 내심으로 참! 아쉬워하면서 분위기를 바꾸어 보려 했으나 오히려 상황을 가중시킬 우려도 배제할 수 없었던 상황이었기에 조심스러웠다. 그리고 내심으로 다 된 밥에 재를 뿌리는 격이어서 무척 화가 날 정도였다.

이에 대해 탈레반 측은 이거 뭐지! 무슨 맛이지? 하는 표정으로 썬맨의 얼굴을 아래위로 쳐다보면서 말을 이어갔다. 화난 얼굴이었다. 탈레반은 한숨을 쉬면서 강한 톤으로 맞대응을 했다. 미국은 우리의 적이다. 미국은 우리를 침공한 적이라고 강조했다. 이러하기에 한국군이 아프간에 와 있는 것은 미국의 공격에 동참하는 것으로 간주하며 한국도 적으로 간주한다고 강한 어조로 강조했다. 첫 조인한 사람은 반박하는 논리를 제시해 나갔다. 탈레반 측의 얼굴이 더 붉게 상기되어 갔다.

공감은 감정에 논리를 플러스하여 이루어진다. 첫 조인한 사람은 을의 위치에서도 논리를 앞세워 갑의 위치였던 탈레반을 논리로 반박해 나갔다. 당당하게 말하는 것으로 인식할 수 있었지만, 탈레반으로서는 그간의 협상 진행상 2명을 석방해 주었던 점 등을 고려 시 뭐 이런 게 있나 하고 생각이 들었을 것으로 감지되었다. 이후 탈레반 측이 썬맨에게 유선으로 보내온 반응도 같은 맥락이었다. '이거 뭐지?'였다.

썬맨은 뒷머리가 당겨오면서 뇌리에 을의 위치가 갑의 위치에 논리로만 주장하다가 결국 패망한 역사적 사례가 떠올랐다. 현실론인 아테네와 이론적인 밀로스 간 대화 내용을 담은 '펠로폰네소스 전쟁사'를 연상시켰다. 협상할 경우 여타 피랍 사건과 달리 갑인 탈레반의 특이한 역사적 상황을 고려할 필요성이 있었다. 첫 조인한 사람은 아프간 피랍 문제를 당당하게 논리적으로 접근하면서 몰아갔다고 생각했겠지만, 탈레반은 엄청나게 격분

했다. 탈레반은 3차 대면 접촉 협상장에서 얼굴과 태도 면에서 1차 협상과 2차 협상 시와는 달리 매우 불쾌한 표정으로 변했다. 탈레반은 화가 났으며 눈과 얼굴에 독기를 품은 듯한 격앙된 분위기를 보였다.

결국, 탈레반은 썬맨에게 "새로 온 저 사람은 어디서 왔는지? 어디서 왔길래 그간의 좋은 협상 분위기를 무시하고 탈레반의 자존감을 무너뜨리는 발언을 하냐며, 감정이 너무 상한다."라고 주장했다. 또한, 탈레반이 2명의 여성을 석방시켜주었고 협상을 잘해 나가자고 한 마당에 그것에 대해서는 한마디 말도 없이 이게 뭐냐고 몰아세웠다.

썬맨은 무마하는 데 바빴다. 썬맨은 속이 타들어 가는 심정이었다. 화가 나기도 하고 어디다 하소연할 수도 없었다. 이미 탈레반은 화가 나서 돌아서 버린 상태였다. 2명의 여성 인질 석방 때까지 좋은 분위기였다. 그런데 탈레반은 이것에 대해 감사를 우선적으로 표명해야 하는 것이 협상 진행 순서에 부합한다면서 썬맨에게 비꼬았다. 3차 직접 접촉 협상 후 첫 조인한 사람의 강한 논리 주장에 대해 탈레반 측은 매우 불쾌하다고 되풀이 언급하고 조속히 회의를 마치고 돌아가 버렸다. 탈레반 협상 참석자는 돌아가자마자 탈레반 수장에게 회의 결과에 대해 매우 부정적으로 보고했다.

그리하여 탈레반 수장은 썬맨에게 즉각 전화하여 첫마디로 오늘 새로 조인한 사람들이 언급한 것에 매우 불쾌하다고 말했다. 기존 협상을 부드러운 분위기 속에 잘해 왔고 앞으로도 조속히 원만하게 협상을 진행하고 빨리 피랍 문제를 마무리하려고 했는데 왜 그러냐고 다그치기도 했다. 이유가 뭐냐고 반복해서 물었다. 탈레반 수장 자신은 썬맨을 믿고 피랍자 2명을 조기에 석방을 해 주었다고 말했다. 또한, 조기에 상호 협상 결과를 마무리하도록 노력해오고 있는데 너무 의아하고 불쾌하다면서 이해가 안 된다고 강한 불만을 토로했다. 자신은 조속한 석방 해결을 위해 부족 원로들에게 잘 설명해서 뭔가 돌파구를 마련하려고 했다면서 불만을 연이어 말했다.

이에, 썬맨은 탈레반 수장에게 기분을 가라앉히고 무마하려고 설득에 나섰다. 나를 믿어라. 불쾌하게 느껴졌다면 기분을 전환해 주기 바란다고 전달했다. 썬맨은 이런저런 달콤한 얘기를 하면서 분위기 전환을 유도하느라 노력했지만 쉽지 않았다. 이미 돌아오지 못하는 강을 건너가 버린 것 같았다.

탈레반 수장은 "화가 나고 아쉽다."라고 연거푸 말했다. "자신은 평소 썬맨의 말을 믿어왔고 믿는다. 그리고 믿을 것이라고 수차례 말해왔지 않느냐?"고 반문했다. 그러나, 탈레반 측 주요 인사들과 내부적으로 오늘 한국측 언급 사항에 대해 내일 회의를 개최할 것이다. 회의 개최 결과를 추후 알려주겠다고 말했다. 그리고 처음으로 전화를 아무 말 없이 화가 났다는 듯이 끊어버렸다. 썬맨은 수장이 화가 나 있고 아쉬워하는 느낌을 감지했다. 싸한 느낌이 왔다.

썬맨은 탈레반 수장과 이런저런 얘기를 하면서 겨우 힘들게 분위기를 완화했다. 썬맨은 탈레반 수장에게 피랍 사태가 끝나면 제3국 ㅇㅇㅇ에서 둘이서 화려한 재회의 만남을 갖자고 제의했다. 마무리 인사와 함께 3차 협상 시 강한 논리 주장이 일으킨 위기를 겨우 탈레반 수장을 달래며 무마시키려 노력해 나갔다. 그러나 탈레반 수장은 자신은 썬맨의 말을 믿고 이해하려고 노력하지만 탈레반 다른 주요 인사들이 한국 측이 협상 시 상대의 문제점을 몰아세웠다면서 강한 불만을 여기저기서 제기하고 있다고 말했다. 탈레반 수장은 다소 완화되었지만, 여전히 불쾌감을 마음속에 지니고 있었다.

이로 인해 탈레반 수장은 8월 16일 이후 3일간 썬맨에게 처음으로 강도

높게 불만을 강하게 제기했다. 수장은 썬맨에게 협상에 마찰음을 초래한 것은 3차 대면 협상에 처음 참석한 한국 측 인물이므로 한국 측 책임을 강하게 몰아세웠다. 또한, 추가 살해가 발생하더라도 한국 측의 책임이라고 강조했다. 협상의 지연은 물론 극도의 대결 상태가 초래되었다. 이 일로 인해 추후 협상의 큰 물꼬가 바뀔 줄이야….

탈레반 수장은 썬맨에게 강하게 추가 살해 압박을 해왔다. 이에, 썬맨도 여기서 물러서면 실제 인질 살해로 이어질 조짐에 대해 심히 우려했다. 촌각을 다투는 순간으로 시간이 없었다. 그래서 강성 모드를 취했다. 전화 통화를 하고 있었기에 전화를 다시 걸겠다고 말하고 서울에 의논할 상황도 아니었고 시간도 없었다. 그래서 당연히 협상 분위기상 강공으로 나가줘야 추가 살해를 막을 수 있다고 판단했다. 두 번째로 수장에게 강공으로 몰아붙였다. 현재의 위기를 헤쳐나가기 위해 순간 착상에 떠오른 가상 시나리오를 말했다. 가상 시나리오로 만일 탈레반 측이 추가 살해를 하면 평화적인 협상은 더 이상 없고 곧바로 강한 옵션을 개시할 수밖에 없다. 심야에 소리 없이 드론 공격과 생화학무기를 사용하는 방안을 강하게 몰아세웠다. 너희가 상상도 못 하는 것이다. 이렇게 되면 win-win은 없고 lose-lose가 된다. 그렇게 되면 좋을까? 하고 질문을 던졌다.

썬맨은 탈레반 수장에게 강성 발언을 했다. 그야말로 강성 협상을 구사했다. 다만 파국으로 가지 않는 마지노선을 정해놓고 수위를 조절하면서 강성 발언을 했다. 탈레반 수장은 당황스러워하면서 그러면 원로들이 다시 모여서 회의를 해보겠다고 했다. 회의 결과를 추후 알려 주겠다고 한 발 물러섰다. 강성 발언이 주효했다.

썬맨은 3차 협상에서 극도의 대결 구도가 발생한 데 대해 순간 몹시 열이 받은 상태였다. 그러나 썬맨은 본부나 어느 누구에게도 아무런 말도 하지 않았고 언짢은 표시를 하지 않으려고 노력했다. 아무런 말을 하지 않았고 혼자 참아내었다. 이순신 장군을 생각하면서 사소한 것에 불만을 토로해 봐야 문제가 해결되는 것이 아니라 오히려 혹을 만드는 것을 뻔히 알고 있었기에 침묵으로 일관했다.

탈레반 수장은 썬맨이 강한 발언을 하여 당황해하면서 뒤로 한 발 물러섰다. 썬맨과 정면 마찰을 피하고 싶었다. 급기야 탈레반 수장은 자신이 파키스탄으로 휴가를 간다는 명목으로 휴가 기간 대신 연락할 대리인으로 아즈만을 임시 통보했다. 탈레반의 협상 전략적 측면이라 생각했다. 한편으로는 탈레반 측에서 부족 원로들이 여기저기서 얼마나 큰 불만 소리를 내면 저럴까 하는 생각도 들었다.

수장이 파키스탄으로 떠난 후 다음 날 아침이 밝았다. 대리인 아즈만은 이른 아침에 썬맨에게 부족 원로회의 결과를 알려주려고 전화를 걸어왔다. 피랍자들 중 추가 2명을 살해하기로 했다고 통보했다. 극도의 위기 상황이 초래되었다. 썬맨은 가슴이 철렁 내려앉는 기분이 들었다. 이마와 등짝에 오싹하는 느낌이 순간 들었다. 극도의 살해 위협 압박이었다. 직접 탈레반으로부터 살해자를 지명하여 살해 통보를 받아보는 심리적 압박의 강도는 직접 경험해 보지 않은 경우 말로 설명하기가 어렵다.

썬맨은 또 다른 위기에 봉착하고 극도로 심한 스트레스에 휩싸였다. 협상의 분위기가 흐트러진 데 대해 아쉬움이 또다시 몰려왔다. 이렇게 극도의 갈등이 유발된 데 대해 아무 말도 하고 싶지 않았다. 다만 화를 참고 이위기 상황을 어떻게 해결해 나갈 것인지에 대한 고민으로 등짝에 땀이 날 뿐이었다.

탈레반은 무척 불쾌하다고 썬맨에게 강하게 지속해서 표현했다. 썬맨은 특히 탈레반이 인질 피랍자 중 아이 엄마를 살해 대상자에 포함하여 더 마음이 괴롭고 가슴이 내심으로 더 덜컹했다. 무엇보다 연달아 2명을 살해하겠다고 압박하는 것이었다. 썬맨은 자식을 둔 같은 부모로서 너무나 다급해서 협상에서 허점도 노출했다. "아이 엄마는 안 돼!"라고 강한 어조로 말했다. 썬맨은 '아차 실수했구나.' 하고 바로 인지했다. 이후 곧바로 썬맨은 이를 무마하기 위해 다른 방법으로 추가 살해는 절대 안 된다는 의미를 전달한 것이라고 풀어서 설명해 주었다.

썬맨은 lose-lose가 아닌 win-win 협상을 되풀이 강조하면서 설득해 나갔다. 애간장을 태우는 상황이었다. 탈레반은 무척 화가 난 상태로 극도의 위기 조장 전술을 구사했다. 아즈만 자신은 결정권이 없다면서 부족 원로회의에서 결정한 사항이라면서 통보한 피랍인 2명을 살해하겠다고 지속해서 강하게 말했다.

썬맨은 다급하여 아즈만에게 설득을 했다. "생각할 시간을 달라." 그리고 상호 생각할 시간을 갖고 다시 대화하자고 제의했다. 추가 살해만은 막아야 한다는 간절한 심정이었다. 시간 지연 전술을 구사했다. 어느새 어두운 밤이 되었다. 피곤함에 지쳤다. 또 하루가 지나갔다. 살해 압박에다 긴박한 위기 상황을 초래한 첫 조인한 사람에 대해 화를 참아내느라 극도의 스트레스가 몰려왔다.

이에, 아즈만도 시간을 갖고 대화를 하는 데 동의했지만, 권한이 없이 가볍게 답변하는 정도로 느껴졌다. 전화 통화를 한 얼마 후 썬맨은 특별한 말을 탈레반 아즈만에게 전하지 않을 경우, 인질 추가 살해 가능성이 매우 크다고 직감적으로 느낌이 왔다. 추가 살해로 이어질 분위기였다. 급히 서울로 상황을 전달했다. 그러나 서울의 지침을 기다릴 시간적 여유와 상황의 여유가 없었다. 다급한 상황이었다. 이에, 썬맨은 탈레반 수장에게 가상 시나리오로 말했던 강한 발언이 주효했던 것을 기억하고 아즈만에게도 유사하게 다시 강하게 말했다.

썬맨은 탈레반 수장과 아즈만 대리인에게 또 다시 강성 협상 모드를 구사했다. 썬맨은 "만일(If) 추가 살해가 발생하면 더 이상 협상의 의미가 없다. 지금까지 상호 쌓아온 신뢰와 노력이 완전히 무산되는 것이다."라고 강조했다. "일전에 탈레반 수장에게 이미 말한 바 있다."라고 힘주어 말했다.

이에 아즈만은 그렇게 한국이 물리적 방법을 강구하면 우리는 인질을 모두 바로 살해할 것이라고 강하게 말했다. 썬맨은 그러므로 lose-lose 게임이 된다는 말을 던졌다. 그리고 현지 통신 사정상 자주 전화가 단절되는 상황을 이용하여 썬맨은 의도적으로 잠시 전화를 끊었다. 협상 분위기 변화를 노렸다. 협상 중 Break time 활용 일환이었다.

썬맨은 아즈만에게 들어보라고 설득 모드로 다시 말했다. 한국이 다른 방법을 강구한다는 데 초점을 두지 말기 바란다. 썬맨이 말하는 포인트는 그간 누누이 강조했던 것과 같이 만일(If) 인질 중 한 명이라도 피해가 있을 경우 더 이상 협상의 의미가 없기에 인질 피해가 있어서는 안 된다는 것을 강조하기 위해서였다. 그래서 윈-윈(win-win)으로 나가자는 것이다. 그리고 곧바로 가상 시나리오를 말했다. 너만 알고 이해를 돕기 위해 추가 비밀 사항을 얘기해 주고 싶다고 저음으로 연극의 한 장면처럼 연기했다. 아즈만은 솔깃하면서 그게 뭔지 물었다. 썬맨은 궁금증을 유발하고 효과성을 나타내기 위해 한 템포 쉬어가는 기법을 활용했다. 현지 열악한 통신 사정을 활용했다. 썬맨은 통신 사정이 나쁘다는 이유로 의도적으로 다시 전화를 끊었다가 연결했다. 아즈만으로 하여금 솔깃하게 궁금증으로 집중시키기 위해서다. 아즈만은 기다리지 못하고 곧바로 썬맨에게 그게 뭔지 다시 물었다. 썬맨은 탈레반 수장에게 말해서 효과를 본 가상 시나리오를 다시 말했다. 드론과 화학무기 공격 가상 시나리오를 들은 아즈만은 숨소리 외에 아무런 말 없이 잠시 침묵을 유지했다. 썬맨은 아즈만이 침묵을 지키면서도 난감함을 포함한 숨소리가 커지는 것을 감지했다. 가상 시나리오를 듣고 난 후 심각하게 고심하는 숨소리를 인지했다. 썬맨은 이때다 싶어 아즈만에게 추가적인 질문을 던졌다. 이후 어떻게 되는지? 상상해 보라.(이후 내용 생략)

아즈만은 한숨을 내뱉으면서 심각한 모드로 만일 그렇게 되면 염소와 닭도 다 일시에 죽는 거냐고 물었다. 썬맨은 그렇다고 대답해 주었다. 썬맨은 심각한 상황에서도 아즈만이 염소와 닭 얘기를 하여 내심 잠시 속으로 웃음이 나왔으나 참았다. 아즈만은 생각조차 못 해본 것으로 느꼈는지 곧바로 알겠다고 하면서 다시 탈레반 부족 원로 회의를 해서 알려 주도록 하겠다고 말했다. 추가 살해 압박에서 한 발 물러선 셈이었다.

썬맨은 가상 시나리오를 동원하여 강성 협상 발언을 한 것이 주효했다. 아즈만을 비롯한 탈레반 측은 가상 시나리오에 대해 진지하게 받아들였다. 탈레반 입장에서는 그간 상상도 못 해본 방식이라고 인식한 것으로 느껴졌다. 가상 시나리오 협상 전법이 통했다. 이후 시간이 흘러서 또 다른 하루가 지나갔다. 아즈만은 이전의 강한 톤과는 다른 약한 톤으로 말을 이어갔다. 아즈만은 시간을 두고 좀 더 생각해보고 다시 통화하자고 제의했다.

썬맨은 휴~ 시간을 번 느낌이 왔다. 추가 살해 방지와 시간 지연을 최소한 확보했다는 느낌이 왔다.

탈레반 수장은 파키스탄으로 휴가를 가버렸다. 불쾌감에 대해 좀 더 생각할 시간이 필요했던 것으로 느껴졌다.

썬맨은 어떤 상황에서도 추가 살해만은 막아야 한다는 강박감에 휩싸였다. 심리적 스트레스가 몰려왔다. 썬맨은 탈레반 수장을 포함한 탈레반 측의 이러한 강한 어조의 살해 압박을 최선두에서 직접 생목소리로 듣고 협상해야 하고 한국 정부에 전달하는 입장이어서 때로는 떨리는 가슴을 참으려고 무척이나 노력했다. 어지간하면 등짝에 땀이 났겠나 싶다. 이리하여 3차 대면 접촉 협상 이후 극도의 대결 구도로 며칠간에 걸쳐서 탈레반 수장 및 대리인 아즈만과 강 대 강으로 부딪쳤다. 썬맨은 탈레반에게 강성 협상으로 몰아붙여서 힘들게 겨우 추가 살해를 막은 셈이다.

2. 3차 협상, 첫 조인한 인물의 등장과 분열

탈레반 측과 1차, 2차 대면 접촉 협상이 상호 호의적인 분위기 속에 잘 되어 가고 있었다. 또한, 3차 대면 접촉 협상 시에는 인질 석방을 위한 대안을 갖고 오도록 서로 약속한 상태였다. 그러기에 3차 대면 접촉 협상도 자동으로 잘되어 갈 것으로 기대했다. 그러나 3차 대면 접촉 협상장에 첫 조인한 사람 때문에 큰 물길이 갑자기 바뀌어 버린 것이다.

썬맨은 오로지 국방부를 비롯하여 정부 부처 간 긴밀한 협력을 통해 추가 살해 없이 인질 석방을 성사시키는 데 초점을 두었다. 그래서 ○○○이 3차 대면 접촉 협상장에 첫 조인하려고 하는 것에 대해 깊이 생각할 필요도 없다고 생각했다. 그리고 비선이 구축된 상황에서 탈레반 수장과 확고하게 협상을 잘해나갈 수 있다는 자신감도 있었기 때문이었다. 그리고 긴박하게 돌아가고 있는 상황에서 수장과 수시로 통화하고 사전 시나리오 구상으로 바빠서 ○○○이 3차 대면 접촉 협상에 첫 조인하려고 하는 것에 대해 특별히 생각할 여유가 없었다.

썬맨은 언론 보도 상황 내용에 대해 진위 여부도 별 관심도 없었고 알고 싶지도 않았다. 시간적으로 여유도 없었다. 협상 시나리오 대응과 수시로 있을 탈레반 수장과 전화 통화에 대비하기도 바빴기 때문이었다. 누가 주체이고 비 주체인지가 뭐가 중요한지? 잘 진행되고 있는 협상 진행 상황의 흐름을 간파하고 그 흐름을 중시 여겨서 따라갔으면 되는 것이었다. 앞으로도 유사 사건이 발생하면 이러한 점을 강조하고 싶다. 국가 전체적인 시각에서 보고 판단해야 한다. 한마디로 묻고 싶다. 영화 대사에 나오는 말로 뭣이 중한디? 또한, 인질들을 생각하면 그럴 수도 없었겠고 쉽게 결정 못 했었겠지만 '너네들 알아서 해라.' 하고 가버릴 생각도 일시 했다.

3차 대면 협상에서 탈레반의 극한 갈등 반감이 초래되어 그것을 무마하는 데 얼마나 많은 에너지와 시간이 소비되었는가? 국가적으로 너무 아쉽다. 지금 생각해도 한숨이 나온다. 3차 대면 협상 시 발생한 극도의 갈등으로 썬맨과 탈레반 수장 간에 처음으로 강 대 강으로 맞부딪혔다. 한동안 서먹했다. 그리고 협상이 지연되었다.

3. 또 다른 협상 시나리오 전개

썬맨은 며칠간 탈레반의 불만 제기와 추가 살해 압박에 대응하는 동안에 강성 협상을 주로 했지만, 어느 순간에는 연성 협상을 혼재하여 활용했다. 썬맨은 3차 직접 대면 접촉에서 야기된 탈레반의 추가 살해 압박과 강한 불만을 완화하고 극한 대결 구도를 약화시키기 위해 갖은 노력을 구사했다. 지렛대 논리를 활용했다. 그리고 또 다른 가상 시나리오를 만들어 대화를 이어갔다. 때와 환경에 맞는 창의적인 시나리오를 풀어나가는 것이 주효했다. 당시 어느 날 아래와 같이 간단한 가상 시나리오를 구사했다. 추가 살해를 반드시 막기 위한 것이었다. 협상의 시나리오 줄기를 공유하고 싶기에 아래 대화체로 나열해 보고자 한다. (이하 썬맨은 '썬', 탈레반은 '탈'로 표기)

썬: 나는 지금 너하고 이야기하는 것도 중요하지만 탈레반과 직결되는 다른 이슈로 시간이 부족하다.

탈: 그게 무엇인지?

썬: 연합군이 탈레반 지역에 물리적인 방법을 강구할까 봐 우려되어 이것을 막으려고 썬맨은 갖은 노력을 하고 있는 중이다. 다급한 상황이다. 피랍인이 한 명이라도 다치면 안 되기에 더욱더 다급하다. 무엇보다 탈레반의 인명 피해와 피랍 인질들의 피해가 없어야 하기 때문이다. 피랍 인질 중 한 명이라도 피해가 있을 경우 win-win 협상은 사라지게 된다. 썬맨이 지금까지 줄곧 반복해서 강조해 온 바와 같이 피랍 인질 중 한 명이라도 피해가 발생할 경우 lose-lose가 된다. 그래서 썬맨은 win-win으로 가기 위해 많이 노력 중이다. 탈레반 측도 썬맨이 이렇게 노력해 나가는 점을 고려해 주기를 바란다.

탈: 잘 알겠다.

한편, 썬맨은 곳간에서 인심 난다는 속담에서 추리하여 가상 시나리오 질문을 만들었다. 당연한 긍정의 답변이 나오는 질문을 연속적으로 만들어 단답식으로 던졌다. **극한 대결 구도를 완화하여 협상의 실마리를 마련하기 위해서다.**

썬: 가진 자가 베풀어야 하나? 안 가진 자가 베풀어야 하나?

탈: 가진 자.

썬: 부부 중 한 사람만 행복하면 좋아? 부부 두 사람 다 행복하면 좋아?

탈: 두 사람 모두.

썬: 탈레반 수장과 썬맨 중 한 사람만 행복하면 좋아? 두 사람 다 행복하면 좋아?

탈: 두 사람 모두.

썬: 탈레반과 한국 측 양측 모두 행복하면 좋아? 한쪽만 행복하면 좋아?

탈: 양쪽 다.

썬: 만일 너 말대로 향후 탈레반 정권이 다시 수립되면 한국과 탈레반 중 경제적으로 가진 자는 누구이냐? 그러면 누가 도와야 하는지?

탈: 한국.

썬: 향후 피랍 사태가 잘 마무리되고 난 후 우리가 제3국에서 파티를 개최하기로 했는데 파티를 개최할 경우 누가 베풀어야 하나? 가진 자는 누구냐?

탈: 썬맨.

썬: 탈레반 수장이 썬맨에게 몇 차례 현대자동차 구매 의사를 표시했던 점을 고려하여 현대자동차는 한국 것이기에 만일 탈레반 수장이 구매할 경우 누가 베풀어야 하나? 누가 가진 자인지?

탈: 썬맨.

썬: 한국인 인질 피랍자를 누가 데리고 있는지?

탈: 탈레반.

썬: 그러면 인질 석방 문제는 누가 베풀어야 하는지?

탈: 탈레반.

3차 협상장에서 갑작스러운 대결 구도 발생으로 협상이 지연될 수밖에 없었고 협상의 방향이 완전히 바뀌었다. 너무 아쉬웠다. 안 그래도 될 많은 시간 소비는 물론 국고 낭비와 에너지 소모전이 이어져 아쉬울 뿐이었다.

4. 열 받은 탈레반 수장의 의도된 파키스탄 휴가

탈레반 수장은 그간 줄곧 썬맨과 비선을 유지하면서 좋은 분위기 속에서 협상을 잘해 왔으나 3차 대면 협상에 불만을 갖고 8월 20일부터 8월 23일간 파키스탄 지역으로 휴가차 떠나버렸다.

탈레반 수장의 의도된 휴가였다. 긍정적으로 생각하면 지연 작전일 수도 있다. 휴가로 협상 공백 기간이 이어졌다. 이 기간 동안 일시적으로 아즈만으로 대체하여 썬맨과 협상을 유지하도록 했다.

이에, 썬맨은 3차 협상 때 탈레반이 극도의 대결 구도와 불만을 갖게 되었다는 것을 어느 정도 이해하고 일순간 스트레스가 몰려오면서 맥이 풀렸다. 어디 원망할 곳이 없었다. 누구도 원망하고 싶지 않았다. 다만 잘되어 가는 상황이었는데 아쉬움이 몰려왔다. 그러나 긍정 모드로 변신하지 않으면, 본인 자신의 마음과 몸이 망가지면 협상의 힘이 저하되는 것이기에 모드 전환이 필요했다.

이에, 썬맨은 생각의 각도를 바꿔보려 애썼다. 이런 맥락에서 탈레반 수장이 휴가 가버린 것은 한편으로는 극도의 대결을 완화하는 위기 조장 전환인 측면으로 긍정적으로 해석하고자 노력했다.

그러나 썬맨은 속이 부글부글 끓어올랐지만, 탈레반 수장에게 휴가를 잘 다녀오기 바란다고 인사말을 전했다. 그리고 탈레반 수장이 아즈만에게 잘 부탁해 주기 바란다고 재차 강조했다. 아즈만은 탈레반 수장이 올 때까지 탈레반 입장을 전달하는 전달자 역할에 한정되었던 것으로 느껴졌다. 탈레반 수장만큼 결정권이 있는 인물이 아니라는 것은 아즈만과의 대화 속에서도 단번에 느낄 수 있었다.

썬맨은 위기가 조장되어 협상이 지연되고 협상의 방향이 바뀌게 된 것에 많은 스트레스가 몰려왔고 아쉬움을 떨쳐버릴 수 없을 지경이었다. 썬맨은 잘되어 가던 협상이 극도의 대결 구도로 돼버린 것에 계속 화가 치밀어 올랐다. 하지만 타인에게 아무런 불만과 아쉬움의 말을 절대 하고 싶지 않았다. 침묵으로 일관했다. 어느 누구에게도 아무런 불만을 제기하지 않겠다고 입술을 깨물었다. 여기서 불만을 제기해 봐야 문제 해결에 아무런 도움이 되지 않을 뿐만 아니라 불화만 확대될 것이기 때문이었다.

대신 썬맨은 향후 협상의 힘을 갖기 위해서는 긍정 모드로 전환하기로 결심했다. 협상의 변신 모드를 연상했다. 1~2차 협상 때와 같이 협상 시 휴식 시간을 가지면서 다소 협상 분위기의 강약을 조절하는 측면으로 생각하고, 대결을 완화하는 공백기를 가지며 긍정적인 시각으로 전환하여 생각하기로 했다. 협상에서 강약의 웨이브 시점이라고 생각하기로 또 다른 협상의 변신 모드를 구상했다.

그러나 1, 2차 협상의 분위기가 이어지지 않고 완전하게 변화되었기 때문에 어떻게 돌파구를 마련해 나가야 할지 걱정이었다. 탈레반 수장이 휴가에서 돌아와 다시 협상을 해나가면서 변화된 상황에 대응해 나가는 수밖에 없었다.

5. 탈레반 수장의 극적인 협상 전환 모드

휴가에서 돌아온 탈레반 수장! 탈레반 수장[21]은 8월 24일 아침 썬맨에게 자신이 파키스탄으로 휴가 갔다가 이제 돌아왔다고 연락을 해 왔다. 그리고 첫 마디에 3차 대면 협상 때 강한 불만이 자신의 주변 사람들 마음속에 여전히 남아 있다고 강조하면서 앞으로 양측 간 대면 접촉은 언제 있을지 모르겠다고 말했다. 수장은 **"애초 쉽게 해결할 수 있었던 문제를 어렵게 한 것은 한국 측이다."**[22]라고 강조하면서 아쉬움을 표했다. 대면 접촉 대신 썬맨과 통화로 전반적인 협상 및 결정을 해나가자고 제의했다. 썬맨은 수장이 또 다른 구체적인 대안을 제시할 것으로 기대하면서 수장의 제의에 동의했다.

이에, 썬맨은 탈레반 수장이 돌아와서 반갑고 잘 다녀왔는지 힘들지는 않았는지 등 중동 이슬람권 관습에 부합하게 길게 인사를 나누었다. 그리고 잘 알겠다고 답했다. 탈레반 수장도 3차 협상 때 발생한 기존의 긴장 대결 분위기를 해제하고 보다 적극적이고 인간적인 분위기를 연출하면서 썬맨과 대화를 이어갔다. 탈레반 수장과 긴밀히 협의를 해나가면서 이슈별로 하나씩 해결해 나갔다.

수장은 잠시 다른 일로 통화를 끊은 후 얼마 후 다시 썬맨에게 전화를 걸어왔다. 불행 중 다행인 것이 탈레반 수장이 파키스탄 휴가를 다녀온 직후

---

21) 유럽 모 국가에서 유학했으며 탈레반 수장으로서 유연한 사고와 뛰어난 판단력을 가지고 있는 인물이었다. 협상 초기에는 차가운 사람으로 보였으나 점차 시간이 지나면서 따뜻한 마음을 가진 인물이라는 걸 알게 되었다.

22) 당시 수장은 썬맨에게 애초 미상 바트나(BATNA)를 제시하면서 조기에 인질 석방 협상을 마무리하려고 했으나 3차 협상에서 1차, 2차 협상과는 달리 갑자기 대결 구도로 변하여 협상의 방향타가 변경되었으며 협상이 지연되었다고 말했다.

화난 마음이 바뀌었다. 수장은 썬맨에게 둘이서 빨리 협의해서 진행해 나가자고 제의해 왔다. 그렇게 하기로 약속했다. 썬맨과 탈레반 수장은 결과론적으로 둘이서 속도를 내어서 협상해 나가기로 합의했다. 그리하여 4차 대면 접촉 전에 탈레반 수장과 썬맨 간 별도 협상을 추진하여 사안별 결론을 지어나갔으며 어떤 사안은 결론을 지은 상태였다. 또한, 수장은 4차 대면 협상 만남에 대해 형식상 대외적으로 보이기 위한 명목으로 개최하는 것으로 하자고 했다. 그러기로 상호 약속했다. 극한 대결 이후에 극적인 전환점의 실마리를 찾게 되었다. 천만다행이었다.

썬맨은 탈레반 수장에게 8일이라는 시간이 헛되이 지나가 버렸다면서 시간이 너무 많이 흘러갔다는 말을 날렸다. 또한, 획기적인 전환점이 없을까? 질문(Que)했다. 이전에 되풀이 말했듯이 실질적으로 할 수 있는 다른 옵션을 말해주기를 기대한다고 말했다.

이리하여 탈레반 수장은 썬맨에게 파키스탄에 가서 곰곰이 생각해 보았고 다른 탈레반 주요 인사들과 협의를 했다며 말을 이어갔다. 이전의 방법으로는 피랍자 석방 문제가 요원하다면서 새로운 인질 석방 전제 요건을 제시하는 변화된 태도를 제시했다.(세부 내용 생략)

탈레반 수장은 이전의 전화기로 전화를 걸었다면서 갑자기 자신이 실수했다는 듯이 전화를 끊었다. 새로운 전화기로 다시 전화를 걸어왔다. 심각한 내용에 대해 협의를 하는데 어떤 국가의 감청 가능성을 의심한다고 하면서 전화기를 새 전화기로 바꾸었다고 말했다. 그리고 말을 이어갔다.

수장은 썬맨에게 새로운 옵션을 말했다. 썬맨의 지속적인 설득으로 조건을 변경해 왔다. 어느 정도 합의점에 도달하자 탈레반 수장은 더 이상 변경 얘기는 하지 말라고 했다. 닻 내리기 효과(Anchoring)인 협상 전법을 구사했다. 수장은 약간의 여지는 있지만 더 이상 변경 조정이 안 되며 이에 대해 더 이상 거론하고 싶지 않다고 말했다.

탈레반 수장은 일전에 썬맨과 전화 통화에서 작별 인사를 한 후 핸드폰 통화 스위치를 완전히 끄지 않은 상태에서 자신들끼리 말하는 내용에서 중요한 사항을 노출했다. 썬맨은 항시 작별 인사 후 상대가 전화 통화 스위치를 완전히 Off 할 때까지 핸드폰을 귀에다 대고 기다렸다. ○○이라는 숫자였다. 석방된 인원도 협상 내용과 조건에 포함해야 한다는 뉘앙스를 본인 자신도 모르게 잘못 노출시켰다. 썬맨은 사전 구상대로 대응했다. **○○이라는 숫자는 썬맨에게 퍼즐게임이었다. 무슨 의미일까 한참 동안 고민했다.** 드디어 석방된 인원 및 다른 인질들과 연관된 숫자로 판단했다. 어떤 요소를 우선 협상해야 유리할 것인지에 대해 중요한 단서로 활용했다.

썬맨은 협상을 진행할 때, 먼저 숫자에 해당하는 구체적인 양부터 조율하는 것을 우선 추진했다. 그리고 난 후 인원수에 대해 협상했다.[23] 인원수에 대해 탈레반 수장은 이미 석방된 2명을 포함해야 한다고 말했다. 썬맨은 짧게 반박 논리로 대응했다. 썬맨은 '만일(If) 탈레반 측의 의견대로 하면 이미 살해된 2명도 포함해야 한다.'라고 하면서 '그래서 어떻게 할 것인지?'라고 반문했다. 그리하여 탈레반 수장은 썬맨의 설명에 수긍하고 자신의 주장에서 한 발 물러섰다. 드디어 이미 석방된 2명을 제외하기로 최종 합의점에 도달했다. 마침내 썬맨은 탈레반 수장과 최종 한국인 인질 전원을 석방하는 데 대해서 전반적으로 합의점을 이루어냈다.

피랍된 기간이 흘러 1개월도 지난 시점이었다. 인질들의 생존 여부와 건강 이상 점검이 또다시 필요했다. 썬맨은 8월 24일 인질의 생존 여부와 안전 여부(POL: Proof of Life)에 대해 본인이 직접 통화를 통해서 재차 확

---

23) 직접적으로 표현을 할 수 없어 우회적으로 표현한 것이다.

인 필요성을 주장했다. 탈레반 수장의 협조하에 유선 통화를 통해 인질들이 5개 그룹으로 분리되어 있어 그룹별 재차 생존 여부 확인을 추진했다.

합의 조건 이행에 대해 수차례 통화를 통해 잠정적으로 합의했다. 탈레반은 처음에 어떤 국가가 인지할 수 있을 가능성을 포함한 외부 환경을 의식하지 않고 노출되기 쉬운 모종의 금융시스템을 이용하는 방안(세부 내용 생략)을 썬맨에게 주장했다. 썬맨은 듣자마자 깜짝 놀라서 그건 아니라고 하면서 다시 생각해보라고 말했다.

이후 탈레반 수장도 자신이 제시한 방안이 잘못된 것이라는 것을 알아차렸다. 다시 썬맨에게 급히 전화하여 합의 이행 방법을 변경하기를 희망한다면서 변경을 요청했다. 썬맨은 알고서 기다렸다는 듯이 수장의 변경 요청에 대해 곧바로 동의했다.

수장은 썬맨에게 합의된 사항에 대해 석방될 때까지 대내외 언론에 말하지 말자고 했다. 또한, 다음에 있을 4차 직접 대면 접촉 시에도 합의된 사항에 대해 말하지 말고 다른 이야기를 하자고 요구했다. 썬맨은 잘 알겠다고 동의했다.[24]

6. 한 고개 넘어 두 고개

이 고개 너머에 무슨 고개가 또 나타날까? 탈레반은 요구 사항이 한 개 해결되면 또 다른 요구 사항을 제시했다. 한 고개를 넘으면 또 다른 한

---

24) 수장은 기밀 사항에 대해서는 일절 언급하지 말고 이미 언론에 공개된 사항에 대해서만 언급하자고 제의해 왔다. 상호 그렇게 하기로 약속했다.

고개가 있었다. 힘든 순간의 연속이었다. 썬맨은 탈레반 수장과 니블링(Nibbling Effect) 협상 전술을 상호 구사했다.

탈레반 수장은 썬맨에게 4차 대면 접촉 협상 때 합의 내용을 포함하여 합의문을 만들자고 제의했다. 썬맨은 합당한 사유[25]를 제시하면서 거부했다. 그런데도 수장은 재차 니블링 효과를 활용하여 다시 제의했다. 썬맨은 설득을 역 니블링 효과를 활용하여 합의문을 만들 경우 너희가 강조한 비밀 보장이 되지 않을 수 있다는 우려감을 전달했다. 그리고 다시 생각할 시간을 주었다. 이렇게 시간을 다투는 긴박한 시점에 합의문을 만들려면 내용 수정과 의견 교환에 많은 시간이 소요되어 협상이 지연된다. 협상이 지연될 경우 또 다른 문제를 가져올 수 있다고 설득했다. 탈레반 수장은 썬맨 의견에 곧바로 동감했다.

이렇게 한 고개를 넘어 두 고개를 넘었다. 그런데 4차 협상장에 참석한 탈레반 측은 딴소리를 했다. 합의문을 작성하는 것이 어렵다는 것을 알면서도 다시 요구했다. 또 다른 것을 요구하기 위해 그냥 의도적으로 던져보는 말이었다. 니블링 효과를 노린 것이었다. 탈레반의 전략적인 포석이 숨어 있었다.

썬맨은 탈레반의 김 빼는 작전 스타일에 말려들지 말아야 하는 것을 알고 있었다. 그런데도 불구하고 썬맨은 반복해서 들으니 피곤함이 몰려왔다. 썬맨은 다시 냉철하게 생각했다. 탈레반의 수작대로 썬맨이 지쳐서 "그래 그러자."라고 말려드는 지경까지 가면 안 되는 것이기 때문이었다. 나중에 결과론적으로 보면 알 수 있듯이 형식적으로 이 말을 제안하고 원래의 목적인 이슬람권 국적자 옵저버 한 명 참석 요구와 공동 인터뷰 제안을

---

25) 수장 자신이 4차 협상 때 기밀 사항을 언급하지 말자고 제의해 온 것으로 스스로 모순되며 문서를 작성하면 시간이 오래 걸리고 비밀이 노출될 수 있다고 설득했다. 탈레반 측도 곧바로 합의문을 만들지 않기로 했다.

포석으로 깔고 던진 말이었다. 북한식 협상 스타일과 유사했다. 권투 시합 시 잽을 날려 상대를 지쳐 나가떨어지게 만드는 수법과 유사했다. 말을 던져본 후 한국 측이 당연히 거부할 것을 알고서 대신 원래 숨겨둔 의도인 또다른 것을 되풀이 추가 요구하는 형태였다.

상대는 가상의 제안을 던져서 안 받아들여질 것을 사전에 알고서 대신 숨겨둔 의도인 또 다른 것을 하자고 하는 협상 스타일을 구사했다. 탈레반 수장은 썬맨에게 최종 4차 대면 접촉 이전에 주요 이슈에 대한 전반적인 협의를 끝내자고 했다. 그리고 4차 대면 접촉 협상장에 한국 측이 이슬람권 국적자 한 명을 찾아서 옵저버로 참석하도록 할 것을 추가 요구했다. 썬맨은 탈레반의 요구 사항이 한 고개 넘으면 두 고개, 두 고개 넘으면 그다음 고개가 나타나는 스타일이었기에, 피로감에 지치기도 했다. 그래도 인내심을 발휘해야 했다.

이후, 탈레반 측의 요구 사항이 추가로 늘어났다. 거기다 또다시 인샬라(신의 뜻대로)라는 말을 하니 그게 썬맨의 뒷머리를 때렸다. 시간이 허비되면 협상이 지연되는 것이 불 보듯 뻔하니 마음이 다급해지기도 했다. 썬맨은 선제적으로 해결해 나가야 하는 중압감이 심적인 스트레스로 몰려왔다. 반드시 추가 살해 없이 피랍 석방을 해결해야 한다는 굳건한 의지에도 불구하고 때로는 한계를 넘어가기 직전까지 갔다.

썬맨은 반복해서 요구 사항이 나와 너무 과도한 스트레스를 받는다고 솔직하게 탈레반 수장에게 말했다. 그간 중요한 사안에 대해 수장과 둘이서 원만히 잘 해결해 왔다고 강조하면서 설득 조로 말했다. 옵저버로 참석시키도록 요구한 문제에 대해 썬맨 입장을 봐서라도 안 해도 되게 해 달라고 설득했다. 옵저버를 찾는 데 추가 시간이 소비되는 셈이다. 협상이 지연되면 수장 당신이 일전에 말한 바와 같이 "시간이 지연되면 될수록 방해꾼이 나타나 협상 마무리가 더 어려워진다고 하지 않았느냐?”라고 반문했다.

썬맨은 탈레반 수장이 일전에 신속하게 피랍 사태를 해결해 나가자고 말한 것을 상기시켜 주었다. 연이어 옵저버를 구하는 데 시간이 너무 걸려 협상이 더 지연된다고 구실을 들어 설명했다. 수장이 바로 옵저버를 구하거나 옵저버 없이 협상을 빨리 마무리하는 방안도 생각해 볼 것을 설득했다.

이에, 탈레반 수장은 이후 곧바로 생각해보고 썬맨에게 바로 알려주겠다고 말했다. 얼마간의 시간이 흘렀다. 좋은 느낌이 왔다. 잠시 후 탈레반 수장은 다시 전화를 걸어왔다. 썬맨이 말한 내용에 동의한다고 하면서 자신의 요구 사항은 없던 것으로 하겠다고 말했다. 대신 탈레반 수장은 스스로 옵저버를 찾았다고 말했다. 국제적십자사(ICRC) 내 루이스를 참석시키기로 했다고 말했다.

썬맨은 선제적으로 탈레반 수장과 이면 협상을 통해 탈레반의 추가 요구 사항에 대해 탈레반의 양보를 도출해냈다. 썬맨은 긴급히 탈레반 수장으로부터 통보받은 내용을 김원만에게 알려 주었다. 김원만은 썬맨에게 잘했어! 수고했다고 말한 후 전화를 끊었다. 얼마 후 전화를 다시 걸어왔다. 조금만 더 기다려 볼 것을 말했다. 김원만이 아시아권 모 국가에 옵저버 참석을 요구해 놓았다는 것을 이미 들었지만, 그때까지 답이 없었다.

그런 이후 다음 날, 김원만이 썬맨에게 아시아권 모 국가가 옵저버로 참석해 주겠다는 연락을 해왔다고 전했다. 김원만은 4차 협상장에 참석할 옵저버를 찾았으니 썬맨에게 한국 측에서 옵저버를 찾았으며 참석시키는 것으로 하도록 탈레반 수장에게 통보할 것을 말했다. 또한, 한국 측에 오히려 안전장치가 될 수 있다고 말했다.

썬맨은 탈레반 수장에게 선심 쓰듯이 이슬람권 인사 한 명을 어렵게 물색했다면서 탈레반 측이 애초에 요구한 대로 다음 4차 협상 시 협상장에 한국 측이 찾은 이슬람권 인사 한 명을 옵저버로 참석하도록 하겠다고 말했다. 마지막 피랍 석방까지 원활한 카드 확보를 위해 썬맨이 탈레반 수장의 애초 요구 사항을 수용해 주는 것으로 최선의 노력을 하는 점을 부각시켜 말했다.

탈레반 수장은 썬맨에게 노력해 주어서 고맙다면서 잘했다고 좋아했다. 탈레반 수장은 자신이 옵저버로 물색했던 국제적십자사(ICRC) 내 루이스에게는 참석 안 해도 된다고 하겠다고 말했다. 썬맨은 그러라고 말했다.

아시아권이면서 이슬람권 국가로서 주카불 대사관 직원 네기가 4차 대면 접촉 협상장에 옵저버로 참석했다. 네기는 옵저버 역할이 종료된 이후 시간이 너무 늦어서 깜깜한 밤이 되었고 그 시간에 카불로 출발하기에는 위험하다고 판단했다. 그래서 네기와 그의 동료 한 명은 썬맨과 같은 숙소에서 바로 옆에 일박을 하고 다음 날 아침에 카불로 출발했다. 오전 낮 시간대에 카불로 아프가니스탄 경찰 호송하에 출발했다. 썬맨은 이들 2명에게 진심으로 감사해하며 작별 인사를 했다.

7. 아슬아슬한 얼음판 위를 걷는 기분

8월 24일은 햇볕이 강렬하게 내리쬐는 무더위와 먼지 바람이 여느 때보다 많이 부는 날이었다. 하루라도 빨리 4차 대면 접촉이 이루어져 석방 협상이 타결되는 날을 간절히 기다리는데 불투명한 상황이 반복되었다.

탈레반 수장은 썬맨에게 8월 24일 통화 시 한국인 인질 석방에 전반적으로 동의한다고 말했다. 다음 날인 8월 25일 대면 접촉을 하자고 말했다. 그러나 그다음 날 아침 탈레반 내부에 부족 원로 간 의견이 일치하지 않은 문제가 발생했다면서 대면 접촉을 갑자기 연기하자고 제의해 왔다.

썬맨은 탈레반 수장에게 마음속은 타들어 가는 기분이었지만 탈레반 측 연기 요구에 동의하면서 조속한 대면 접촉을 요구했다. 만일 시간이 지연되고 길어지면 수장이 일전에 말했듯이 주변 환경이 더 안 좋아질 것이다. 그래서 썬맨은 날짜를 하루라도 빨리하는 것이 필요하지 않겠느냐고 유도했다.

탈레반 수장은 썬맨의 말에 같은 의견이라고 말했다. 그래서 자신이 최대한 빨리 대면 접촉 날짜를 정해서 알려주겠다고 말했다. 얼마 후 탈레반 수장은 썬맨에게 8월 27일을 4차 대면 접촉 일자로 잠정적으로 하면 어떠냐고 물어왔다. 썬맨은 동의했다. 어디까지나 잠정적인 날짜였다. 신속한 확정이 절실히 필요했다.

썬맨은 탈레반 수장에게 통상 아침 안부 인사를 하는 시간보다 이른 시간에 다음 날 아침에 안부 인사차 전화를 걸었다. 다음 대면 접촉 일자를 속히 확정 짓기 위해서였다. 다행히도 탈레반 수장은 썬맨에게 안부 인사말을 건네면서 밝은 목소리로 대면 접촉 일자를 8월 27일로 최종적으로 확정하자고 제의했다. 썬맨은 4차 대면 접촉일이 하루 이틀 지연되어 아쉽지만 8월 27일로 하자고 동의해 주었다.

드디어 4차 대면 접촉 일자가 확정되었다. 하지만 탈레반 수장과 둘이서 협의해서 해결해야 할 난제들이 여전히 남아 있었다. 탈레반 수장은 썬맨에게 자신들이 한국 내 언론 뉴스 및 국제 언론 동향을 실시간으로 체크하고 있다고 강조했다. 한국 언론이 보도한 내용에 대해 민감한 반응을 보였다.

수장과 썬맨은 4차 대면 접촉 협상 시에는 양측이 순조롭게 합의했다고 재확인하는 정도로 협상을 마무리하는 것으로 약속했다. 탈레반 측은 4차 협상장에서는 형식적으로 원만하게 협상 합의가 되었다는 것을 대외적으로 알리면 되는 것이라고 말했다.

4차 만남,
극한의 위기 파도 넘기

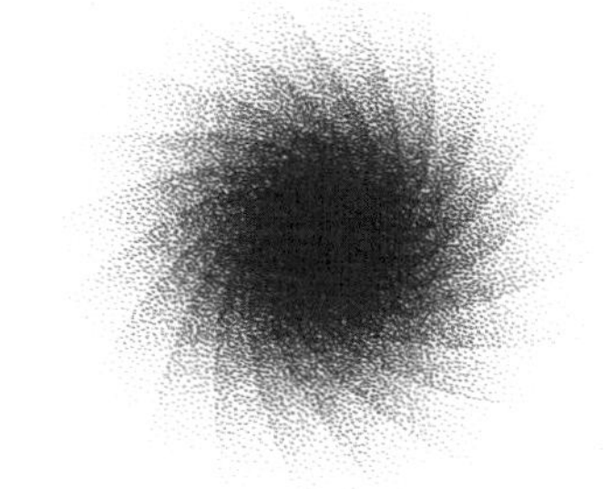

〈자유일보〉
이범찬
중원대교수

「'교섭' 국정원이 주도…맹활약 공작원 '선글라스맨'이 된 까닭은…」

2023. 06. 01.　　www.jayupress.com/news/articleView.html?idxno=17954

[특별기고] 영화 '교섭' 아프간 인질 석방, 실제 협상 막전막후

2007년 교인 23명 탈레반에 납치… 테러범과 협상 불가 美 원칙에 구출 난항 인질 2명 살해되자 국정원 최정예 요원이 비선 채널 구축하고 협상 대표로 나서 외교부, 합의문 서명·인터뷰 거부하자 탈레반 추가 살해 카운트다운하며 협박 대통령 긴급지시로 '정보요원'이 인터뷰…노출 최소화 위해 '선글라스맨' 탄생

지난 1월 개봉된 영화 '교섭'은 아프가니스탄 선교 활동을 떠났다가 피랍된 샘물교회 선교단 석방과정을 소재로 한다. 실제 있었던 일을 극화한 것이다. 하지만 사실과는 다른 부분도 있다. 그렇다면 실제 협상은 어떻게 이뤄졌는가. 당시 긴박했던 상황을 특별기고를 통해 제대로 알아본다. 영화보다 더 영화 같

은 실화다. /편집자주

주객이 전도된 영화 '교섭'

영화 '교섭'은 아프간 인질 석방 협상 실화를 기반으로 한 영화라고 선전했다. 하지만 상업성에 치중하다 보니 다큐적 스토리는 오간 데 없다. 실제 인질 석방 협상을 주도한 것은 외교부가 아니라 국정원이고, 아프간 전장(戰場)에 위험을 무릅쓰고 들어가 협상을 성사시킨 것도 정보요원이다. 영화에서는 주객이 전도됐다.

이 영화를 계기로 외교부 직원은 방송에 출연해 자신이 배우 황정민과 싱크로나이징한 역할을 한 듯 인터뷰까지 했다. 테러단체와 협상은 비공개 조직에서 보이지 않게 이루어진다. 이같은 사

실 자체에 대한 작가의 지식과 상상력 부족으로 시나리오가 탄탄하지 못한데다 감독의 연출력 또한 돋보이지 못했다. 인질 석방 협상에는 많은 극적 요소가 있었으나 제대로 다루지 못했다.

탈레반, 샘물교회 선교단 23명 인질 2명 살해

아프간 인질 석방 교섭의 막전막후는 이렇다. 2007년 7월 19일 분당 샘물교회 선교단 23명은 아프간 칸다하르로 가던 중 가즈니주 카라바크에서 탈레반에 의해 납치됐다.

이 소식이 전해지자 청와대는 피랍자 구출을 위한 회의를 대통령 주재로 아침 저녁으로 했다. 모든 국정이 마비되다시피 했다. 유엔을 통해 인질 석방 협상을 추진했으나 미국의 인질과 협상 불가 방침에 따라 불가능했다. 아프간 정부를 통한 협상도 추진하려 했으나, 탈레반과 전쟁을 치르고 있는 카르자이 정부의 무능과 무관심으로 성사되지 못했다.

1. 4차 만남, 숨겨진 속셈이 드러난 순간

우여곡절 끝에 4차 만남의 시간이 왔다. 탈레반 대표와 부대표가 탑승한 차량이 접촉 장소인 적신월사로 달려왔다. 드디어 적신월사 게이트 문을 통과하여 들어왔다.

탈레반 수장은 대면 접촉 당일 접촉 직전에 여느 때와 같이 썬맨에게 전화를 걸어왔다. 2007년 8월 27일 개최할 4차 직접 대면 접촉 협상 시 상호 형식적으로 대외에 보여주기식으로 마무리하자고 제안해 왔다. 비밀 사항이 대외로 노출되는 것이 바람직하지 않다고 하면서 그렇게 하자고 제의했다. 썬맨은 시간도 촉박하여 그렇게 하기로 합의했다. 그야말로 양측은 형식적으로 합의했다는 점을 대외에 보여주는 것으로 합의했다.

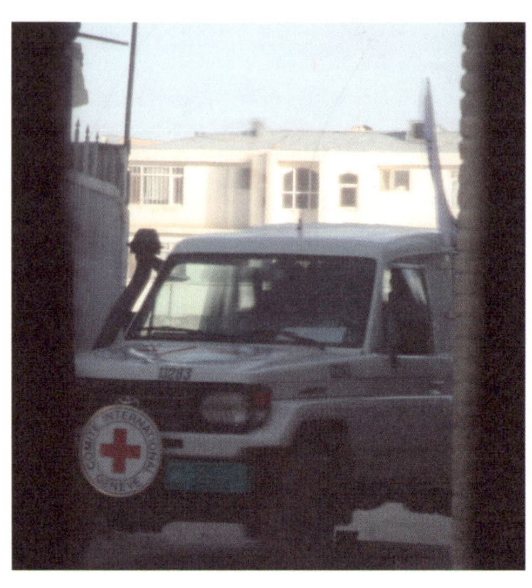

탈레반 대표와 부대표가 탑승한 차량의 적신월사 진입 장면

한국 측 ○○○은 표면적인 합의를 두고 단순하게 최종 합의가 된 것으로만 인식했다. 그간 길고 긴 협상 과정을 거쳐 최종 합의를 한 상황으로 탈레반 측의 합의 의무 이행 사항인 피랍자 석방이라는 이행만 남았다고 생각했다. 한국 측 ○○○은 협상이 끝났다고 생각하고 악수하면서 마치고 일어서서 먼저 나갔다. 썬맨은 여전히 마음이 무거워서 늦게 자리에서 일어섰다. 그래도 일어서서 헤어지려고 협상장을 나가야 하는 순간이 왔다.

이때 갑자기 N○○○가 한 고개 넘어 두 고개를 생각나게 했다. 또 다른 말을 했다. 협상 내용에 합의문 작성 및 서명을 할 수 있는지 물었다. 썬맨은 이미 지난번 얘기한 바 있어서 수장과 마무리한 사안이었는데도 또다시 같은 말을 꺼내는 것을 보고 다른 포석이 있을 것이라는 예감이 들었다. 썬맨은 B○○를 불러서 조용히 말했다. 탈레반 수장과 이미 얘기가 되었으니 어떻게 합의문 작성 및 서명이 가능하겠는지 역으로 질문을 던지며 오히려 수장에게 물어보면 다 알게 될 것이라면서 완강한 거부 의사를 보였다. B○○도 썬맨에게 곧바로 수긍하고 없던 것으로 했다. 탈레반 측은 권투에 비유하면 잽을 지속 날리는 셈이었다. 숨어 있는 뭔가가 있었다. 그것은 양측 공동으로 하는 '공개 인터뷰 요구'였다.

2. 왜 선글라스맨은 카메라 앞에 섰는가?

4차 협상을 마치고 협상장을 나가려는 순간 아니나 다를까 탈레반 부대표인 N○○○가 썬맨에게 이야기할 것이 있다면서 추가 사항을 말했다. 탈레반 부대표인 N○○○가 직전에 요구했던 사항을 없던 것으로 하겠다고 말했다. 그러나 새로운 고개가 또 나타난 것이다. 마지막 합의가 원만하게 이루어졌다는 양측 공동으로 언론 인터뷰가 있어야 한다고 말했다. 썬맨은 한편으로 상대방이 대외적으로 알리려고 하는 측면이 이해가 가기도 했다. 탈레반 측은 탈레반 대표와 한국 측 대표가 공동으로 하는 인터뷰 개최 필요성을 되풀이 제안했다. 마치 북한과 같이 감정과 상황 영향을 많이 받는고 상황 문화권 환경하에서 일어날 수 있는 협상 의제 및 요구 사항을 추가하는 스타일이었다.

썬맨은 처음에는 못 들은 척 무시하고 외면하려고 노력하면서 그냥 이것으로 마무리하자고 하면서 1층으로 함께 걸어 내려갔다. B○○의 손을 잡고 놔주지를 않고 1층까지 잡고 내려왔다. 그러나, N○○○는 썬맨에게 정색을 하면서 **공동 인터뷰하는 것이 마지막 자신들의 요구 사항**이라고 말했다.

자신들의 입장도 있지 않으냐면서 좋게 마무리하자고 오히려 설득했다.

이에, 썬맨은 현장에서 상부에 보고한 후 외교부 2명에게도 탈레반의 추가 요구 사항을 설명하고 외교부 당신네 쪽에서 공동 인터뷰에 나가야 하고 우리는 신분상 공동 인터뷰에 나갈 수 없는 점 등을 잘 알지 않느냐고 설명했다. 그러나 외교부 직원은 테러 단체와 공식 인터뷰를 할 수 없다고 강하게 주장했다.

썬맨은 현장에 있던 외교부 직원에게 본부에 긴급 보고하여 타진해 볼 것을 권유했다. 외교부 본부에서도 유선으로 타진해 본 결과 일시 장관 대행의 답변도 테러 단체와 공동 인터뷰를 할 수 없다는 같은 의견이었다.(출처: 장병옥, 2011; 자유일보 내 게재 기사 내용, 2023)

이에, 썬맨은 시간이 없으니 중동 모 지역에 가 있는 외교부 장관에게 타진해 보고 답변을 줄 것을 요청했다. 카불 외교부 직원을 통해 당시 해외 체류 중이었던 외교부 장관에게 문의한 결과 외교부 직원은 공동 인터뷰에 나갈 수 없다는 같은 답변이라고 말했다. 테러 단체와는 협상 및 인터뷰를 공식적으로 할 수 없다고 했다. 참 아이러니한 느낌이었다.(출처: 자유일보 게재 기사 내용, 2023)

썬맨은 외교부 직원들에게 러시아는 당시 탈레반을 테러 단체로 규정했으나 미국 및 UN에서는 탈레반을 테러 단체로 공식 규정하지 않았다고 말해주고 싶었지만 아무 말도 하지 않았다. 다툼의 소지만 유발할 가능성이 크기 때문이었다. 시간 소비라고 생각했기 때문이었다. 더욱이 한국은 UN이 지정한 테러 단체 규정을 전적으로 따른다고 설명해 주고 싶었지만 긴박한 상황에서 마찰로 이어질까 말하지 않았다. 미국은 왜 탈레반을 테러 단체로 규정하지 않았을까? 묘한 상황이다. 2020년 2월 카타르 도하에서 미국이 탈레반과 평화협상을 추진하기 위한 장기적인 포석이었을까? 탈레반이 2021년 8월 15일 정권을 재탈환한 이후의 상황에서 더욱더 정확한 배경이 궁금해지는 상황이다.

탈레반은 썬맨에게 제시한 시간 내 공동 인터뷰에 응할 것을 되풀이 말했다. 시간은 계속 흘러가고 있었다. 자신들은 지금까지 서로 말해왔던 것을 없던 것으로 하고 그냥 돌아가 버리겠다고 말했다. 그리고 돌아가는 즉시 곧바로 피랍 한국인 중 자녀를 둔 엄마인 김아람부터 먼저 살해하고 한국 측 반응을 본 후 연이어 서찬호를 살해하겠다고 되풀이 선언했다.(출처: 김윤영 아프가니스탄 그 50일간의 여정, 2010; 자유일보 게재 기사 내용, 2023)

이에, 썬맨은 탈레반 측으로부터 지속해서 최종 데드라인을 듣던 중이어서 더욱더 심한 스트레스를 받았다. 하늘을 향해 내심으로 묻고 싶었다. '만일 정말 너희 가족이 피랍되어 있고 살해 직전에 직면해 있는 절박한 상황이라면 이렇게 단호하게 쿨(Cool)하게 공동 인터뷰에 참석 안 한다고 할 수 있을까?'라고 자문해 보기도 했다. 또한, 이미 공식 협상이 추진되기 전에 피랍 초기에 2명의 인질이 살해되었고 탈레반의 데드라인 요구시간이 워낙 촉박한 상황이어서 썬맨은 실제 살해로 이어질까 봐 우려되어 심적인 갈등과 감정이 극도로 고조되었다.

썬맨은 세상에는 살아가다 보면 정말 피도 눈물도 없는 사람들도 있구나! 하고 혼잣말로 중얼거리기도 했다. 장기적으로는 저렇게 냉정한 판단이 본인들의 신상을 보호하기 위해서는 옳을지도 모른다고 혼자 생각해보기도 했다.

썬맨은 현장에 있던 외교부 직원이 탈레반과 공동 인터뷰를 할 수 없다고 한 처지를 이해하기로 했다. 그러지 않으면 또 다른 갈등과 증오가 생기게 되고 순수한 의미의 한국인 석방 구출은 퇴색될 것이기 때문이다. 현장에 있던 외교부 직원들이 무슨 권한이 있겠으며 무슨 지은 죄가 있겠는가?

자신들이 결정할 수 있는 위치도 아니고 지시에 따라야 하는 처지를 썬맨은 이해하기로 했다. 시간이 흘러가고 있었다. 데드라인 압박 시간이 촉박했다. 긴박한 순간이었다.

다만, 썬맨은 어떠한 수단 방법을 동원해서라도 이 어려운 위기 상황을 극복하여 추가 살해 없이 피랍자들을 구출해야 한다는 강한 마음을 먹기로 했다. 시간은 계속 흘러가고 있었다. 썬맨은 위기를 헤쳐나가는 방도를 찾기 위해 온갖 생각을 떠올렸다가 지우기를 반복했다. 시간이 흘러가는 초침 소리가 귓가에 또다시 크게 맴돌았다. 탈레반은 이미 피랍자 2명을 살해했기 때문에 추가 살해도 서슴지 않고 할 의지가 확연히 느껴졌다. 탈레반은 썬맨이 긍정적인 답을 곧바로 주지 않으면 모든 책임은 썬맨에게 있으며 지금 돌아가 버리겠다고 했다. 그리고 돌아가는 즉시 곧바로 지정된 추가 살해 대상자를 살해하겠다고 되풀이 말했다.

썬맨은 이러한 상황을 긴급 통보했다. 10분 남았다는 데드라인을 재차 언급했다. 썬맨은 심적으로 압박감에 혈압이 오를 대로 올랐다. 잠시 후 탈레반은 썬맨에게 7분, 5분 남았다는 데드라인을 통보해 왔다. 썬맨은 시간을 추가로 벌기 위해 지연 작전을 강구했다. 탈레반에게 썬맨은 최선의 노력을 하는 것이 안 보이는지? 최선의 노력을 하는 중이라면서 추가 시간을 고려해 보면서 기다려 달라고 설득했다. 마지막 3분 데드라인을 통보해 왔다. 탈레반은 5회에 걸쳐 전략적 협상인지 시간상으로 추가 살해 압박과 함께 데드라인을 통보하면서 썬맨을 지속적으로 압박해 왔다. 피가 말리는 순간이었다.

탈레반은 강성 협상과 연성 협상을 번갈아 가는 협상 모드를 반복했다. **탈레반은 썬맨에게 다시 와서 데드라인 시간이 3분 남았다고 압박했다.** 썬맨은 N○○○에게 팔을 잡고 5분 연장을 요구했으나 N○○○는 단호하게 거부했다. N○○○는 썬맨의 귀에 대고 귓속말로 자신은 결정권이 없고 상부에서 결정한 것이기에 그렇다고 말했다. (출처: 본 저자 박사 논문, 2021)

이에, 썬맨은 순간 탈레반 수장에게 결정권이 있다는 생각이 번뜩 떠올랐다. 썬맨은 중동 이슬람권 사람과 협상 시 관습상 상부에 결정권이 있다는 점을 인지하고 곧바로 핫라인이 구축되어 온 탈레반 수장에게 급히 전화했다. 10분의 연장을 요청했다. 요청 시 썬맨은 탈레반 수장에게 내가 이렇게 열심히 힘들게 한국 정부와 아프가니스탄 정부를 설득 협의하고 있는 모습을 보고 있지 않았나? 이런 측면에서 나에게 10분만 시간을 더 달라고 했다. 협상의 질문법(Que) 그리고 조각조각 문장 구사를 했다. 탈레반 수장도 썬맨의 노력을 곧바로 인정한다면서 10분 연장에 동의해 주었다.

탈레반 수장은 협상장 현장에 있는 N○○○에게 전화로 연락하여 10분 연장을 썬맨에게 동의해 주었다고 알려주었다. 긴박한 순간의 연속이었다.

썬맨은 입이 마르고 가슴이 미어지는 순간이었다. 강한 마음으로 다시 마음을 다잡아도 안 되었다. 이 순간 썬맨은 기독교인도 아니었지만 다급한 순간이었기에 피랍자들이 기독교인 점을 고려하여 하느님이라는 말이 입에서 저절로 자신도 모르게 나왔다. 너무나 절박한 상황이었기에…. '하느님! 제가 피랍된 한국 국민이자 형제자매를 구하기 위해 이렇게 마지막 절박하고 위기의 순간에 접하게 되었습니다. 제발 추가 살해만은 막아주시고 조속한 피랍자 석방이 이루어지도록 저의 간절한 소망을 저버리지 말아주십시오!'라고 힘있게 입으로 중얼거리게 되었다. 탈레반이 추가 살해 대상자로 지정한 사람들에 대해 '추가 살해는 절대 막아주십시오!'라고 반복해서 중얼거렸다. 특히 탈레반이 강성 협상 모드를 유지하면서 추가 1번으로 살해하겠다고 한 사람이 생각나서 미칠 지경이었다. 탈레반의 압박 모드가 지속해서 썬맨의 머리를 강타했다.

인간은 절박한 순간에 가장 큰 힘이 나오는 원천은 어릴 때부터 평소 쌓아온 경험에서 나온다고 생각한다. 물론 절박함과 간절함이 깔려 있는 상황이기 때문이다. 어릴 적 시골의 말 없는 높은 산과 어머니의 손을 잡고 이웃 형의 손을 잡고 따라간 절과 교회, 어릴 때 읽은 이순신 장군 책과 평소 변신을 위해 에너지를 갖기 위해 듣던 팝뮤직, 우스갯소리 유머가 복합적으로 겹쳐서 생각의 변신과 아이디어가 번뜩 나왔다. 절박하고 간절했기 때문에 아이디어가 번뜩 나왔다. 어린 시절, 종교에 대해 아무것도 모르던 나는 어머니를 따라 절에 가 밥을 먹고 떡을 얻어먹던 기억이 있다. 또한, 이웃 형을 따라서 시골 종소리 나는 자그마한 교회도 가서 빵도 얻어먹고 했던 철부지 시절이 있었다. 이러한 사소한 경험들이 위기 시에는 돌파구의 씨앗이 되었다.

이러한 위기의 순간에 입안이 말라 왔고, 절박한 순간의 연속이었다. 탈레반 측은 썬맨에게 다시 다그쳤다. 3분 남았는데 데드라인 시간을 넘으면 그간 합의한 협상을 없던 것으로 하고 돌아가서 곧바로 추가 살해를 하겠다고 강하게 말했다.

이때 썬맨은 순간 입안이 극도로 마르고 가슴이 미어져 말이 잘 안 나오기도 했다. 그러나 "하느님!"이라고 목소리를 나도 모르게 내면서 머릿속이 하얗게 된 상태가 순간 사라지고 용기와 힘과 지혜의 협상 의지가 솟구쳤다. 이에 썬맨은 갑자기 하느님이 힘을 주었다고 생각했다. 그리고 이순신 장군의 배 12척이 있다는 문구와 같이 협상의 의지와 용기가 배가되었다. 그래서 유연하고 침착한 모드로 변신했다. 썬맨은 스스로 〈You raise me up〉 Pop 음악을 연상하면서 순간 업시켜 나갔다. 또 다른 변신 모드로 대응해 나가기로 했다. 누구나 학생 시절에 공부하기 싫어져서 지칠 때 다시 힘을 내야지 여기서 포기하면 안 되지 하고 스스로 중얼거리면서 마음을 가다듬어야 할 때 변신 모드를 갖는 이치와 같다. 학창 시절에 공부에 지칠 때 기분을 고양해 나가기 위해 변신 모드를 가질 수 있는 요소를 각기 다른 방법으로 모색하고 강구하듯이 말이다.

살해 압박이 연이어지는 절박한 순간에 썬맨은 직업 생리상 본인 스스로 공동 인터뷰에 나가겠다고 결정할 수 있는 입장도 아닐 뿐만 아니라 얼굴 공개 시 위험성에 노출될 가능성과 직장 내 보안유지 분위기상 공동 인터뷰에 쉽게 나갈 수 없는 상황이었다. 직업상 신분 노출 시 타격이 큰 점 등 제약 요인이 많은 상황이었다. 그럼에도 불구하고 노무현 대통령의 결정 지시로 얼굴을 노출해서는 절대 안 되는 상황이었지만 생명이 왔다 갔다 하는 긴박한 순간에 어쩔 수 없이 공동 인터뷰에 참석하게 되었다. (출처: 자유일보 게재 기사 내용, 2023)

살해 압박 데드라인 시간이 다가왔다. 탈레반에 통보할 시간이 또다시 3분 남았다. 썬맨이 공동 인터뷰에 나가라는 지시를 받았다. Yes라고 대답을 바로 하지 않았다. 평소 회사 문화상 즉시 예스라고 답해야 했으나 아무런 답을 하지 않았다. 평소 회사 문화와 달리 즉시 대답이 안 나왔다. 몇 초간 대답이 안 나왔고 침묵을 지켰다. 용납될 수 없는 현상이었다. 투철한 사명감과 명령에 죽고 명령에 산다는 말이 뇌리를 스쳤다. 썬맨은 만일 공동 인터뷰에 안 나가면 탈레반이 차례로 한 명씩 살해할 것이라는 끔찍한 생각에 못 이겨서 끝내 공동 인터뷰에 나가기로 했다. 그것도 아이 엄마를 1차로 바로 살해하게 되어 있으니 너무 끔찍해서 도저히 나 자신의 모든 것을 포기하지 않으면 안 되었다.

썬맨은 엄청난 스트레스가 몰려왔다. 이를 극복하려고 다시 마음을 가다듬는 노력을 했다. 이순신 장군을 떠올렸다. 그리고 좋아하는 음악을 순간 떠올리면서 심리적으로 강하게 긍정의 힘을 갖기로 했다. 어릴 때 아들이 파워레인저 만화를 보면서 했던 '변신'이라는 말을 떠올리며, 썬맨 스스로도 변신 모드로 전환하려 애썼다. 또한, 이때 하늘에서 피랍자들을 구하라고 이렇게 위험하고 절박한 위기의 순간과 협상 전선에 썬맨을 지금 내세웠다고 생각했다.

드디어 썬맨은 데드라인 1분을 남긴 상황에서 힘을 얻어서 다시 현장에 있던 탈레반 N○○○를 힘 있게 불렀다. 한국 정부가 탈레반의 요구대로 내가 한국 대표로서 공동 인터뷰를 탈레반 측과 하기로 했다고 통보했다. 탈레반 N○○○는 썬맨을 강제로 포옹하면서 잘한 결정이라고 귀엣말로 전했다. 그리고 고맙다고 했다. 그러나 썬맨은 순간 탈레반에 적개심이 솟구쳐 내심으로 화가 치밀었다. 개인적으로 진땀을 흘리는 상황이었고 속이 타들어 가는 상황이었다. 썬맨은 복합적인 생각에 N○○○의 등짝을 무심코 때렸다.

그야말로 진퇴양난이었다. 엄청난 심적인 스트레스가 몰려왔다. 썬맨이 **만일 공동 인터뷰를 하지 않으면 인질 2명이 곧바로 살해될 것이고 만일 공동 인터뷰를 하면 2명의 생명은 구출하지만, 개인적으로 신분이 공개되어 더 이상 직장에 근무할 수 없거나 많은 시련이 다가올 것이라는 예감이 순간 머리를 스쳐 지나갔다.** 무슨 이런 운명에 직면해야 하는지 하고 숙명인지 운명인지 헷갈리기도 했다.

이후 썬맨은 만감이 교차하기 시작했다. 탈레반 대표와 공식 인터뷰에 나가기로 했는데 직장 생활의 미래는 어떻게 되는 것인지? 향후 다가올 어려운 상황이 많겠지 하고 중얼거리게 되었다. 이런 절박한 위기 상황에서도 직업상 제약이 덜한 어떤 사람은 왜 나갈 수 없을까? 한편으로는 이렇게 절박한 상황에서도 저렇게 쿨(Cool)한 것이 맞는 것일는지도? 지혜롭

고 합리적인 생각이 몸에 배어서일까? 피도 눈물도 없는 사람이라고 해야
할지 혼자 이런저런 많은 생각을 해보았다. 머릿속 영상필름이 빠르게 감
겨서 한순간에 돌아가는 느낌이었다.

썬맨은 겁대가리도 없이 왜 멍청하게 무모할까? 왜 썬맨은 Keen 하지
못할까? 라고 스스로 자책하기도 하면서 운명이려니 했다. 썬맨은 현장에
있던 외교부 직원이 결정권이 없기에 공동 인터뷰에 나갈 수 없다는 입장
이 이해가 가기도 했다. 그러나 서운한 감정을 일순간 갖고 있었다. 하지만
아무 말 하지 않고 침묵으로 참아내었다.

결론은 그렇게 긴박했던 순간에 한국인 피랍자의 생명을 구하는 것인데
뭐가 두려우랴 반드시 추가 살해 없이 석방시키고 다수의 인명을 구하는
것인데 하늘에서 보호해 주실 것이라 믿었다.

이때 어린 시절부터 마음에 새겨왔던 이순신 장군의 말이 순간 생생하게
떠오르기도 했다. 인질 석방이 된 이후 나에 대한 모함과 시기심이 발로되
어 어떻게 역풍이 불어올지도 모른다는 생각이 들기도 했다. 그래도 '이순
신 장군은 온갖 허위 모함을 견디어 내었지.'라고 혼자 중얼거렸다.

이때 다시 정신이 번뜩 들면서 '아 참! 이 이야기를 현장에 있던 탈레반 B
○○와 N○○○에게 해서 다짐을 지금 받아내야 한다.'라고 생각했다. 썬
맨이 공식 인터뷰 위험을 무릅쓰고 하기로 해 주었는데 더 이상의 추가 조
건 없이 무조건 한국인 피랍자들을 약속한 날에 바로 석방해 주어야 한다.
석방 시 장거리 차량 이동 시 경호 등 신변 안전이 확보되어야 한다고 되풀
이 말했다. 이를 위해 탈레반 측에서 책임 있게 약속해 줄 것을 강조 요청
했다. 이에, 현장에 있던 탈레반 대표 B○○는 탈레반 상부에 곧바로 전화
통화한 후 썬맨이 요청한 사안에 대해 확약해 주었다.

탈레반 B○○와 썬맨은 공동 인터뷰 지점과 인터뷰 순서에 대해 추가로

협의했다. 탈레반 B○○는 처음에 썬맨에게 공동 인터뷰 지점을 적신월사 밖에서 하자고 제의했다. 썬맨은 탈레반의 의도가 깔려 있다는 것을 단번에 느낄 수 있었다. 탈레반은 대외적으로 언론방송에 공개하여 탈레반의 위상을 보여주고 홍보하려는 의도도 깔려 있었다.

이에, 썬맨은 적신월사 밖에는 안전상 위험 요소가 있으므로 적합하지 않다고 거부했다. 대신 적신월사 대문 안쪽에서 실시하자고 주장했다. 탈레반 B○○는 흔쾌히 썬맨의 제의에 동의했다. 탈레반 B○○는 썬맨에게 잠시 후 실시할 공동 인터뷰를 할 지점을 협의하자고 했다. B○○는 썬맨에게 적신월사 안쪽 정원 한 지점을 지정하면서 의향을 물었다. B○○는 썬맨에게 적신월사 대문안 5미터 지점을 제의했다. 썬맨은 동의했다. 이리하여 적신월사 대문안 5미터 지점에서 공동 인터뷰를 하는 것으로 최종 합의했다.

다음으로 탈레반 B○○는 인터뷰할 경우 누가 먼저 기자들에게 발표할 것인지에 대해 썬맨에게 문의했다. 이에, 썬맨은 탈레반 측이 먼저하고 다음으로 한국 측 썬맨이 하는 순서로 하자고 말했다. 탈레반은 동의했다. 드디어 공동 인터뷰 지점과 순서가 정해졌다.

3. 언론 기자 출입 조치 요청과 데드라인 압박

탈레반 측은 협상장이었던 적신월사에서 공동 인터뷰를 하기 위한 준비에 분주했다. 그런데 또 다른 긴박한 상황이 발생했다. 언론 기자단이 협상 장소 및 공동 인터뷰 장소인 적신월사에 들어올 수 없었다. 게이트가 차단되어 있었다. 시간이 흘러가고 있었다. 탈레반은 이 문제도 썬맨이 해결해야 한다고 다시 압박했다.

이에, 썬맨은 JS와 긴급 통화했다. JS는 언론 기자단의 적신월사 진입이 어려운 상황이라면서 조금만 기다려 달라고 했다. JS는 썬맨을 봐서 자신이 지금 당장 승인해 주고 싶지만 그럴 수 없다고 하면서 조금만 기다려 달라고 말했다. 오히려 썬맨에게 양해를 구했다. 이에 썬맨은 알겠다고 하고 기다렸다.

썬맨은 매순간 타이밍에 맞게 반응을 해주었다. 이것이 협상에 있어서 에코 전법이다. 탈레반 B○○에게 아프가니스탄 측에 게이트를 개방해 주도록 얘기했으니 조금만 기다려 달라고 말했다.

시간은 계속 흘러갔다. 탈레반 N○○○는 다시 썬맨에게 데드라인을 언급하면서 조속히 언론 기자단 진입을 허용해 주도록 재촉했다. 이에, 썬맨은 다시 JS에게 직접 통화하면서 조속히 언론 기자단 진입이 되도록 도와줄 것을 재차 말했다. **썬맨은 JS에게 다급하게 말했다. 이에 JS는 알겠다면서 곧바로 언론 기자단의 적신월사 진입을 가능하게 해 주었다.**

썬맨은 탈레반 N○○○를 불러서 승인받았으니 지금 주변을 경계하고 있는 아프가니스탄 경찰들이 적신월사 게이트를 오픈할 것이며 곧바로 언론 기자단이 진입해서 적신월사 게이트를 통해 들어올 것이라고 말했다.

탈레반 B○○○는 환하게 웃음을 띠면서 드디어 해결되었다고 말했다. 썬맨을 포옹하면서 썬맨에게 기자단 진입 차단 문제도 해결해 준 데 대해 애썼다며 감사 표명을 했다. "이젠 모든 일이 잘될 거야!"라고 말해주었다. 썬맨은 N○○○에게 한마디 했다. N○○○ 네가 썬맨에게 공동 인터뷰 문제와 기자단의 적신월사 게이트 진입 문제 등 두 가지 사안으로 기다려 주지 않고 데드라인으로 추가 살해하겠다고 강하게 압박한 것은 너무 심했다. Brother가 아닌 것 같다.

N○○○는 곧바로 썬맨에게 미안하다고 말했다. 상황이 어쩔 수 없었다면서 썬맨이 탈레반 측의 입장을 이해해 주기를 바란다면서 억지로 포옹을 하면서 말했다. 썬맨도 받아주었다.

썬맨은 긴장된 몸을 풀어야 했다. B○○가 썬맨에게 다가와서 "정말 수고했다. 이젠 공동 인터뷰를 하고 피랍자 문제가 잘 해결될 거야!"라고 말했다. 그러기에 썬맨도 "하쿠나 마타타"[26]라고 화답해 주었다. B○○도 썬맨도 동시에 엄지 척을 한 후 서로 포옹을 했다.

4. 카메라 앞에 선 선글라스맨

드디어 많은 우여곡절 끝에 모든 것이 세팅되었다. 공동 인터뷰가 시작되기 직전이었다. 잠시 후 인터뷰할 것이라고 말했다. 대한민국을 대표해서 언론에 공개되는 것이고 이왕 공동 인터뷰에 나가기로 한 것이니 당당하게 해야겠다고 다짐하며 자신감을 불어넣었다. 서울에서도 썬맨에게 요원답게 짧고 당당하게 하고 싶은 말을 하라고 전달해 왔다. 김원만은 썬맨에게 협상이 잘 마무리되었다고 당당하게 말해라고 강조했다.

드디어 탈레반 B○○는 썬맨에게 공동 인터뷰 장소로 가자고 하면서 함께 공동 인터뷰 장소에 나란히 섰다. 썬맨은 탈레반 B○○와 N○○○와 역사적인 순간에 섰다. 썬맨은 혼잣말로 말했다. '요원은 힘든 일도 한다면

---

26) 스와힐리어이지만 중동 아프리카 지역 내에서 널리 사용되는 단어로서 '근심하지 마. 다 잘될 거야.'라는 의미이다.

한다! 요원이 하면 다르다!'라고 스스로 힘을 북돋웠다.

18:20~18:25간 적신월사 게이트가 열리고 경찰 병력이 이동하여 적신월사 내로 미디어의 접근이 허용되었다. 드디어 BBC와 알 자지라 방송 등 5개 방송 기자단들이 열려 있는 적신월사 게이트를 통과하여 마지막 협상 요구 조건인 공동 인터뷰를 하게 되었다.

적신월사 게이트 문이 열리자 BBC 기자와 알 자지라 방송 기자를 포함하여 여러 기자가 급작스럽게 한꺼번에 몰려왔다.

탈레반 N○○○가 먼저 발표하고, 이어서 탈레반 대표 B○○가 발표를 했다. B○○는 "한국 측과 탈레반 측은 기나긴 협상을 통해 한국인 인질 피랍자들의 석방에 최종 합의를 했다."라고 발표했다. 또한 "8월 29일 8월 30일 양일에 걸쳐서 한국인 인질 19명에 대해 전원 석방할 것이다."라고 공표했다. B○○는 한국인 인질 석방에 대해 한국 측과 원만히 합의했다고 발언하는 순간 썬맨 어깨 위에 손을 얹어 어깨동무하면서 인터뷰를 이어나 갔다.

B○○는 자신의 인터뷰를 마치고 곧바로 썬맨에게 인터뷰를 할 것을 권했다. 약속대로 기자단들이 썬맨 앞에 마이크를 들이대었다.

썬맨은 "한국의 대표로서 오늘 마지막 협상을 통해 한국 정부와 탈레반 측 간 평화적인 협상을 했으며 조만간 한국인 인질 전원을 석방하기로 최종 합의를 했다."라고 공식 발표했다.

탈레반 대표와 공동 인터뷰 장면
(출처: AP 연합)

　탈레반 협상 대표 등 2명은 공동 기자 회견을 마친 직후 썬맨에게 어깨동무를 다시 하면서 "그간 수고 많았다. 더 이상 요구할 것도 없이 썬맨 너가 다해 주어서 한국 측에 만족한다. 그리고 약속대로 인질 석방을 하겠다."라고 했다.

　공동 인터뷰가 종료된 직후 곧바로 질의응답이 이어졌다. 취재 과열로 이어졌다. BBC 기자를 포함하여 기자단들의 마이크가 썬맨의 얼굴 앞을 가렸다. 기자단들은 썬맨에게 "이번 접촉이 마지막 접촉인가?" 썬맨은 "대외적으로 공식적인 대면 접촉은 마지막이다."라고 짧게 답했다. "금전 등이면 협상은 없었는지?", "없었다."라고 짧게 답했다. "언제 인질들이 석방되는지?", "8월 29일과 8월 30일 양일간에 걸쳐 19명 피랍자 전원이 석방될 것이다."라고 답했다.

이후 별도로 알 자지라 방송 기자의 추가 질의응답이 이어졌다. 공동 인터뷰가 시행된 직후 알 자지라 방송 기자가 썬맨에게 추가적인 몇 가지 보충 질문을 했다. 탈레반과 한국 측 협상단 간 만남이 오늘이 마지막인지? 더 이상 만남이 없는지? 인질 석방이 언제 몇 명이 이루어지는지? 한꺼번에 이루어지는지?

썬맨은 알 자지라 방송 기자에게 짤막하게 답했다. "탈레반과 한국 측 간 추가적인 직접 대면 접촉은 더 이상 없다. 오늘이 마지막이다. 하지만 협의해 나갈 사항이 남아 있기에 유선으로 추가적인 연락을 유지해 나갈 것이다. 한국인 인질이 아직 완전하게 석방된 것이 아니기 때문이다."

"다음으로 인질 석방 관련 구체적인 날짜는 8월 29일과 8월 30일 양일에 걸쳐서 이루어질 것이다. 한꺼번에 석방될 수는 없고 인질이 억류된 지점도 다르고, 이동하는 데 걸리는 시간도 각기 그룹별 다르다. 안전상 세부적인 사항은 공개할 수 없는 점을 이해해 주길 바란다"고 답했다.

5. 탈레반의 석방 약속 이행 재확인

썬맨은 탈레반의 요청으로 한국 대표 자격을 맡아 운명인지 숙명인지 기자단과의 공동 인터뷰를 무사히 잘 마쳤다. 썬맨은 탈레반이 혹시나 모를 약속 위반에 대한 우려로 심적으로 책임감과 중압감이 또다시 한꺼번에 몰려왔다. 왜냐하면, 탈레반은 그동안 수차례 한 고개 넘어 또 다른 고개를 얘기하면서 또 다른 요구 사항을 제시해 왔기 때문이다.

탈레반 대표와 부대표를 잡고 다시 한번 석방 약속을 재확인하는 장면
(출처: AP 연합)

썬맨은 탈레반 측이 혹시나 돌변할지 모를 가능성에 대비하는 차원에서 공동 인터뷰 종료 직후 탈레반 Bㅇㅇ와 Nㅇㅇㅇ 등 탈레반 협상자 2명의 팔을 잡고 공동기자 회견장 모퉁이 구석으로 자연스럽게, 그러나 단호하게 반강제로 끌고 갔다. 그리고 "나는 너희들의 요구 사항을 완전히 들어주었으니 탈레반 너희 측도 약속한 대로 피랍 석방 일시에 정확히 석방해 주어야 한다."라고 재차 강조하고 탈레반 측의 입장을 재확인했다. 썬맨은 탈레반 측으로부터 한국인 인질들의 안전한 석방과 이동을 확약해 주겠다고 재차 확인받았다.

한편, 썬맨은 탈레반 2명에게 피랍자 중 신변 이상 유무에 관해 확인되지 않은 7명이 있다고 강조했다. 이에 대해 자필 작성 문서를 가져오지 않았기 때문에 금일 저녁 반드시 확인이 필요하다고 주장했다. 이에 대해 탈레반 B○○는 썬맨이 그간 노력해 준 것을 잘 알고 있으므로 금일 22:00경 신변 이상 유무에 관해 확인되지 않은 7명의 인원과 전화 통화를 약속하면서 신변 이상이 없다는 점을 반드시 증명해 주겠다고 약속했다.

썬맨은 다시 탈레반 협상 당사자 2명에게 나는 나의 모든 직을 버릴 각오로 너희가 마지막으로 요청한 최종 공동 인터뷰에 응했다. 그러니 너희도 조속한 석방과 안전한 이송을 위해 약속을 반드시 지키는 의리를 보여주기 바란다고 되풀이 강조했다.

이에, 탈레반은 약속대로 이행할 것을 마지막으로 재차 확약한다고 답했다. 썬맨은 절대 다른 소리 말고 인질들을 약속대로 석방시켜 줄 것을 재차 강조하여 다짐받았다. 그리고 추가 요구 사항 없이 더 이상 배반하지 말고 인질들을 풀어줄 것을 재강조했다. 이에 탈레반은 "썬맨이 그간 수고 많이 했다. 그리고 우리는 반드시 썬맨과 한 약속을 지킬 것이다."라고 약속했다.

탈레반 수장은 4차 협상 직전에 썬맨에게 급히 유선으로 연락했다. 인질 석방 조건으로 제3지대에서 만날 한국 측 이름과 전화번호를 메모지에 적어서 B○○에게 은밀히 제공해 달라고 요청했다. 이에, 썬맨은 그렇게 하겠다고 동의했다.

썬맨은 제3지대에서 만날 한국 측 이름과 전화번호를 적은 메모지를 B○○를 따로 조용히 불러 전달했다. B○○도 탈레반 수장의 지시를 이미 받고 왔기에 기다리고 있던 터라 썬맨이 전달해 줄 메모지를 받으려고 썬맨 가까이 왔다. 그래서인지 B○○는 눈치로 조용히 썬맨 뒤를 따라왔다. 썬맨은 아무도 모르게 하려고 B○○와 상호 악수하는 방법으로 접은 메모지를 자연스럽게 전달했다.

6. 공동 인터뷰를 하지 않았을 경우 끔찍한 옵션

만일 썬맨도 당시 자신의 개인적인 신상 안전을 먼저 챙기면서 공동 인터뷰를 거부했다면 무슨 끔찍한 일이 벌어졌을까? 또한, 연이어 몇 명의 피랍자가 추가 살해를 당했을까? 만일 썬맨이 공동 인터뷰를 거부했을 경우 지금까지 협상의 여지를 두었던 것과는 완전히 다른 상황이 벌어졌을 것이다. 시간적인 여유도 없이 곧바로 탈레반이 이미 추가 살해자로 지정한 2명을 살해했을 것이다. 그리고 탈레반은 집요하게 또 다른 추가 살해자 명단을 통보하고 압박 수위를 높여가면서 공동 인터뷰를 지속 요구했을 것이다.

탈레반 측의 강한 요구 의지를 감안 시 당시 분위기상 공동 인터뷰를 할 때까지 추가 살해는 이어졌을 것이다. 당시 탈레반 측의 진행 상황을 고려해 볼 때 만일 썬맨이 공동 인터뷰를 1차 거부했다면 공동 인터뷰할 때까지 추가 살해 압박을 통한 추가 살해가 이어졌을 것이다. 탈레반은 자신들의 요구를 관철하기 위해 불변의 계산법을 지속 주장했을 것이다. 끔찍한 옵션은 상상도 하고 싶지 않다.

7. 울컥할 수밖에 없었던 썬맨

썬맨은 공동 인터뷰를 한 직후에 혼자 모퉁이에 가서 그간 피랍자 추가 살해 방지 및 조속한 석방을 위해 애간장을 태운 수많은 상황으로 너무 힘들었다. 긴장감의 연속이었다. 등에 진땀이 났다. 너무 많은 긴박감과 스트레스와 설움이 한꺼번에 북받쳐 올라 울컥할 수밖에 없었다.

두 가지 사안이 동시에 겹쳐서 가슴을 짓누르듯이 다가왔다. 하나는 수 차례에 걸친 탈레반의 추가 인질 살해 압박 위기 상황으로 과도한 스트레 스와 드디어 두 자녀를 둔 엄마의 살해를 모면하고 **추가 살해 없이 인질 석 방을 성사시켰다는 가슴 벅찬 기쁨**이다. 다른 하나는 공동 인터뷰 시행으로 인한 썬맨의 **얼굴 공개로 많은 시련이 다가올 것이며 직장 생활이 마지막일 수도 있다는 생각이 한꺼번에 교차**했다.

썬맨은 탈레반 수장과 협상을 주도하면서 지녔던 강심장의 꿋꿋한 모습 을 손상시키고 싶지 않았다. 더욱이 약한 모습을 남에게 보이고 싶지 않아 조용히 모퉁이로 갔다. 혼자서 울컥한 심정이 몰려왔다.

국제적십자 적신월사 내 건물 뒤 모퉁이

썬맨은 그간 수많은 고비마다 긴박한 시간에 쫓기면서 추가 살해 없이 무사히 인질 석방을 성사시킨 것에 대해 요원으로서 뿌듯했고 고마웠고 감격스러웠다.

썬맨은 이런 큰일을 해냈다는 생각과 너무 힘들고 긴장된 시간의 연속으로 피로감이 함께 몰려오면서 울먹임을 참을 수가 없었다. 또 한편으로 썬맨의 인물이 공개되어 직장 생활을 더 이상 하지 못할 것이라는 우려감과 걱정이 몰려들었다. 직장 생활을 못 하게 되면 그래도 어떻게 되겠지 하는 순간 온갖 생각이 함께 몰려왔다.

한참 후 후배 동료가 썬맨을 찾으러 왔다. 뒤에서 썬맨을 부르는 소리가 들렸다. 마지막 회의에 참석한 외교부 2명이 차량 탑승해서 숙소로 복귀하기 위해 모두 다 썬맨을 기다리고 있다고 말했다. 그래서 썬맨은 모든 상황을 급히 추스르고 아무렇지도 않은 듯 말없이 차량으로 돌아와 탑승했다. 차량은 적신월사를 뒤로하고 빠져나와 군부대 내 숙소로 이동했다. 군부대 막사에 돌아오자마자 그간의 스트레스와 추가 살해 없이 석방을 해결한 것에 만감이 교차하여 썬맨은 동료와 부둥켜안고 울었다.

한참 후 외교부 측에서도 우리 막사를 방문하여 썬맨을 비롯하여 수고했다고 서로 인사를 나누었다. 국방부 사람들도 우리 막사를 방문하여 썬맨을 비롯하여 모두 수고 많았고 그간의 노력으로 석방 해결이 잘되었다고 서로 인사를 했다. 그리고 평소 썬맨에게 호의적이고 친절했던 G 간호 장교는 개인적으로 찾아와서 수고했다면서 "드디어 썬맨 수고 덕분에 집에 갈 수 있게 되었네요!"라고 따뜻하게 위로의 말을 해주었다. 또한 "피랍자들 중 추가 살해 피해 없이 무사히 모두 석방되어 함께 귀국하게 되었다."라면서 기뻐했다. 힘들었지만 고마웠다.

알 자지라 방송 등 국제 언론은 오늘 석방 협상 최종 합의 및 인터뷰 내용을 집중적으로 보도했다. 한국의 피랍자 가족들은 다 같이 모여 최종 협상 결과를 기다렸으며 협상이 합의 종료되어 인질을 석방하기로 된 것에 대해 다 함께 모여서 만세를 불렀다. 그동안 피랍자 가족분들은 얼마나 애간장을 태웠을까!

8. 탈레반 수장의 썬맨 앞 감사 표명

탈레반 수장은 2007년 8월 27일 공동 인터뷰 기자 회견이 종료된 그날 밤, 썬맨에게 여느 때와 같이 전화를 걸어왔다. 수장은 썬맨에게 그간 너무 수고 많았다며 감사 표명을 했다. 수장은 탈레반 대표 BO O가 오늘 협상을 마치고 와서 오늘 상황 및 결과에 대해 잘 들었다고 말했다. "오늘 협상 시 한국 측 대표의 공동 인터뷰 참석 여부와 아프간 정부의 방해로 경찰들이 적신월사 게이트를 막고 있어서 협상 난항을 거듭했다고 들었다. 특히 썬맨이 이러한 두 번의 위기 상황을 적극적으로 노력해서 해결하느라 무척 힘들었다고 들었다. 정말 수고 많았다."라고 말해주었다. 수장은 자신이 인질 석방이 끝까지 잘 마무리되도록 적극적으로 노력하겠다고 약속했다.

썬맨은 그간 힘들었던 순간들이 스쳐 지나가면서 만감이 교차했다. 오늘 힘들었던 순간들이 잘 해결되어 다행으로 생각한다. 그리고 한편으로는 수장이 썬맨의 입장을 이해해 준 점이 고맙게 느껴졌다.

또한, 썬맨은 피랍 인질들을 8월 29일 및 8월 30일 양일간에 걸쳐 석방할 때 탈레반 측에서 안전한 이동 보장과 석방 이행을 해 줄 것을 재차 강조했다. 탈레반 수장은 확실히 해주겠다고 약속했다. 탈레반 수장은 썬맨이 오늘 노력해 준 점을 충분히 이해하고 고맙다고 거듭 말하였다.

9. 인간적인 재회 약속

썬맨은 인질 석방 문제가 해결된 이후 탈레반 수장과 제3국 ○○○에서 서로 인간적인 만남을 약속했다. 때로는 최종 인질 석방이 무사히 잘 마무리될 수 있게 하려고 탈레반 수장에게 제3국에서 인간적인 재회를 약속하는 것에 관해 이야기해 주면서 기대감을 갖도록 달콤한 말도 던져주었다. 탈레반 수장이 많이 기다리고 있는 제3국 ○○○에서 둘이서 인간적인 재회에 대해 되풀이 이야기해 주었다. 탈레반 수장은 기대하고 있다고 말했다. 제3국에서 썬맨과 단둘이서 재회에 대해 많이 기대하며 기다려진다고 화답했다. (이하 생략)

탈레반 수장은 협상 중 수차례 말한 바 있는 한국의 현대자동차 싼타페 SUV 차량 구매에 대해 많은 관심을 두고 있다고 말했다. 제3국에서 만날 때 현대자동차 SUV 차량 구매 문제에 대해 좀 더 상세히 이야기해 줄 것을 강조했다. 지금 당장 이동 수단을 위한 SUV 차량 구매 필요성도 있고 향후 장기적으로 정권 탈환 시 대비해야 하는 점도 있다고 말했다. 반드시 우리는 만나야 한다고 말했다.

탈레반 수장은 인간적인 면도 보여주었다. 이번 한국인 피랍 인질 중 2명이 살해된 데 대해 아쉬움을 갖고 있다면서 사과의 말을 전해 왔다. 또한, 인질 석방이 된 직후 자신의 부하 동료를 썬맨이 체류해 오던 숙소 정

문으로 보내 썬맨 앞 선물로 카펫을 전달해 왔다. 그간 썬맨이 고생해 준
데 대해 수장 자신이 마음을 표현하고 싶어서 보냈다고 말했다. 탈레반 수
장은 추후 재회를 약속한다고 재차 강조했다. 자신이 알려준 신규 핸드폰
번호로 연락해주기 바란다고 말하였다.

4부
협상 종료

아슬아슬한 석방과 눈물의 재회

많은 우여곡절 끝에 탈레반의 마지막 요구 사항인 공동 인터뷰를 마무리한 상태였으나 고개 너머 숨어 있는 숙제 하나는 최종 석방 직전까지 여전히 아슬아슬하게 진행 중이었다. 드디어 43일간의 긴 여정이 끝나고 전원 석방이라는 감격의 순간이 왔다.

마침내 생존을
확인하는 순간

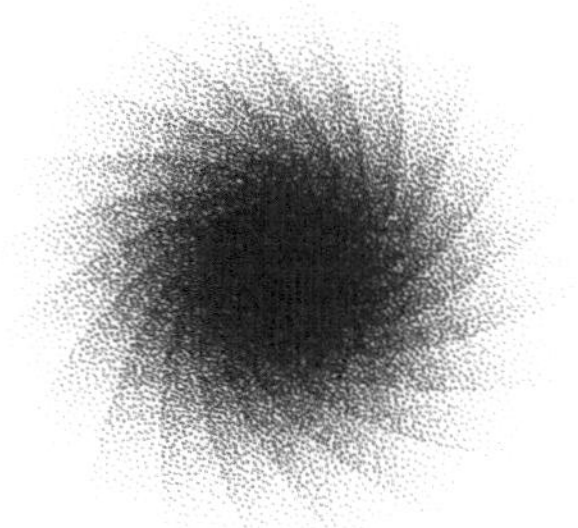

"아슬아슬한 마무리 순간의 고개를 넘어서자
피랍자 생존을 확인하는 순간이 다가왔다.
피랍자들의 목소리는 한결같이 같았다.
간절한 저음의 소리로 언제 석방됩니까?"

1. 또 다른 고개 너머

드디어 탈레반이 집요하게 요구한 공개 인터뷰가 끝났으니 곧바로 인질 석방이 되겠지 하고 누구나 믿고 있었다. 하지만 인질 석방을 위한 마지막 넘어야 할 고개 너머에 또 다른 숨어 있는 숙제가 있었다. 더욱이 아무 누구와도 말을 할 수 없는 숙제였다. 탈레반 수장과 썬맨 간 둘 사이에만 비공개로 협의해야 할 사안이었다. 탈레반 수장과 썬맨 간의 제3지대에서 아즈만 대리인을 만나는 문제 협의가 여전히 남아 있었다. **탈레반 측과 공개 인터뷰를 하는 순간까지 숨 막히는 협상을 진행해 왔으나 마지막 남은 산을 넘어가야 했다. 시간이 촉박했다.**

수장은 썬맨에게 제3지대 약속 장소에 대해 협의를 이어갔다. 수장은 어떤 국가의 감시나 주시를 회피할 수 있는 장소여야 한다고 강조했다. 심지어 아시아 지역 모 국가의 섬을 말했다. 그 장소는 밀림이 울창한 지역으로 육로 이동에다 해상 보트를 타고 가야 하는 교통 상황이었다. 수장은 장구하게 열거했다. 현실적인 문제를 도외시한 제안이었다. 유럽 및 중남미 지역 모 국가와 아시아 모 국가를 언급하면서 썬맨에게 의향을 물었다. 반면에 썬맨은 위에서 빨리 확정하라는 시간의 압박을 받았던 상황으로 또 다른 스트레스가 몰려왔다. 썬맨은 수장에게 무엇보다 안전한 장소와 교통이 편리한 곳이어야 한다고 강조하고 소비할 시간의 여유가 없다고 말했다. 평소와 달리 썬맨은 수장에게 단호하게 말했다. 한국 국적 항공기가 직항으로 운항하는 곳인 모 국가로 하자고 강하게 제시했다. 수장은 잠시 후 다시 통화하자면서 시간을 지연시켰다. 수장은 다시 전화를 걸어왔다. 수장은 썬맨이 촉박한 시간 때문에 탱크처럼 밀고 나가는 데 대해 곧바로 동의해 주었다. 썬맨이 제시한 중동 모 국가로 하기로 최종 동의를 했다.

2. 아슬아슬한 마무리 순간을 넘어가다

석방이라는 종착역을 향해 달려가고 있는 기차가 종착역 코앞에서 갑자기 멈춰 섰다. 예상하지 못한 에러로 멈춰 섰다. 기는 놈 위에 나는 놈이 있다는 말이 뇌리를 스쳐 지나갔다. 탈레반을 낮추어 본 것일까? 아니 이제는 다 되었으니까 상황을 가볍게 본 것일까? 제3지대에 있는 한국의 A와 B는 표면적으로 단순하게 생각하고 탈레반 대리인을 만나기 위해 만날 장소에 이동하여 도착해 있었다. 그러나 탈레반 측은 전혀 상상도 하지 못할 정도로 치밀했다. 탈레반은 여러 명을 동원하여 입체적으로 만날 장소 주변 일대를 보이지 않는 곳곳에 인원을 세팅하고 건물 안에서 CCTV로 감시하고 있었다. 드디어 탈레반 대리인 한 명만 제3지대 약속 장소에 나타났다. 한국의 B가 이상한 행동을 한 것이 드러나 상호 만나지 못했다. 탈레반 대리인이 돌아가 버렸다.

　제3지대에 있던 한국의 A는 썬맨에게 다급하게 숨넘어가는 소리로 전화를 걸어왔다. 큰일 났다면서 탈레반 대리인 아즈만이 그냥 돌아가 버렸다고만 했다. 그러니까 썬맨이 수장에게 급히 말해서 대리인 아즈만이 빨리 돌아오게 해 달라고 간절히 말했다. 썬맨은 A에게 대리인이 그냥 돌아갈 리가 있겠느냐면서 정확한 이유를 물었으나 A는 그냥 간절하게 사정만 하면서 대리인이 돌아오게 해 달라고 되풀이 말했다. 이것으로 위에서 알거나 잘못되면 안 되니까 다급하게 해결해 달라고 반복했다. 썬맨은 아쉽고 고심 찬 목소리로 알겠다고 말하고 전화를 끊었다. 전화를 끊자마자 곧바로 탈레반 수장이 썬맨에게 전화를 걸어왔다. 수장은 한국 측 B가 실수를 했다고 말했다. 썬맨은 순간 위기를 돌파하기 위해 순발력으로 선수를 쳤다. 수장에게 실수한 사람 B를 곧바로 한국행 비행기로 돌아가도록 조치하였으며 다른 사람으로 교체했다, 실수한 부분을 삭제했으니 안심해도 좋다고 강조했다. 그리고 탈레반 대리인을 다시 만날 장소로 돌아가게 해 달라고 말했다. 수장은 얼마간 아무 말이 없었다. 긴박한 정적이 이어졌다. 썬맨은 입이 마르도록 설득하여 위기의 순간을 겨우 마무리했다. 선수를 치는 순발력으로 힘들게 해결했다. 드디어 수장은 썬맨에게 전화를 걸어와 30분 후 같은 장소에 같은 사람을 보내겠다고 하면서 더 이상 한국 측이 실수하지 말라고 말했다. 썬맨은 잘 알겠다고 답했다. 제3지대 A에게도 즉시 알려주었다. A는 썬맨에게 정말 수고했고 고맙다고 말했다. 안 잘리게 되어 살려주었다는 뉘앙스로 말했다. 실제 내용을 대외적으로 나열할 수 없기에 해외에서 발생한 유사한 비즈니스맨의 무역 상담 사례로 대신하고

자 한다.

이와 유사한 사례를 말해 보고자 한다. 비즈니스맨이 무역 수출 협상차 중동 모 국가를 방문했을 때 유사하게 이상한 행동으로 계약이 무산될 위기에 처했다. 아시아지역 모 국가 비즈니스맨 2명이 무역 수출 협상 목적으로 중동 모 국가에 첫 거래처를 만나러 갔다. 비즈니스맨 2명 중 한 명은 협상을 주도할 자 K이고 한 명은 그를 수행하는 조력자 P였다. 이들 비즈니스맨 2명은 호텔 체크인 후 바이어에게 전화를 걸었다. 상호 만날 약속 시간 장소를 확인했다.

바이어 상대방은 갑작스러운 일이 생겨서 면담할 시간이 촉박하다면서 호텔 측면에 있는 조용한 긴 벤치에서 만나기로 했다. 시간은 해 질 무렵으로 어두워지기 시작했다. 비즈니스맨 K는 동의하여 긴 벤치에서 만나기로 약속했다. 만나서 상품 샘플들을 전달하면서 상품의 우수성과 단가 등 수출 조건에 관해 얘기하고 최종 계약 체결을 위한 기반을 쌓으려고 마음먹었다. K는 긴 벤치에서 기다리고 있었다.

또 다른 비즈니스맨 조력자 P는 호텔 측면 통로에 있는 작은 벤치에 앉아서 무심코 핸드폰을 켜서 화면을 K가 있는 긴 벤치 방향을 향하고 있었다. 이때 바이어가 K를 만나러 P 옆을 지나다가 P가 핸드폰을 동영상 모드로 해 놓고 있는 상태로 긴 벤치에 있는 K를 향하고 있는 것을 무심결에 보았다. 해 질 무렵 다소 어두운 시간이어서 바이어는 P가 핸드폰 동영상 모드로 K를 조준해서 보고 있는 화면을 더 쉽게 볼 수 있었다.

바이어는 이러한 상황을 보고 이상하게 생각했다. 약속 장소에 가지 않고 발길을 돌려 가버렸다. 바이어는 K에게 전화를 걸어 항의 조로 말했다. 왜 사진 촬영하느냐고 항의했다. 약속도 취소했다. 수출무역 계약이 무산될 위기였다. K는 바이어에게 다시 만나자고 온갖 설득을 했다.

K는 P가 별다른 의도 없이 그냥 촬영했을 것이라고 말하며 설득하느라 진땀을 흘렸다. 다시는 그런 일이 없을 것이라고 안심시켰다. 무역 거래를 위한 상호 만남이 겨우 이루어졌다.

이처럼 자그만한 실수가 큰 물줄기의 흐름을 그르치는 결과를 가져오는 경우가 종종 발생한다. 일상생활에서 핸드폰으로 길거리에서 사람을 사진 촬영하는 것은 국내외를 막론하고 유의해야 한다. 더욱이 사업 목적이나 특수한 목적일 경우에는 더욱더 유의가 요구된다. 한편, 거리나 빌딩 내에서 CCTV로 주시되는 것도 항시 의식해야 한다. 아니나 다를까 바이어는 이상해서 호텔 측 CCTV 영상까지 확보했다. 무역 거래 협상이 쉽게 이루어질 것을 아주 힘들게 계약 체결로 마무리되었다. 위기를 극적으로 넘어 타결되었다.

3. 달과 별 이야기와 밀당

썬맨은 탈레반 수장과 우여곡절을 겪으면서 마지막 어려운 고개를 넘어왔다. 수장도 수고했다면서 이젠 석방은 자기가 직접 진두지휘해서 약속된 일시에 반드시 하겠다고 말했다. 8월 29일과 8월 30일 양일간에 석방되는 피랍 인질 인원과 절차에 관해 이야기를 이어갔다. 달과 별 이야기를 주고받으며 상호 간의 신뢰를 강화해 나가는 시간을 가졌다.

탈레반 수장은 썬맨과 이미 수차례 약속한 대로 인질 석방 시 안전한 이동 보장과 석방 진행 상황을 수시로 알려주기로 했다.

수장은 썬맨에게 개인이 사용할 현대자동차 산타페를 구입할 것이라고 말했다. 개인이 사용할 현대 SUV 차량을 구입하고 싶다면서 썬맨이 주선해 줄 수 있는지 다시 물었다. 이에, 썬맨은 일전에 말했듯이 염려하지 말라면서 당연히 다음에 만나면 주선해 줄 수 있다고 화답했다. 썬맨은 순간 국익 차원을 고려하여 기존 이행하기로 합의한 조건에서 현대 차량으로 전환하는 방안에 대해 혼자 구상해 보았다. 하지만 상의해서 협상해 나갈 시간이 부족할 것 같았다. 특정 업체에 특혜를 주는 오해를 받을 가능성 등 복잡해지는 것 같았다. '이젠 협상 이행 요소를 변경할 수 없겠지.' 하고 지나갔다. 국익의 측면에서 아쉬움을 뒤로했다. 그러나 방법상 다르지만, 수장과 제3국에서 만나 개인이 사용할 현대 차량 구매에 대해 추가로 협의하기로 했으니 기회가 있으리라 생각하고 다음으로 미루어 놓았다.

순간 기질을 발휘해서 마치 현대자동차 해외 영업 책임자처럼 일사천리로 현대자동차의 장점에 대해 말을 이어갔다. 과거 및 현재까지 현대차를 이용해 온 경험치를 긍정적으로 이야기해 주었다. 수장은 잘 알겠다면서 추후 만나서 얘기하자고 했다.

4. 피랍자들과 생존 확인을 위한 유선 통화

탈레반 측과 대화를 하는 과정에서 마음이 쓰라릴 정도로 느껴져 어려운 경우가 많았다. 이미 인질 석방은 합의한 일정대로 진행하기로 했으나 피랍자들은 여전히 알지 못하고 있었다. 썬맨이 피랍자들과 직접 전화 통화를 하면서 한결같이 언제 나가는지? 한국에 언제 갈 수 있는지? 하고 질문을 받았다. 그때마다 가슴이 찢어질 듯 아팠다. 국가적인 차원에서 자존심이 많이 상하기도 했다.

피랍 사태가 발생하면 피랍 주체와 채널 구축 후 우선해야 하는 것이 피랍자들의 생존 여부(POL: Proof Of Life) 확인이다. 썬맨은 탈레반 수장과 8월 3일 아침 비선 연락을 구축했다. 8월 3일 첫날 수장과 수차례 전화통화를 통해 남은 마무리 숙제에 대해 협상을 추진해 나갔다. 썬맨은 우선적으로 피랍자들의 생존 여부 확인을 요청했다. 또한, 썬맨은 피랍자들이 석방되는 날까지 신변 안전 확인을 계기가 있을 때마다 수차례 지속 요구하고 또 확인했다. 썬맨과 통화했던 피랍자들은 얼마나 힘들고 어려운 상황이었으면 공통으로 하는 말이 언제 석방되는지 문의하면서 빨리 석방시켜 달라고 말했다. 4명이 석방된 것이 사실인지 물어왔다. 살해된 남자 2명이 석방된 것으로 잘못 알고 있었다. 탈레반이 살해 사실을 숨기고 석방되었다고 말했기 때문이다. 추가 살해자로 지목되었던 자녀를 둔 김아람이 자신이 1번으로 살해 대상자로 지목되어 있는 상황도 알지 못한 채 한국 내 가족들을 많이 걱정한다고 말했을 때 썬맨은 더욱더 마음이 쓰라렸다.(출처: 김윤영 아프가니스탄 그 50일간의 여정, 2010)

수장에게 아직 확인되지 않은 피랍자 7명의 신상 이상 유무 확인을 요청했다. 이들 7명은 핸드폰 전파가 약한 지역으로 통화가 어려운 지역에 있었다. 전화 통화가 잘 안 되기에 자필 신상 기록서를 작성해주기로 했다.

이에 탈레반 수장은 썬맨에게 "피랍자들이 8월 27일 현재 안다르·와하즈·카라바크·기루·나와 등 5개 지역에 각각 분산 수용되어 있어 금일 중 자필 신상기록서 확보가 어렵다. 대신 피랍자들을 전화 통화가 가능한 지역으로 이동시켜서 유선 통화를 시행하게 해 주겠다."라고 말했다.

탈레반 수장에게 의도적으로 건강이 좋지 않은 ○○○을 포함하여 아픈 사람들을 우선 석방해 달라고 요청했다. 탈레반 수장은 피랍자들이 각 그룹에 분산 수용되어 있어 확답을 줄 수 없다고 대답하고 부족 원로회의를 거쳐 최종 결과를 통보해 주겠다고 말했다. 분산되어 있어서 이해가 갔다.

석방 첫날 그룹별 분산되어 있어서 애초 석방하기로 약속한 인원수에 변경
이 있었다는 점에서 이해가 갔다.

때로는 피랍 석방 협상의 가속화를 위해 탈레반 수장에게 통화 시 힘들
다고 하자, 탈레반 수장은 초반과는 다르게 "이제 석방의 순간까지 끝자락
에 와 있다, 조만간 해결될 것이다."라고 말해주기도 했다.

썬맨은 피랍자 신상 이상 유무를 확인하기 위해 피랍자들과 직접 통화
할 때마다 피랍자들이 얼마나 힘들까 하고 생각했다. 매번 가슴이 쓰라리
고 아팠다. 또한, 왜 이런 생고생을 하게 만들었는지? 하고 반문해보기도
했다. 한국에 있는 피랍자들의 부모나 가족들은 얼마나 힘들 것이며 한국
정부와 국민은 얼마나 우려할까? 한편으로는 일부 네티즌들은 피랍자들이
아프간에 간 것에 대해 얼마나 반감을 품을까에 대해서도 생각했다.

수장은 썬맨에게 피랍인과 첫 통화 시 한 사람당 시간 제한을 2분으로
했다. 피랍인들의 생존 여부만 확인하라는 것이고 자신들의 아지트 등 비
밀 노출을 극도로 꺼리고 조심하고 있었다.

썬맨이 피랍자와 최초로 통화한 것은 2007년 8월 4일 피랍자 ○○○와
통화한 것이다. 탈레반은 통화 시간을 2분으로 제한했다. 썬맨이 피랍자
○○○와 최초 통화할 때 저음의 목소리로 "우리 언제 나가게 됩니까?"라
고 물어왔다. 이에, 썬맨은 피랍자에게 "우리 정부가 피랍자 석방을 위해
최대한 노력을 하고 있는 중입니다. 건강 유의하셔서 조금만 더 기다려 주
시기 바랍니다."라고 말했다.

썬맨은 수장에게 이후 피랍자와 통화 시간을 좀 더 늘려달라고 하여 수
장도 흔쾌히 동의했다. 한편, 탈레반 수장은 썬맨에게 약속대로 8월 25일
20시 50분~55분간 피랍자 4명과 통화를 하게 해 주었다. 썬맨은 통화한
피랍자들에게 우리 정부에서 조속한 석방을 위해 최선을 다하고 있다고 말

해주었다.

　○○○은 썬맨과 통화 시 복용해야 할 약을 먹지 못해 음식을 잘 섭취하지 못하는 등 어려움이 많다고 했다. 그리고 조속한 석방이 되도록 해 달라고 요청하면서 피랍 이후 지금까지 자신뿐만 아니라 현재 같이 있는 피랍자 3명도 우리 정부가 제공하는 어떠한 약품 지원을 받은 적이 없었다고 말했다. 피랍 초기 다른 그룹에 있는 사람에게 쪽지를 전달하였는데 어제서야 회신을 받았다고 말했다. 또한, 건강 상태가 우려되었으나 생명이 위험한 상태는 아니라고 했다.

　○○○은 남동생 ○○○이 자신과 함께 있지 않다고 하면서 동생 및 여타 피랍자들의 안위를 걱정하면서 언제 석방될 수 있는지 문의했다. ○○○은 남동생이 추가 살해자로 지목되어온 것을 알지 못한 상태이기에 썬맨은 더 마음이 쓰라렸다.

　또 다른 피랍자는 "언제 나갈 수 있는지? 빨리 한국으로 가고 싶다면서 빨리 해결해 주세요."라고 저음으로 말했다. 모기 등 각종 벌레가 많아서 생활이 어렵다고 말했다. 빨리 석방되게 해 달라고 말했다. 썬맨은 잘 알겠다고 하고 한국 정부가 적극 노력 중이니까 조금만 더 기다려 달라고 말했다.

　이들 4명은 탈레반 측이 7월 23일 저녁 피랍자들이 2개 그룹(11명, 12명)으로 분리한 이후 행방이 직접 확인되지 않았던 11명 중 일부 인원들이었다. 이들 11명은 수장이나 수장이 연결해 준 피랍인 관리자들을 통해 간접적으로만 확인되었으나 그간 언론 인터뷰 및 8월 13일 석방된 여성 2명의 진술에도 언급되지 않았던 인원들이었다.

　탈레반 수장은 썬맨에게 오늘 밤 또는 내일 중 여건이 허락하는 대로 피랍자 신변 안전 추가 확인을 위한 통화를 지속 주선해 주겠다고 약속했다. 썬맨은 감사하다고 화답하면서 추후 석방 마무리 후 제3국에서 상호 둘이서 만나서 화려한 파티를 하자고 하면서 지속 기대감을 반복해서 부여했다. (이하 생략….)

　이리하여 썬맨은 8월 24일 탈레반 수장의 주선으로 가장 마지막에 석방된 피랍자 3명 중 한 명과 직접 통화를 했다. 탈레반 측에서 이들 3명을 카불로부터 가장 원거리에 위치시켰으며 제일 마지막에 석방했다. 이유는 만일에 대비하여 살해 압박용 및 담보용이었다. 그리고 탈레반은 이들 3명 중 2명을 최종 순간까지 살해 압박 수단으로 활용했으며 전략적으로 관리해 왔다. 썬맨은 이들 3명 모두와 통화하려고 했으나 체류 지역이 전파 부족으로 통화가 어려웠다. 이들을 감시해 온 탈레반 감시원과 함께 통화 가능한 지역으로 이동한 한 명과 통화했다. 피랍자 ○○○은 피랍자 중 2명이 귀국했다고 일전에 들었다면서 사실 여부를 문의했다.

　이에 대해 썬맨은 피랍자 2명이 8월 13일 석방되어 한국으로 갔다고 했다. 또한, 한국 정부에서 피랍자 석방을 위해 최선의 노력을 하는 중이라면서 희망을 품고 기다려달라고 말해주었다. 그리고 피랍자 ○○○와는 피랍자 중 최초로 8월 4일 통화했다고 말해주었다.

　또 다른 피랍자 ○○○는 썬맨에게 피랍 후 1개월이 지나 여성들이 가지고 있는 용품이 모두 소진되어 현지인들로부터 샴푸 및 휴지 등 최소한의 필수품만 지원받은 상태로 불편함이 크다고 말했다. 한국 정부로부터 약품 등 물품 지원을 받은 것이 전혀 없다고 말했다. 함께 있는 동료가 가족에 대한 걱정이 많다고 말했다. 10일 전부터 2명씩 석방하기 시작했다는 소문이 있는데 사실인지 문의했다. "언제 석방이 가능합니까?"라고 물었다.

　이에 대해 썬맨은 살해자로 지목된 ○○○이 한국에 있는 가족에 대해 걱정이 많다고 하는 데 대해서 더욱더 심적인 부담이 앞섰다. 왜냐하면, 본인은 자신이 첫 번째 추가 살해 대상자로 지목된 긴박한 상황을 전혀 모르고 있었기 때문이다. 살해자로 지목된 ○○○과 ○○○ 2명은 줄곧 추가 살해 위협 대상자로 거명되었던 인물이었기에 더욱더 마음이 아팠다. 탈레반 측이 지속 살해 대상자 1번으로 압박을 해오고 있는데 이를 어쩌지? 썬맨은 심적으로 더 많은 스트레스를 받았다. 본인이 살해 대상자 1번으로 처해 있는 상황도 모르고 가족 걱정을 하는 데 대해 마음이 더욱더 쓰라렸다. 썬맨은 현재 한국 정부에서 최선의 노력을 하고 있는 중이니까 조금만 기다려 달라고 했다.

8월 26일 썬맨은 탈레반 수장에게 추가 신변 이상 유무 확인 협조를 요청했다. 이리하여 탈레반 수장은 썬맨에게 또 다른 피랍자 5명과 개별 통화를 하게 해 주었다. 썬맨은 본인 확인 정확도를 기하기 위해 개인별 성명과 부모 이름 및 한국 내 주소를 문의하는 것으로 확인해 나갔다.

○○○는 8월 4일 피랍자 중 최초 생사 안전 여부를 확인해 준 인물이다. 8월 4일 썬맨과 최초 통화 이후 8월 26일 두 번째 통화했다. 탈레반 측에서 피랍자 4명이 나갔다고 하는데 사실 여부와 이들이 누구인지를 문의했다. 그리고 최초 피랍되었을 때 일시 억류된 지점 인근을 계속 맴도는 것 같다면서 주변에서 총소리가 들려 불안하다며 대부분 사람이 설사 및 감기 증세로 고생하고 있다고 말했다. 언제 우리가 석방되는지 물었다. 질문한 내용을 보면 탈레반 측은 살해된 2명의 남자를 피랍자들에게 석방되었다고 허위로 말한 것이었다.

썬맨은 ○○○가 이미 살해된 2명의 남자의 상황을 모르고 탈레반이 말한 대로 석방되었다고 들었기에 석방된 것인지 사실 여부를 물어왔다. 썬맨은 사실대로 대답할 수 없었다. 가슴이 순간 답답했다. 어떻게 말해줄까 하고 일순간 고민하다가 석방자는 K 및 KK 등이라고 대답하면서 우회적으로 그냥 넘어갔다.

썬맨은 최종 대면 협상일인 8월 27일 하루 전으로 그간 썬맨과 탈레반 수장 간에는 비선으로 어느 정도 합의를 본 상태로서 조만간 석방될 예정이라면서 조금만 기다려 달라고 했다.

한편, ㅇㅇㅇ은 피랍된 지 40일이 넘었는데 언제 석방되는지 문의했다. 조속한 석방을 위해 노력해 줄 것을 호소했다. 설사와 감기에 시달리고 있다면서 힘들다고 했다. 남자 2명이 석방되었다고 하는데 이들의 성이라도 알려달라고 요청했다.

이에 대해 썬맨은 마음이 더 쓰라렸다. 살해되었다고 사실대로 말할 수 없었기 때문이다. 감기 등으로 고생이 많으시겠다고 위로의 말을 전하고 넘어갔다. 더 이상 묻지 않아서 다행이었다.

ㅇㅇㅇ은 울먹이며 계속해서 언제 석방되느냐고 문의하고 말을 이어가지 못했다. 썬맨은 석방되는 날짜를 이미 알고 있는 상태로서 조금만 기다려 달라고 말했다.

ㅇㅇㅇ은 4일째 설사로 힘들다고 말했다. 탈레반 측에서 주사약을 사주기로 했다. 오늘 또는 내일 주사약을 사주는 대로 주사를 맞을 것이라고 말했다. 빨리 석방시켜 달라고 요청했다.

이에 썬맨은 혹시 한국 정부가 제공한 구호품 및 약품을 받았는지에 대해 질문했으나 일체 받은 것이 없다고 답변했다. 지금 집주인 2명과 총기로 무장한 감시 인원 3명이 있는데 매일 밤 22:00경 차량 또는 도보(1시간 소요)로 다른 장소로 이동한다고 말했다. 때로는 그룹별 피랍자 구성 인원을 교체하기 위해 이동하는 때도 있었다.

KK에게 석방 기회를 양보한 L은 8월 13일 석방된 2명과 함께 있다가 이들과 8월 13일 헤어진 후 하룻밤을 혼자 지냈다. 다음 날, 현재 같이 있는 4명과 합류했다고 말했다. 힘들다면서 언제 석방될 수 있는지 문의했다. L은 2명이 석방된 이후 행방이 묘연했으나 8월 26일 최초로 확인되었다.

썬맨은 8월 29일 10시 10분에 그동안 신변 안전 여부가 확인되지 않은 피랍인 ○○○과 직접 통화했다. 다른 2명과 함께 있다며 건강에는 전혀 이상이 없고 다른 곳에 있다가 오늘 아침 현재 장소로 이동했다고 말했다. 한편, 빨리 석방시켜 달라고 요청했다.

탈레반은 피랍자들에게 석방되는 그날에도 석방하기 직전까지 석방 예정 사실을 말해주지 않았다.

43일간의 싸움,
전원 석방의 감격

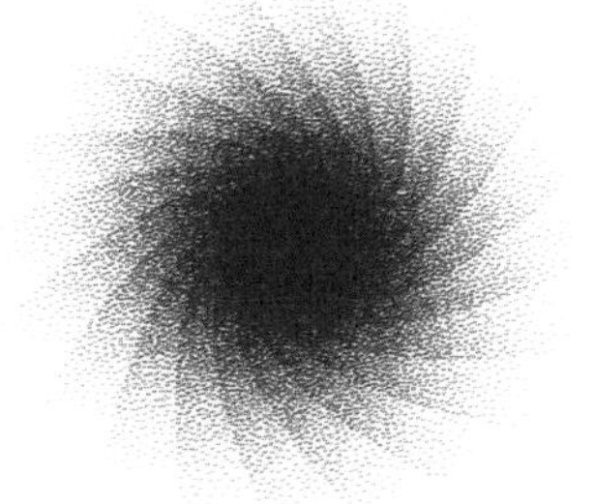

가즈니주 적신월사 게이트

1. 43일간의 힘든 파도타기와 피랍자 전원 석방

2007년 8월 29일과 8월 30일 양일간에 걸쳐 19명 전원이 무사히 석방되었다. 국제적십자사(ICRC) 측은 8월 29일 10시 13분에 탈레반 측으로부터 전화를 받고 석방될 피랍자들을 인계받을 장소로 출발했다. 탈레반 수장은 10시 40분경 썬맨에게 전화를 걸어 왔다. 애초 계획과 달리 여성 인질 3명을 먼저 석방한다고 말했다. 썬맨은 석방되는 것이니까 그리고 모두 다 석방될 것이니까 현지 상황 여건을 이해한다고 말했다.

8월 30일 맨 마지막에 석방된 그룹은 탈레반 측에서 마지막까지 추가 살해 협박을 하기 위한 담보로 잡아두었던 여성 2명과 남성 1명 등 3명이었다. 이들은 탈레반이 끝까지 전략적으로 관리해 왔다. 가즈니로부터 가장 원거리 남단 지점에 있었던 마지막 그룹이었다. 탈레반은 만일에 대비하여 추가 살해 대상자를 사전 계획에 의해서 가장 원거리인 남부 지역에 배치하여 인질을 관리했다.

탈레반 수장은 썬맨에게 수시로 석방되는 그룹별 인원수와 이름을 알려주었다. 그리고 적신월사 직원에게 인계되는 시간에 대해서도 수시로 알려주었다. 수장은 썬맨에게 최선을 다해 주는 모습이었다.

탈레반은 적신월사 직원 및 JH가 탑승한 차량에 피랍 석방자들을 차례로 인계했다. 인계받은 적신월사 직원은 피랍 석방자들을 차례로 적신월사까지 이동해 왔다. 적신월사에서는 국방부 등 긴밀한 협조 체제 아래에 석방자들을 안전하게 인계인수했으며 만일에 대비하여 간단하게라도 신병 검문검색을 추진했다. 그리고 가즈니 군부대 내 막사로 신속히 이동했다.

2. 조속한 시간 내 가즈니 출발 요청

43일간의 기나긴 피랍 사건이 종결되었다. 숙소를 관할하던 관계 당국은 애초 일정을 변경하여 먼지 날리는 이 지역에 더 이상 머무를 필요가 없지 않으냐면서 우회적으로 빨리 떠나주기를 바란다고 말했다. 충분히 공감되는 사항이었다. 그래서 인질 석방자와 한국인 협상 실무책임자 등 한국인 모두 가즈니에서 최대한 빠른 시간 내 떠나 줄 것을 요청했다.

이에, 한국 측도 빨리 가즈니에서 떠나야 한다는 것을 충분히 인식했다. 그래서 애초 8월 31일 낮에 가즈니를 출발하여 카불로 가려 했으나 하루 앞당겨 출발했다. 8월 30일 인질 석방자들을 포함하여 다른 한국인 모두 최대한 빨리 헬기를 이용하여 카불로 먼저 이동했다. 썬맨 등 3명을 제외하고 한국인들은 모두 가즈니를 떠났다.

피랍자 ○○○은 썬맨에게 피랍될 당시에 압수당한 피랍자들의 노트북과 카메라 그리고 현금을 회수해 달라고 요청해 왔다. 이에, 썬맨은 김원만에게 보고한 후 곧바로 수장과 통화를 수시로 하고 있던 상황으로 전화를 걸었다. 수장에게 피랍 초기에 압수한 노트북 등을 포함한 피랍자들의 물품을 반환해 달라고 요청했다. 이에, 수장은 바로 알아보겠다고 말했다. 적극적인 협조 자세였다. 잠시 후 수장은 전화를 걸어왔다. 물품을 관리해 오던 탈레반 동료가 파키스탄에 가 있어 조금만 기다려 달라고 말했다. 지속해서 석방자들의 명단과 이동 상황에 대해 서로 통화를 해 오던 때였다. 피랍자들 중 마지막 그룹이었던 사람들이 아직 석방되지 않은 상태였다. 김원만은 썬맨에게 석방될 마지막 그룹이 왜 석방이 지연되고 있는지 물어왔다. 피랍자들의 압수당한 물품 회수로 지연되는 것은 아닌지 물어왔다.

썬맨은 물품 회수 요청과 인질들의 석방 지연과는 무관하다고 말했다. 잠시 후 수장은 썬맨에게 유선으로 마지막 그룹도 석방을 위해 이동 중이라고 말했다. 그리고 피랍자들의 물품은 파키스탄에 가 있는 동료가 관리하고 있다면서 잠시 기다려 달라고 말했다. 가즈니에서 카불로 철수하는 날짜가 갑자기 하루 앞당겨져 물품 회수를 위한 시간이 거의 없었다. 수장은 오늘은 안 되고 내일 전달해 주겠다고 말했다. 그러나 가즈니에서 카불로 가는 날짜가 갑자기 하루 앞당겨져서 물품 회수가 어려웠다.

피랍 석방자, 헬기로 가즈니에서 카불로 이동

썬맨은 생사를 같이 한 전략적인 마인드를 가진 유능한 동료들과 함께 제일 마지막까지 남아 있었다. 이들 2명과 함께 팀이 구성되어 정말 다행이었다. 드림팀이었다고 말하고 싶었다. 유능한 총잡이는 썬맨이 외출 시늘 총을 들고 든든한 버팀목이 되어주었을 뿐만 아니라 어떤 위험도 무릅쓰고서라도 실제 액션을 하는 데 늘 함께하려는 의리의 사나이였다.

썬맨은 한국인 중 마지막까지 남아서 ○○○ 외국인 여성을 비롯한 그간 도와준 관계자들에게 마지막 감사의 인사를 하고 가즈니와 최종 작별 인사를 했다. 마지막 가즈니에 남은 썬맨도 동료와 함께 8월 30일 오후 늦은 시간에 제일 마지막으로 헬기를 타고 카불로 향했다. 이로써 가즈니 부대에 석방자들이 사용할 임시 숙소 철거를 해야 할 문하원을 제외한 한국인은 다 철수했다. 가즈니와 작별 인사를 했다.

썬맨은 헬기에 마지막 탑승 직전에 미션을 완료했다는 뿌듯함과 힘들었던 순간들이 영화 필름처럼 순식간에 스쳐 지나갔다. 썬맨은 양팔을 하늘 방향으로 벌려서 '가즈니여 안녕~' 하고 크게 외쳤다.

썬맨은 극적인 순간들이 되풀이되는 상황 속에서 미션을 완료한 이후 현장을 떠나기 위해 헬기에 탑승하기 1초 전이었다.

탈레반 수장은 못내 아쉽기도 하고 다음에 만날 기약을 재차 강조하기 위해 썬맨이 가즈니 비행장 내에서 걸어서 카불행 헬기를 타러 가는 중에도 마지막 전화 통화를 걸어왔다. 썬맨은 재회를 약속하면서 같은 마음이라고 말했다. 아쉽기도 하고 협상 대치 국면에서 증오심도 갖게 되었던 그 어려웠던 순간들이 생생하게 스쳐 지나갔다.

3. 한국산 현대 차량 구매 의사 재표명 및 지원 요청

탈레반 수장은 협상 막바지에 개인적으로 자신이 사용할 한국산 현대자동차를 구입하고 싶다면서 썬맨이 지원해 줄 것을 되풀이 요청했다. 썬맨은 협상 가속화에 좋은 요소로 착상이 떠올랐다. 순간 기지로 "걱정 마라! 당연히 가능하다!"라고 말하면서 협상 가속화의 연결고리로 활용했다.

썬맨은 실제 현대자동차를 평생 사용해오고 있다면서 성능과 디자인에 대해 긍정적인 설명을 하면서 호감을 샀으며 지원해 줄 수 있다고 확신을 주었다. 실제 중동 모 국가에서 예기치 않은 폭우로 제3국 제조 차량이 멈춰선 사례를 제시하면서 설명했다. 어느 날 갑자기 중동 모 지역 국가에서 예기치 않은 폭우가 쏟아졌다. 통상 비가 오지 않으니까 하수구 배수처리에 특별히 신경 쓸 필요가 없어서 당연히 하수구 배수처리가 미비한 상황이었다. 갑작스러운 폭우로 빗물이 도로 위를 덮쳤다. 이 빗물로 사막 위를 잘 달린다는 중동 모 국가 SUV 차량이 길 도중에 빗물이 엔진에 들어가 여기저기 멈춰 서는 사례가 있었다.

그런데 현대 산타페는 끄떡없이 물길을 헤쳐 지나갔던 사례가 있었다. 물길을 직접 헤쳐나가면서 멈춰 서지 않고 지나가서 뿌듯한 자부심도 느끼게 되었다고 말해주었다. 또한, 사막 위에서 현대 산타페를 타이어 바람을 절반 이상 빼고 신나게 달려본 경험에 대해서도 재미있게 설명해 주었다. 현대 산타페 차량 가격과 성능을 비교해서 여타 차량보다 우수한 점도 가성비도 자랑삼아 말해주었다. 탈레반 수장은 이러한 설명에 솔깃하면서 다음에 만났을 때 협의할 것에 기대한다고 좋은 반응을 보였다. 썬맨은 협상 대화 중 중간마다 현대자동차의 장점에 관해 얘기하면서 관심도를 고조시켜 피랍 협상의 가속화를 위한 양념으로도 활용했다.

중동 모 국가의 갑작스러운 폭우 사진

탈레반 수장은 썬맨에게 고맙다면서 향후 제3국에서 파티[27] 때 만나서 애기할 것을 기대하고 있었다. 다음에 만나면 개인이 사용할 현대자동차 구입에 대해 장기적으로 지원해 주고 연결해 주기를 기대한다고 말했다. 썬맨은 문제없다고 확신을 심어주었다.

8월 27일 공동 인터뷰가 어렵게 마무리된 직후 탈레반 수장은 별도로 썬맨에게 전화를 다시 걸어왔다. 개인이 사용할 한국산 산타페를 구입하기를 희망한다고 재차 언급하면서 할인 가격으로 제시해 달라고 요청했다. 썬맨은 다음에 탈레반 수장과 다시 만나 협의할 경우 실제 현대차 구매 협상의 여지가 많은 것으로 생각했다.

썬맨은 공동 인터뷰가 잘 마무리되었으나 탈레반이 돌변할 개연성도 있

---

27) 썬맨은 심각한 상황에서 탈레반 수장을 설득하기 위해 달콤한 용어를 사용했을 뿐이다.

다는 우려감이 여전히 마음 한구석에 있었다. 피랍 사태가 한국 정부의 초미의 관심사일 뿐만 아니라 워낙 큰 이슈여서 늘 우려되었다. 썬맨은 탈레반 수장이 관심을 두고 있는 개인이 사용할 현대자동차 관련 구입 제의에 관해 이야기를 현실감 있게 이어가면서 협상의 안전장치가 될 수 있다고 생각했다.

이에, 썬맨은 잘 알겠으니 걱정하지 마라! 적극적으로 지원해 주겠다고 답변했다. 그리고 향후 모든 일이 마무리되고 난 후 단둘이 이미 약속한 제3국에서 화려한 파티를 할 때 구체적인 현대자동차 구입에 대해 협의하자고 재차 약속했다. 피랍자 석방이 완전히 이루어질 때까지 안전장치가 될 수 있기에 단둘이 만나는 파티 시점까지 미루어 놓았으며 이는 석방 이행에 긍정적인 안전장치가 되었다. 썬맨은 국익의 측면에서 문득 아이디어가 떠올랐다. 안전장치 강구 겸 협상 가속화와 견주어 비교해 보았다. 대안적인 협상책으로 활용할 수 있을 듯 보였다. 그러나 시간상 부족한 실정이었고 현대자동차 구입 관련 대화를 인질 석방이 다 해결되고 난 후 제3국에서 수장과 만나서 얘기하기로 했다. 현대차와 합의 이행 조건을 연계하지 않고 기존대로 밀고 나갔다.

4. 탈레반 수장과 썬맨 사이의 인간미와 의리

탈레반 수장은 썬맨에게 매번 석방되는 그룹 조별 이동 상황과 함께 적신월사 직원에게 인계되기 이전과 인계된 결과를 수시로 알려주었다. 약속대로 인질 그룹별 순차적으로 석방을 추진하면서 수시로 석방 진행 상황에 대해 진심을 담아서 말해주었다. 마침내 탈레반 수장은 썬맨에게 한국인 인질 중 마지막 그룹 3명의 이동 과정을 설명해 주었을 뿐만 아니라 인질 석방이 완료되었다고 통보해 주었다. 그리고 이후에 탈레반 수장은 장기간 여러 우여곡절 끝에 썬맨과 인질 석방 문제를 마무리했다는 그야말로 만감이 교차하는 순간이었기에 목소리 톤이 달라졌다. 썬맨도 따라서 목소리 톤이 올라갔다. 인간이기에 그간의 힘들고 괴로웠던 시간과 긴박했던 순간들이 겹치면서 마음이 울컥했다.

탈레반 수장은 썬맨에게 그동안 장기간 협상을 주도해 오느라 수고가 많았고 감사하다는 말을 되풀이했다. 헤어지기가 못내 아쉽다고 했다. 약속한 제3국에서 다시 만나자고도 재차 말했다. 또한, 썬맨에게 인편으로 긴급히 그간 서로 인간적인 친분에 감사 표명하기 위해 카펫을 선물로 전달해 왔다. 탈레반 수장은 안전한 지대인 파키스탄으로 급히 갈 것이라고 말했다. 그간 수고했다고 되풀이 말했다. 탈레반 수장은 썬맨이 헬기 탑승 직전까지 여러 차례 전화하여 아픈 곳은 없는지에 대해 문의하는 등 아쉬움을 표명하고 안부 인사를 하면서 마지막 작별 인사를 되풀이했다.

썬맨은 그간 너무나 많은 우여곡절로 울컥하는 마음이 올라왔다. 탈레반 수장의 따뜻한 마지막 말 한마디에 그간 적개심과 동정심이 뒤섞여 울컥하는 마음이 올라왔다. 단둘이 제3국에서 꼭 만나자고 강조하면서 만날 것을 상호 재차 약속했다. 썬맨도 수장에게 우리의 의리를 확인하고 싶다고 말했다.

또한, 썬맨은 탈레반 수장에게 일전에 말한 현대 산타페 등 현대차량을 공무차량으로 사용하기 위해 여러 대 구매하려는 것에 대해 그때 만나서 관련 자료 제공 및 소개와 함께 협의하자고 재강조했다. 썬맨은 다행스럽게 현대차 본사가 서울 강남에 소재한다고 설명하면서 현대차 관련 자료 등을 다음에 만날 때 제공하겠으니 염려 말라고 말했다. 수장은 연이어 고맙다고 말했다. 기다리겠다면서 기대된다고 말했다.

썬맨은 짧은 순간에도 현대차량의 성능과 우수성에 대해 홍보를 되풀이했다. 그리고 현대 산타페 등 현대차량을 구입하는 문제는 걱정하지 말라고 확신을 주었다. 또한, 무엇보다 수고 많았고 나를 믿어주고 때로는 대결 구도이다가 결정적으로 썬맨이 어려운 상황에서 썬맨의 입장을 이해해 주고 양보해 주어서 고마웠다고 화답했다. 추가 살해 피해 없이 협상을 원만히 하게 되어서 고맙게 생각하고 다음에 ㅇㅇㅇ에서 만나서 서로 회포를 풀자고 했다. (이하 생략….)

썬맨도 헤어지기가 아쉬워서 말을 지속 이어갔다. 환하게 비춰주는 달과 반짝이면서 빛나는 별이 저 하늘에 매일 저녁 떠 있듯이 달에 비유된 Brother와 별에 비유된 썬맨도 서로 영원히 변치 않을 것이다. 너와 나 모두! 건강해야 한다. 그리고 다음에 제3국에서 다시 만날 수 있기를 바란다고 강조했다.

탈레반 수장은 꼭 살아서 다음에 Brother 썬맨과 만날 것을 기대한다고 말하면서 역시 헤어지기가 아쉽다고 말했다. 그간의 서로의 의리를 되풀이 확인했다. 탈레반 수장은 썬맨에게 자신의 핸드폰에 대해 감청과 위치 추적 때문에 자신의 기존 핸드폰 번호를 교체했다면서 대신 새로운 핸드폰 번호를 제공해 주었다. 서로 꼭 만나서 회포를 풀고 싶다고 되풀이 말했다.

썬맨은 탈레반 수장에게 그간 긴박했던 순간들을 함께 넘어온 우리이기에 "우리의 관계는 남다른 관계이다, Brother이다!"를 세 번 되풀이 하자 탈레반 수장도 당연하다면서 "우리는 Brother이다."라고 화답을 했다. 탈레반 수장은 목소리 톤이 변했다. 썬맨은 그간 탈레반 수장과 긴 시간 동안 그 어려운 상황에서도 거의 매일 수시로 빈번하게 대화해 왔었다. 그동안 그는 때로는 적이었고 때로는 협상의 카운터 파트너였다. 그렇기에 정이 들었고 인간적인 의리를 서로 확인할 수 있었다.

5. 석방자들의 눈물바다

한국인 피랍자들은 석방되어 카불에 있는 세레나 호텔에 도착할 때까지 피랍인들 중 배영호 목사와 심가영 피랍자 2명이 탈레반에 의해 살해된 사실을 전혀 알지 못했다. 탈레반이 한국인 피랍자들을 억류한 기간 동안 3명 내지 4명씩 그룹을 나누어 각기 다른 지역에서 분산 관리했을 뿐만 아니라 외부와의 일체 뉴스 등을 차단했기 때문이다. 또한, 탈레반은 피랍 기간 동안 피랍자 중 살해된 2명을 이미 석방했다고 허위로 말했다.

석방된 한국인 피랍자 19명은 가즈니에서 카불로 헬기로 이동했다. 카불에 있는 세레나 호텔에 도착했다. 피랍자들은 세레나 호텔 도착 후 호텔 로비에서 피랍인들 간 모여서 인원을 확인하는 과정에서 피랍자 2명이 살해된 사실을 알아차리고 엄청난 충격으로 서로 부둥켜안고 통곡을 했다.

6. 미션 완료 후 가즈니를 떠나다

썬맨은 미션을 완수하고 야간에 마지막 헬기로 가즈니 공항에서 카불에 있는 군 공항으로 비행했다.

썬맨은 헬기 탑승 직전 정말로 우여곡절이 많았던 피랍 사건을 추가 살해 없이 미션을 완수했다는 데 뿌듯한 자부심을 느꼈다. 그리고 혼잣말로 모든 신께 감사드린다고 했다. 울컥하는 것을 참으려고 주먹을 불끈 쥔 채로 양팔을 올려 "가즈니여 안녕!"이라고 크게 두 번이나 외쳤다. 가즈니여 안녕이라고 외치는 소리가 헬기 소리와 섞여서 퍼져나갔다.

카불 군 공항에 도착한 후 미니버스로 이동하여 드디어 카불의 세레나 호텔 숙소 정문에 도착했다. 세레나 호텔 정문에서 차량 검문을 마치고 드디어 호텔 입구 안으로 들어갔다. 호텔 입구에 도착하자마자 차 안으로 알자지라 방송 기자가 급히 들어와 썬맨에게 마이크를 들이댔다. "피랍자 전원이 석방되었는지? 어떤 식으로 탈레반과 딜(Deal)이 있었는지?"에 관해 물었다.

썬맨은 피랍자 전원이 석방되었으며 공동 인터뷰 때 말했던 내용대로라고 간단하게 답했다.

썬맨은 호텔에 도착했을 때 지금은 하늘나라로 일찍 떠난 출장 동료이자 사랑하는 후배가 로비로 나와서 썬맨을 반갑게 맞이해 주었다. 서로 40여 일간 장시간 떨어져 있었고 석방 해결 미션을 완수하고 난 후에야 카불에서 다시 만났다. 서로 너무 반가워서 포옹 인사를 했다.

국방부 파견 전호식 장군은 호텔 내 2층에 마련된 회견장에서 피랍자와 한국 내 가족 간 통화가 종료된 이후 썬맨에게 따로 찾아왔다. 전호식 장군

은 이번 피랍 사태 석방 협상을 주도적으로 추진하느라 수고 많았다고 각
별하게 인사를 해 주었다. 썬맨은 감사하다고 화답했다. 전호식 장군이 카
불에 있는 사령관과의 과거 친분을 토대로 협조를 원활히 잘 해주어서 덕
분에 많은 지원을 받았다고 이야기를 나누었다. 상호 이런저런 대화를 나
누면서 지나간 시간에 관해 얘기했다.

7. 전화기 너머 들려온 석방자들의 울음, 감격의 통화

세레나 호텔 2층에 국정원장과 외교부 등 정부 직원들이 피랍 석방자들
이 오기를 기다리고 있었다. 석방자들이 호텔 2층에 도착하여 정부 직원들
의 안내에 따라 한국시각 기준 05:00경 한국 내 가족들과 통화를 했다. 석
방자들은 자신의 가족과 통화할 때 소리 내 울면서 통화를 했다.

우선 첫 번째로 국정원장이 석방자 한 명과 한국에 있는 해당 가족과 통
화 연결을 했다. 국정원장은 간단히 카불이라고 언급한 후 석방된 가족을
바꾸어 주겠다고 말한 후 석방자를 한국 내 가족과 통화하도록 핸드폰 전
화기를 전달해 주었다. 그다음으로 외교부 측에서 또 다른 석방자 한 명
과 한국에 있는 해당 가족과 전화를 연결해 주었다. 이렇게 교대로 순차
적으로 석방자 19명 전원에 대해 석방자 자신들의 한국 내 가족과 통화를
했다.

피랍 석방자와 한국 내 가족 간 통화 시 말을 이어가지 못할 정도로 눈물
과 울음소리가 쏟아졌다. 썬맨도 그 광경을 옆에서 보고 있으면서 피랍 석

방 협상 기간 동안 긴박했던 순간들이 마치 영화 필름이 돌아가는 것처럼
생생하게 스쳐 지나갔다.

카불과의 이별,
긴 여정의 마침표

"위기 때마다 추가 살해자로 지목된 두 아이의 엄마인
김아람과 서찬호도 무사히 석방되었다. 드디어 미션을
완료하여 카불과 작별하고 귀국길에 올랐다."

1. 살해자로 지목되었던 석방자와 사진 촬영

탈레반은 협상 막판까지 기회가 있을 때마다 한국인 피랍자들 중 추가 살해자로 두 아이 엄마인 김아람과 서찬호 2명을 지목했다. 탈레반은 이들 2명에 대해 지속 살해 압박을 해왔다. 극도의 긴장감이 조성되었다. 이들 살해자로 지목된 2명은 카불을 떠날 때까지 자신들이 추가 살해자로 지목된 사실에 대해 알지 못했다.

아프간 현지에 파견되었던 모든 한국 정부 인사들과 석방자 19명은 2007년 8월 31일 UN 특별기를 이용하여 카불에서 두바이로 출국하기 위해 카불공항에 도착했다. 카불과의 마지막 작별이었다.

탈레반은 2007년 8월 16일 3차 대면 접촉 시 극한 대결 구도가 발생하여 살해 압박 이후 8월 27일 가즈니 적신월사에서 4차 대면 접촉 협상이 종료될 즈음에 썬맨에게 추가로 마지막 공동 인터뷰를 해야 한다고 강하게 주장했다. 탈레반은 3차 대면 접촉 시 대결 구도가 발생한 시점과 한국 측의 공동 인터뷰할 사람에 대한 지명 요청 시에도 추가 살해 압박을 지속했다. 그뿐만 아니라 썬맨이 인터뷰할 사람으로 통보된 이후 아프가니스탄 정부 측에서 알 자지라 방송 기자 등 여타 언론 기자들의 적신월사 내 인터뷰장에 진입을 차단했다. 탈레반은 언론 기자들이 조속히 적신월사 내로 진입할 수 있도록 적신월사 정문 게이트 오픈도 한국 정부 측이 해야 한다고 주장하면서 추가 살해 압박을 가해 왔다. 탈레반 측이 추가 살해 압박을 가해 올 때마다 썬맨은 극도로 스트레스를 받았다. 하지만 용기를 내어 살해자로 지목된 2명을 살해되지 않도록 했고, 다행스럽게도 무사히 급박한 상황을 잘 해결했다.

○○○ 피랍 석방자가 귀국 이후 발간한 아프가니스탄 그 50일간의 여정이라는 책자에서 밝혔듯이 국정원장은 카불공항에서 두바이로 향발하기 직전에 카불공항 대기실에서 탈레반 측이 지속 살해 대상자로 지정하여 압박했던 피랍인 2명과 사진 촬영을 요청했다.

이에, 썬맨은 요청을 받고 사진 촬영을 위해 김아람과 서찬호 2명을 찾으러 피랍 석방자들이 모여 있는 곳으로 갔다. 썬맨은 이들 2명을 찾아서 처음 보는 순간 가슴이 메어서 아무 말도 못 할 정도였다. 그 순간 아무리 강단이라 할지라도 순간 울컥할 정도였다. 그리고 잠시 후 썬맨은 이들 2명을 데리고 왔다. 국정원장은 이들 2명에게 정말 다행이고 수고 많았다며 격려의 말을 전해주면서 함께 기념 촬영을 했다. 당시에 추가 살해자로 지목되었던 이들 2명은 왜 국정원장이 카불공항을 출발하기 직전에 사진을 함께 촬영하자고 했는지 정확한 영문을 몰랐다. 이들 2명은 한국에 와서 당시 분당 샘물교회 목사를 통해 이 사실을 알게 되었고 너무나 큰 충격을 받았다고 글로 남겼다.

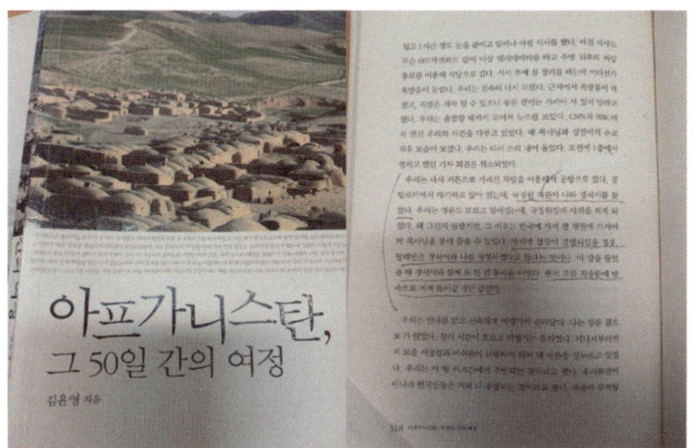

김윤영, 『아프가니스탄 그 50일간의 여정』, 빛나는새벽별, 2010.

2. 카불과 마지막 작별

석방자 19명은 한국 정부 직원들과 함께 탑승했다. 탑승한 UN 특별기는 2007년 8월 31일 카불공항을 이륙하여 두바이로 떠났다. 썬맨은 원장과 함께 UN 특별기 맨 앞줄에 착석했다.

UN 특별기가 카불 상공을 벗어나 비행하는 동안 피랍자들이 장기간 피랍되어 억류됐던 남부 칸다하르 지역을 멀리서 볼 수 있었다. 사막 모래와 먼지로 덮인 민둥산으로 이어진 험준한 산맥이 시야에 들어왔다.

UN 특별기는 아프가니스탄 상공을 벗어나 드디어 두바이 공항에 도착했다.

아프간 남부 지역 전경

피랍 석방자 두바이 공항 도착 장면

3. 두바이 Dusit Thani 호텔에서 오랜만의 단잠

한국 정부 직원들과 석방자 19명 모두 두바이 두싯 타니(Dusit Thani) 호텔에 도착했다. 호텔에 도착하자마자 썬맨은 다른 직원 동료들과 가장 큰 호텔 방으로 잠시 모였다. ○○을 비롯하여 모든 직원이 썬맨에게 정말 수고 많았다면서 격려의 말을 했다. 다 함께 기념 촬영을 했다.

두바이 소재 두싯 타니(Dusit Thani) 호텔 전경

호텔 도착 후 시간이 흘러 두바이의 화려한 조명 빛이 어두운 밤을 밝혔
다. 모두 오랜 기간 누적된 피로감으로 깊은 잠에 빠졌다. 썬맨은 다른 사
람들과 달리 특실을 혼자 사용하게 편의를 받았다. 그간 힘들었던 순간들
을 잊고 오랜만에 깊은 단잠을 잘 수 있었다.

드디어 날이 밝아 새날이 왔다. 2007년 9월 1일 대한항공 특별기를 이
용하여 두바이에서 인천공항으로 출발했다. 원장은 기내에서 기자들에게
일괄적으로 취재하는 시간을 주었다.

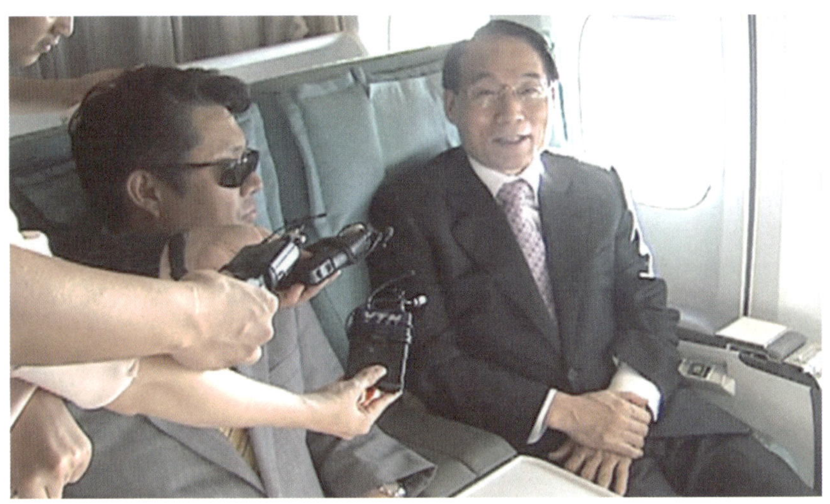

항공기 내 기자 인터뷰

(출처: YTN)

기자들은 마이크를 원장에게 대면서 몇 가지 질문을 했다. 이에 대해 원장
은 있었던 일에 대해 답했다. 기자들이 원장 바로 옆에 앉아 있었던 썬맨에
게도 질문을 했으나 한마디도 말하지 않았다. 대신 원장이 대답을 다 했다.

4. 인천공항 도착과 피랍자 대표 인터뷰

드디어 인질 석방자들을 태운 대한항공 특별기가 인천공항에 도착했다. 인질 석방자들 중 가장 연장자인 ○○○이 인질 석방자 대표로 기자들과 인터뷰했다.

인천공항 도착과 피랍자 대표 인터뷰
(출처: AP 연합)

○○○ 피랍 석방자 대표는 기자들의 질문에 대해 첫 발언으로 이번 피랍 사태로 국민들에게 심려를 끼쳐드려 죄송하다고 말했다.

많은 국민들은 피랍자 19명 모두가 추가 살해 없이 무사히 석방된 것에 대해 안도의 한숨을 쉬었다.

한편으로 다수의 국민이 분당 샘물교회 소속 단체들이 왜 아프가니스탄에 들어갔는지 원망도 했다. 피랍 사태로 국정이 마비될 정도였으며 국고 손실도 초래했다. 한국 정부가 들어가지 말라고 하는 나라에 왜 갔는지에 대해 의문점을 자아내었다.

5부
협상 회고

드러나지 않았던 진실

투철한 사명감으로 끈질긴 집념과 촉(Cue)이 없었다면 과연 추가 살해 없이 무사 석방이 가능했을까? 여기저기서 석방 해결자로 자처한 사기꾼들이 난무하여 아프가니스탄 인근 국가에서 사기를 당한 사례도 있었다. 국고 손실을 초래한 단체와 사람은 따로 있었다. 시기와 질투로 얼룩진 문화는 바뀌어야 한다. 진실은 숨어 있는 송곳과 같아 언젠가는 밝혀진다. 저것에 대해서는 말할 수도 없지만 '그것이 알고 싶다'이다.

난무하는 루머,
진실을 향해

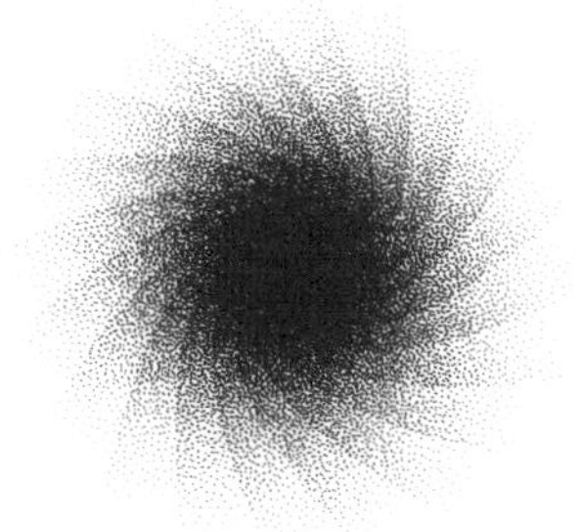

얼마나 많은 루머가 난무했던가? 우리가 비즈니스를 하든
무엇을 하든 간에 중요한 위기의 순간에는
루머나 첩보보다 정보를 가지고 말해야 한다.

1. 난무하는 루머를 벗어나고 싶어!

어디든 급박한 상황이 발생했을 때와 유사하게 한국인 피랍자 문제에 대해서도 **금전 목적으로 각종 해결자로 자처한 인물들**이 여기저기서 나타났다. 산에 비가 온 후 여기저기서 나타나는 독버섯 같았다. 전략적으로 접근하는데 초기 사기꾼들 때문에 더 피곤하고 괴로웠다. 그러나 서울에서 집단지성과 트랙 레코드를 토대로 정확히 분석 판단하여 초스피드로 일부 사기꾼들을 제거해 준 것이 다행이었다.

우리가 일상생활에서도 사기에 혹하는 경우가 빈번히 발생한다. 아프가니스탄 한국인 샘물교회 소속 피랍 사태와 관련해서 난무했던 루머에 대해서 3가지 카테고리로 나누어 이야기를 풀어가고자 한다.

첫째, **아프간 현장과 제3국에서 해결자로 자처한 사기꾼들의 출현**이었다.

둘째, 주객이 전도된 아프간 인질 사태 관련한 〈교섭〉 영화의 진실, 셋째 인질 석방 관련 난무했던 루머에 대해 이야기하고자 한다. 썬맨이 탈레반 수장과 만나기 이전 7월 30일 2차 피랍 인질 살해 시까지는 사기꾼들의 출현이 많았다. 그리고 사기꾼들에 대해 검증할 수 있는 채널이 부족한 상황에서 혼란이 있었다. 그러나 **가즈니에 직접 투입된 썬맨은 탈레반 수장과 2007년 8월 3일 선을 구축한 이후에는 해결자라고 자처하는 사기꾼들을 무시하고 믿지 않기로 하여 혼선을 막을 수 있었다.**

첫째, 여기저기서 금전을 노리고 피랍 사태 해결자라고 자초하면서 나타났던 사기꾼들이 많았다.

어떤 국가에서 온 한 명은 자신이 곧바로 피랍 문제를 해결해 주겠다면서 노골적으로 금전 얼마를 요청했다. 그러나 단순 금전을 노린 것이었다. 그러면서도 피랍 사태가 종료된 이후 국내 모 월간지에 자신에게 얼마를 주었으면 조기에 석방을 시킬 수 있었다고 말했다. 그러나 전형적인 사기꾼으로 허위였다.

썬맨이 탈레반의 2차 살해 압박의 진위에 대해 심각하게 고심하던 순간이었다. 그때 갑자기 동료 C가 썬맨을 찾아왔다. 가까이 다가와 귓속말로 S가 추진하고 있는 또 다른 계획에 대해 진지하게 조용히 말해주었다. 쉬쉬하는 분위기였다. 순간 썬맨은 믿어도 될까 하고 생각하다가도 아닐 가능성이 큰 것으로 생각하기로 했다. 하마터면 믿을 뻔했다. 탈레반에 실제 접근조차 불가능한 사기였다. S는 사기를 당했다. 상식적으로 이해가 가지 않는 사기였다. 제3지대에서 해결사로 자처한 사기꾼에게 금전적 사기를 당한 사람도 있었다.

신뢰가 확보되지 않아 허위 모함으로 에너지를 소비하게끔 한 경우도 나타났다. 그래서 단순 첩보가 아닌 정확한 정보 수집이 필수적이다. 모 인물을 통해 피랍자에게 투입한 의약품은 도대체 어디로 갔을까? 통상 피랍 주체가 협상 가속화 및 압박을 위해 피랍자들이 아프다고 하는 경우가 허다한 점을 감안할 때 의약품 투입 여부와 투입할 경우 투입 시점 등에 대해서 협상의 원칙상 신중할 필요가 있다.

결과적으로 탈레반 측은 투입물 등에 대해 한국 측에서 GPS를 장착했을 가능성과 근원적으로 어떤 물품을 받는 것에 대해 아킬레스를 갖고 있었다. 그래서 약품 수령도 원천적으로 차단하고 거부했다.

투입 시도했던 의약품에 대해 썬맨은 모 경로를 통해 확인한 결과 탈레반은 한국 측이 약품 봉지에 GPS 시스템을 설치해 놓았을 우려감으로 아예 약품 수령 자체를 거부했다. 한편, 썬맨은 피랍자들의 생존 여부(POL) 확인차 한 피랍자와 직접 유선 통화할 때 어떠한 약품도 받은 적이 없다는 말을 직접 들었다.

썬맨은 협상 초기 및 중간에 혼선만 초래하고 피랍 해결 능력이 없는 인물들을 조기에 직접 확인하여 단절했다. 바른길을 가기에도 바쁜데 금전을 노리고 사기 치는 사람을 걸러내는 데 에너지 소모로 피곤하고 지치기도 했다.

두 번째로 자유일보에 게재된 바와 같이 2023년 1월에 상영된 〈교섭〉 영화는 아프간 인질 석방 협상 실화를 기반으로 한 영화라고 선전했다. 자유일보에 게재된 〈교섭〉 영화 관련 칼럼 내용을 인용하여 진실 게임에 대해 이야기해 보고자 한다. 상업성에 치중하다 보니 다큐적 이야기는 오간데 없다. 실제 인질 석방 협상을 주도한 것은 외교부가 아니라 국정원이다. 아프간 전장에 위험을 무릅쓰고 들어가 협상을 성사시킨 것도 국정원이다…. (출처: 자유일보 기사 게재 내용, 2023)

자유일보 게재 내용에서 밝혔듯이 〈교섭〉 영화에서는 황정민 배우와 현빈 배우 2명이 주역으로 나왔다. 실제와는 달리 서로 주객이 전도되었다.

이 영화를 계기로 모 직원은 방송에 출연하여 마치 자신이 배우 황정민과 싱크로나이징한 역할을 한 것처럼 인터뷰까지 했다. 유튜브에도 본인 얼굴 사진을 올려놓았길래 '이거 뭐지?' 했다. '진실이 왜곡되면 독자들은 어떨까?' 용어 사용에 대해서도 아프간 피랍 사태는 엄연히 한국 정부가 나서서 협상을 추진한 것으로서 협상(Negotiation)과 교섭(Bargaining)과 타협(Compromise)은 용어상 의미가 다르기에 용어 사용에도 구분해서 사용해야 한다는 점을 말해주고 싶다. 물론 "영화는 영화이다."라는 말이 있듯이 반드시 진실만으로 구성되지는 않는다. 하지만 실화를 기반으로 할 때는 기본 맥락에서 흔들리면 독자들이 웃을 수밖에 없다. 콘텐츠가 부실할 수밖에 없다.

〈교섭〉 영화의 홍보 팸플릿에서 선전한 문구 내용에 아프간 피랍 사태 초기에 국정원과 외교부가 갈등을 유지하다가 막판에 힘을 합쳐서 인질 석방에 성공했다는 말은 아프간 현지 기준으로는 실제와는 거리가 있다. 아니 거리가 멀다. 그리고 언론에서도 이런 유사한 보도를 했다. 그러나 사실과는 거리가 있다. 아프간 내 현장에서는 국정원과 외교부 간 갈등 마찰이 없었다. 왜냐하면, 각자의 길과 하는 일이 엄연히 분리되어 있었다. 우리의 일상사에서도 허위가 진실을 훅하고 덮어버리는 경우가 허다하기에 진실을 말해주고 싶다.

세 번째로 피랍 인질 석방 이전과 이후에도 난무했던 루머에 대해서 이야기해 보고자 한다.

탈레반은 피랍자들을 억류하고 있는 동안 몇 명씩 5개 그룹으로 나누었다. 일부 그룹에서는 탈레반이 피랍자에게 종교 개종을 강요하면서 구타했으며 여성에게 성 문제를 일으켰다고 했다. 실제 일부 그룹에서 종교상 개종을 강요하면서 구타한 것은 사실이다. 그러나 탈레반이 여성에 대해 성 문제를 일으킨 것은 허위이다.

분당 샘물교회 소속 20명의 아프간 방문으로 현지에 체류하던 3명과 합류하여 피랍 사태를 초래했다. 이로 인해 국민의 우려감과 세계의 이목이 쏠렸다. 국내외적으로 엄청난 파장을 초래한 것이다. 국민의 마음을 불안하게 했으며 국정에 많은 부담을 주었다. 정부 관계자들의 출장 등으로 국고 손실도 당연히 있을 수밖에 없었다. 국고 손실에 책임을 져야 할 '단체 또는 사람'이 책임을 지지 않아 아쉬움이 많이 남는다. 이것 때문에 국고 손실과는 아무 관련도 없고 책임도 없는 사람들이 국고 손실에 연루되었다는 허위 소문에 휩싸여 말 못 할 괴로움을 겪었다. 모 언론은 썬맨을 외교부가 임시 고용한 사람이라고 보도했다. 이에, 서울에서는 언론에 공개할 필요성을…(이하 생략)

피랍 사태와 관련하여 각종 난무했던 루머에 현혹되어 훅 가면 안 된다는 점을 강조하고 싶다. 다만, 진실과 정의가 이 사회에 각자의 마음에 새길 필요성을 강조하고자 하는 점에서 사실을 이야기해 주고 싶을 뿐인 것이다. 그리고 **저것에 대해서는 말할 수도 없지만 '그것이 알고 싶다'이다.**

2. 강남 은마아파트 사우나 세신사가 썬맨을 알아보다

썬맨은 귀국해서 보니 피부도 검은색으로 변해 있었다. 라이브한 에피소드 하나를 말하고자 한다. 썬맨은 너무 힘들었을 뿐만 아니라 지쳐서 집에서 가까운 은마아파트 사우나를 갔다. 썬맨은 세신사에게 때밀이를 부탁했다. 그러자 세신사는 처음에 왜 이렇게 새까맣게 탔는지 하고 물었다. 썬맨은 그냥 햇볕에 장기간 노출되었다고만 말했다.

세신사는 곧바로 썬맨을 알아보았다. 세신사는 썬맨을 알아보고 얼마나 수고가 많았겠냐면서 말을 이어갔다. 티브이 및 언론을 통해 보아서 잘 알고 있는데 추가 살해 없이 무사히 피랍자들이 석방된 데 대해서 다행이라고 말했다.

세신사는 오히려 썬맨을 만나서 반갑고 때를 밀어주어서 오히려 기쁘다고 말했다. 그리고 피랍 사태를 해결하는 데 수고가 많았으니까 고맙게도 값도 안 받고 해 주겠다면서 공짜로 때를 밀어주었다. 이해해 주어서 감사할 일이다. 범사에 감사할 일이다.

3. K 여고에서의 박수와 함성 소리

또 다른 라이브한 에피소드를 하나 말하고자 한다. 딸이 다니고 있던 ㅇㅇ여고 1학년 반에서 아침 시간에 크게 박수 소리와 함성이 터져 나왔다. 그 반에 아프가니스탄 피랍자와 연관되는 친인척의 자녀가 있었다. 반 학생이 자신의 친인척 가족이 이번 아프가니스탄 인질 피랍 사태에서 탈레반에 피랍되어 살해되지 않고 무사히 석방되었다고 이야기꽃을 피웠다. 썬맨에 대해서도 이야기꽃이 피었다. 그러자 딸이 썬맨이 우리 아빠라고 짝꿍에게만 조용히 말했다. 이 이야기를 짝꿍은 반 학생들에게 얘기했다.

그러자 ㅇㅇ여고 1학년 친구들이 딸에게 너희 아빠 우와 대단하다면서 선글라스맨 짱 멋있었다고 치켜세워주었다. 여기저기서 딸에게 친구들이 몰려와 박수와 함성을 내면서 이야기꽃을 피웠다.

교무실에서 담임 선생님이 반 학생들의 함성에 혹시나 다툼이 있나 무슨 일인지 놀라서 교실로 급히 달려왔다. 담임 선생님은 학생들에게 무슨 일이 있느냐며 물었다. 담임 선생님은 썬맨이 반 학생의 아빠라고 듣고서 환하게 웃으시면서 썬맨의 딸에게 반 학생들과 함께 칭찬의 박수를 힘차게 보내주었다. **우리가 함께 응원을 해 주는 문화가 사회에 더 넓게 확산되어 시너지 효과를 나타내면 더 좋겠다.**

4. 별을 보며 늦은 귀가

썬맨은 귀국해서 한동안 매일 밤 별을 보며 늦은 시간에 귀가했다. 영화 관련 작가와 기자들이 어떻게 썬맨의 집 주소를 알았는지 모르겠다. 기자들이 썬맨이 집에 귀가하는 길목을 알고서 기다리고 있었다. 썬맨은 '기자 등에게 어떠한 말도 하지 말도록 유의를 당부'받았다. 일찍 퇴근하더라도 작가와 기자들을 피하기 위해 집에 매일같이 별을 보면서 늦게 귀가해야 했다. 그래서 본의 아니게 제임스 조이스가 활동했던 나라로 급히 나가게 되었다. 새로운 정권이 들어서 본의 아니게 귀국하게 되어 가족과 함께 힘든 시간이 발생했다. 또 다른 스트레스의 연속이었다. 시간이 해결해 주기를 기다릴 뿐이었다.

썬맨은 운명인지 숙명인지 몰랐다. 뭔가 싸한 느낌이 들었다. 아니 이러한 느낌은 썬맨이 한번 눈물을 흘릴 수밖에 없는 미래를 예견했던 것일까? 가족들에게 짐을 지워준 것에 괴로운 심정이야말로 표현할 수 없다. 피랍자 석방 해결을 위해 죽어라 협상했던 이러한 일로 본의 아니게 가족들에게 상처를 주어서 너무 미안한 마음과 가슴이 몹시 쓰려오기도 한다.

불꽃 같은 헌신은 하되
헌신짝은 되지 말기

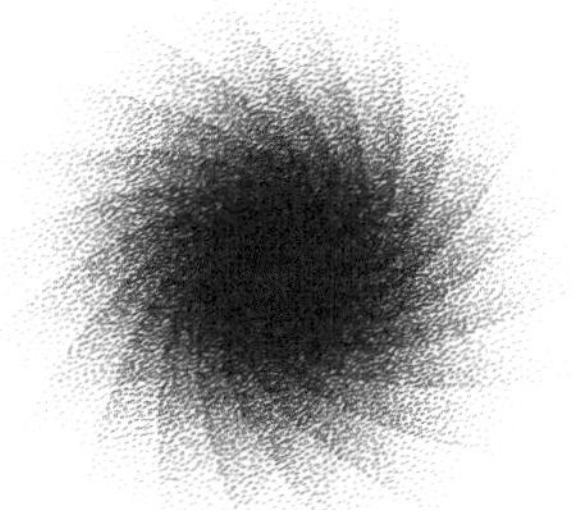

"사촌이 땅을 사면 배가 아프다."라는 속담에서 보듯이 시기와 질투로 얼룩진 문화는 바뀌어야 한다. 앞으로 나아가기 위해서는 조직 문화가 중요하다. 이에, 대신 우리는 사촌이 산 그 땅을 함께 시너지 효과를 내는 방안을 강구하여 앞으로 나아가는 모멘텀이 되도록 해야 한다. 인도가 IT분야에서 세계적인 선두를 유지하는 것도 새로운 아이디어를 혼자 감추지 않고 함께 나누어서 더 많은 시너지 효과를 내는 방향으로 발전시켜 나가기 때문이다.

1. 투철한 사명감으로 끈질긴 집념 · 열정과 촉(Cue)이 없었다면?

투철한 사명감으로 **끈질긴 집념 · 열정과 촉(Cue)**이 없었다면 과연 추가 살해 없이 무사 석방이 가능했을까? **강한 추진력**이 없었다면 어떻게 되었을까? 당시 가즈니의 밤은 달빛과 별빛이 온화하게 빛나고 있었다. 또 하루가 밝았다. 낮에는 뜨거운 태양이 이글거렸다. 사막의 모래바람이 여전히 몰려오고 있었다. 때로는 탱크처럼 밀어붙이는 의지와 때로는 물먹은 스펀지처럼, 유연함의 배합을 적절히 유지했다. 엄청난 스트레스가 몰려왔다.

협상자의 심리는 늘 흔들릴 수밖에 없는 환경에 놓여 있다. 상대의 심리를 읽는 것 외에 **협상자가 협상의 심리를 적절히 관리해 나가는 데도 노력해야 했다. 협상의 파워를 길러야 상대를 대할 수 있으니까.**

서울에서 불철주야 나보다 더 고생하는 후배 동료들의 눈초리를 피해 갈 수 없었다. 무조건 앞으로 한 발짝씩 전진해 나가야 했다. 밤낮으로 더 많은 고생을 하는 후배 동료들의 마음과 썬맨의 마음이 합쳐져 함께 있었다. 그리하여 위기의 순간들을 헤쳐나가는 원동력이 되었다.

피랍 인질들의 생명을 추가 살해 없이 구하고자 하는 간절한 집념과 열정을 가지고 축(Cue)을 활용했다. 경험치의 중요성을 새삼 느낀다.

순간순간 탈레반 수장과 협상하기 전후 과정에서도 사전 시나리오를 구상하는 데 과거 경험치를 원용하는 것이 필수적이다. 그래서 비즈니스를 하든 공부를 하든 개인이 어떠한 일을 하더라도 실수를 줄이고 성공으로 더 가까이 다가가기 위해서는 **과거 경험 사례 자료(Track Record)를 원용**하는 것이 요구된다. 지역의 문화적 특성과 지식을 적극 활용해야 한다. 비즈니스 출장을 가든 협상을 하든 현지 격언 및 유머와 관습 문화에 대한 사전 축적된 전문적인 지식의 필요성을 힘주어 얘기하고 싶다. **협상은 흐르는 물처럼~** 항시 투철한 사명감과 집념과 열정 플러스 축(Cue)을 명심하면서….

탈레반과의 협상을 회고하는 측면에서 몇 가지 시사점을 말하고자 한다.
첫째, 썬맨은 수장이 썬맨과 통화 종료 후 핸드폰 통화 스위치를 Off 하지 않은 상태에서 다른 부족장과 대화하는 내용을 들었다. 그중 ○○이라는 알 수 없는 숫자가 들렸다. 협상 시 두 가지 사안 중 어느 사안을 먼저 협상을 해야 하는지에 대한 중요한 단서로 활용했다. 이와 같은 현상은 일상생활에서 통화 종료 후 통화 스위치를 Off 하지 않아 상대의 추가 얘기를 듣는 일이 발생한다. 가끔 우리들의 일상생활에서도 실제로 일어나는 사례이다.
둘째, 협상 시 매번 선택과 갈등의 연속이었다. 미국의 시인 로버트 프로 스트(Robert Frost)의 시 「가지 않은 길」[28]을 생각하면서 탈레반 수장과 통화 시 신중하고도 신속하게 선택했다.

셋째, **융합적 협상 전략**을 구사한 것이 주효했다. **심리 및 문화 그리고 협상 기법을 융합**하는 것과 협상의 세 가지 요소인 **시간(데드라인) 및 정보 그리고 힘**을 항시 고려했다. 시간적인 것은 시간이 흘러감에 따라 피랍자와 피랍자 가족을 포함한 국민의 심적인 부담과 정부의 부담[29]이 숨어 있었다. 힘 관련 사항은 협상 기간 동안 피랍 주체인 탈레반이 상대적으로 주도권의 비율이 높았다. 그러나 **썬맨이 구사했던 두 번의 강성 협상은 탈레반의 추가 살해 압박을 막는 데 절대적**이었다. 정보와 관련 사항에서 잘못된 부분은 탈레반이 김아람을 살해하겠다고 강하게 압박하는 순간, 썬맨은 다급한 상황으로 '그 여자는 안 돼!'라고 말한 것이 다른 사람은 살해해도 된다는 오해 소지가 있을 뿐만 아니라 약점 노출로 비추어졌을 개연성이 있다. 이에 썬맨은 곧바로 추가 살해는 절대 안 된다는 의미라고 추가 설명했다. 잘된 부분 중 하나는 수장과 문화에 맞게 접근하고 신뢰를 쌓고 이를 통해 수장의 심리를 읽고 협상의 흐름을 간파했다는 점이다. 또한 썬맨은 협상을 잘하기 위해 자신의 심리를 강화하는 데도 역점을 두었다.

넷째, 탈레반과 협상을 위해 **트라이앵글 전법**을 구사했던 것이 주효했다. JH를 통해 최고결정권자인 수장과의 직접 접촉선을 구축하여 직접 협상을 추진했던 것이다.

다섯째, **꿈 노트**[30]라고 말하고 싶다. 어떤 프로젝트를 진행하면서 꼼꼼하

---

28) 시 내용 중 "숲속에 두 갈래 길이 있었습니다…. 그날 아침 두 길은 똑같이 놓여 있었고 낙엽 위로는 아무런 발자국도 없었습니다"라는 문구가 선택의 순간에 특히 마음에 와닿았다.

29) (국내 언론에 보도된 내용에 의하면) 2007년 당시 피랍 사건 발생 전에 남북한 정상회담 개최(8월 28일) 문제가 있어 피랍 협상의 종료 시점이 촉박한 부분도 있었다. 결국, 8월 중순 북한 내 홍수가 발생하여 북한이 남한에 정상회담 개최 연기를 요청해 왔다. 결국, 10월 2일~10월 4일간 평양에서 개최되었다.

30) 공부를 하는 학생의 경우에는 메모 노트에 전략적 목표(왜 이 대학인가, 전공은?)와 전술 방법(그러면 어떻게?)을 작성해 나가는 것을 말하며 기업가나 정치인의 경우 어떤 프로젝트를 추진하는 과정을 상세히 묘사하거나

게 작성하는 자료와 기존 축적된 기반자료(Track Record) 내지 노하우를 활용했던 것이 주효했다.

2. 진실은 살아 있다

저자의 책꽂이 중앙에 놓인 불멸의 이순신 전집

　일상사에서 흔히 시기심과 질투심을 보는 경우가 허다하다. 피랍 협상이 종료되고 난 이후에 세상의 이목을 집중시킨 사건과 연관되어서인지 시기와 질투로 허위 소문이 난무하기도 했다.

전략 전술 내용을 세부적으로 기록하는 것을 말하며 일상적으로 백서라고도 말한다.

썬맨은 '진실은 살아 있다.'라는 말을 수시로 되새기면서 시기 질투심과 허위 모함을 극복해 나가려 노력했다. 특히, 이순신 장군이 허위 모함으로 억울한 누명을 덮어썼으나 '진실은 살아 있다.'라는 말로 극복해 나간 정의를 기억하면서 참아내려고 노력했다. 그래서 위 사진에 나오는 불멸의 이순신 전집을 공부방 책장 중앙 눈높이에 진열해 놓고 몇 번이고 보고 읽으면서 참아내었다. 또한, 국가를 위해 헌신한 모습을 되새기면서 한계점을 느꼈지만 참아내었다. 넷플릭스 시리즈 〈루머의 루머〉에 나오는 주인공 해나 베이커처럼 억울해서 자살로 생을 마감하면서 '진실은 살아 있다.'라고 말하고 싶지 않았기 때문이었다.

피랍자 인질들의 생명을 구해온 사람에게 2009년 새로운 세상 하에 '국고 손실'이라는 도저히 삼척동자도 이해가 안 가는 말로 덮어씌웠다. 국고 손실 관련해서 물었는데 어떤 이는 지레 겁먹고 자신만 피하고 살려고 아프가니스탄 현장에 투입되었던 썬맨과 누구에게 화살을 돌려버렸다. 한편, 제3지대에서 탈레반 대리인이 만남의 장소로 오다가 한국 측 실수로 그냥 돌아가 버린 위기 상황 속에서 당시 제3지대 현장에 있었던 어떤 사람은 썬맨에게 애걸복걸 도와달라고 할 정도로 사정했던 사람이었다. 그렇지만 그는 이후 자신의 이익을 위해 돌변했다. 그래서 썬맨은 한때 사표도 내고 싶었지만, 평소 멘토격인 K 행정 책임자인 선배의 만류로 참았다. 이후 마음을 가다듬고 굴하지 않고 꿋꿋하게 인내해 내었다. 인내하니 시간이 해결해 주었고, 결국 좋은 일도 찾아왔다. 하지만 가족들은 심적으로 너무 큰 타격을 받았다.

정말 어이가 없어서 코가 막히고 귀가 막히는 일도 있었다. 상대와의 의리를 생각하여 F로부터 어떤 질문을 받았는데 동료를 보호하기 위해 "말할 수 없다(NCND)."라고 말한 것이 '예스(Yes)'로 둔갑하여 억울하게 누명을 덮어썼다.

지금에 와서 다시 생각해보면 동료를 보호하기 위해 의리를 지키는 것은 좋지만 자신이 누명을 쓸 정도로까지 침묵을 지킬 필요는 없었다. 귀국해서 다른 조직 S와 또 다른 조직 C는 비난의 화살을 서로 주고받았다. 그야말로 중간에 낀 썬맨은 고래등 싸움에 새우 등 터지는 격이었다. 아무런 상관도 없는데 직업병에 걸린 사람처럼 그놈의 의리를 생각하고 "말할 수 없다(NCND)."라고 말한 것이 잘못이었다. 이것이 확대 왜곡되어 오해로 인해 누명을 억울하게 덮어쓰게 되었다. 각자가 조직을 위해 책임을 지고 순간순간 잘해나가야 한다는 점을 새삼 되새기게 된다. 이순신 장군이 많은 고초를 이겨낸 '진실은 살아 있다.'라는 말로 주문을 반복하여 외우면서 극복해 나가려 노력했다. 우리가 살아가는 일상사에서 간혹 주변에서 유사한 일이 일어나고 있는 것을 본다.

썬맨이 왜 카메라 앞에 섰고 언론에 왜 나왔을까? **정말 공개하는 것이 싫어서 온갖 노력을 다했지만 긴박한 살해 압박이 밀려오고 있는데도 아무도 나서지 않겠다고 했다.** 피랍자 2명의 추가 살해가 눈앞에 있었다. 투철한 사명감이 있었기에 추가 살해를 막기 위해 할 수 없이 나섰다. 탈레반의 인질 살해 압박 때마다 엄청난 중압감과 스트레스를 받았다. 그리고 피랍 인질들의 얼굴 하나하나가 떠올라 괴로워서 미칠 지경이었다. 특히 **다음 살해자로 지목된 2명의 피랍자 얼굴 때문에 괴로워 잠이 안 왔다.** 탈레반이 최종 협상에서 마지막으로 인질 석방 조건부로 공개 인터뷰를 요청한 급박한 상황에서 썬맨이 무엇 때문에 공개 인터뷰를 한 것이며 언론에 나온 것일까? 카메라 앞에 왜 섰겠는지? 상상해 보라! 급박한 추가 살해 압박 상황에서 개인 신상을 우선 생각하고 언론에 안 나왔으면 탈레반은 추가 살해자를 지목하여 겨냥하고 있는 상황에서 추가 인질 살해가 얼마나 더 일어났을까? 상상만 해도 끔찍한 일이다!

외부에서 온 사람이 썬맨에게 언론에 왜 나왔느냐고 따져 물었다. 썬맨은 조직의 자존심을 생각하고 '비밀이다'라고 짧게 대답했다. 혼자 대응해 나가는 것이 너무 힘들었다. 언론에 나온 배경이 크게 몇 가지다(이하 생략). 이 말을 해 주고 싶다. 당시에 그렇게 건의하면서 목소리 내던 사람들은 다 어디 숨어 버리고 없어졌는지? 왜 의리와 정의로움에서는 침묵으로 일관했는지? 당시 썬맨은 투철한 사명감으로 뭉쳐진 소속회사의 자존심 문제가 걸린 사항으로 생각했다. 우리 모두의 미래 조직문화의 긍정적 발전을 위해 생각하는 페이지를 던져주고 싶다.

너무 억울해서 하느님, 신이시여! 절대 정의의 길을 열어달라고 자신도 모르게 기도를 했다. 썬맨은 협상을 했지, 국고 손실과는 전혀 무관하다. 역사의 진실이 왜곡되면 어떠한 문제들이 나타날까 상상해 보라!

진실은 살아 있기에 그리고 이것은 진실이 살아 있어야 할 것으로 보인다. 아무도 모르는 것처럼 이렇게 엉터리 상황이 벌어졌다. 귀가 막히고 코가 막힐 노릇이다. 돈에 탐욕을 내면 돈에 벌을 받는다는 말이 있다. 돈 문제로 인한 국고 손실을 엉뚱한 사람에게 덮어씌웠다. 애초 긴박했던 인질 살해 압박 속에 탈레반의 마지막 협상 요구 조건을 책임지고 해결해 주기로 약속했던 국내 몸통은 나중에 약속을 지키지 않았다. 썬맨은 수장과 추가 협상의 여지가 있었으나 이러한 미상 이유들과 연계하여 조속히 협상을 종결했다. 이리하여 국가의 재정 손실과 국고 손실이 더 초래되었다. 중간에 역할을 했던 사람들도 나 몰라라 하고 숨어서 쏙 빠지고 엉뚱한 사람에게 허위로 덮어씌웠다. 진실이 왜곡되었다. 그것이 알고 싶다.

적지에 투입되어 인질 석방을 위해 죽을 고생을 한 사람들에게 왜 허위로 덮어씌웠는지? 또 정의의 잣대가 무너지는지? 유전무죄 무전유죄라는 말이 생각났다.

마지막에 이들을 향해 하느님은 절대 진실을 외면하지 않으셨다는 것을 보여주실 거라고 말해주고 싶다.

　독자들이여! 살아가면서 상대의 의리를 생각해서 침묵이 금일 때가 있지만 과거와 달리 지금은 시대가 변했다. 변화하는 시대에 맞추어 파워레인저에 나오는 단어인 '변신'이 필요하다. 자신에게 어떠한 부정적 상황이 발생했을 때 썬맨처럼 상대의 의리를 지킨다고 말할 수 없다는 답변과 침묵으로만 참지 말고 때로는 초기에 대응해서 더 악화되지 않도록 하는 것이 필요하다는 말을 꼭 전하고 싶다. 그리고 무슨 일이든지 혼자 괴로워하면서 한계점에 도달하기 전에 절친 또는 조언자를 찾아라! 옆에 있는 사람을 찾아서 초반에 그 감정을 완화해 나가야 악화를 방지할 수 있기 때문이다. 그리고 **국가적인 특수한 사건 해결에 투입된 경찰과 국방부 군인들이 사건 종결 이후 심리적인 트라우마 등 말 못 하는 사정에 대해서도 해당 기관이 실질적인 적정한 처우 보상 시스템을 보완해서 시스템적으로 관리해 주는 환경 변화 조성도 절실하다.**

3. 이 또한 지나가리(This too shall pass away)

　썬맨은 아프간 인질 석방을 위해 주도적인 역할을 했다는 공로로 2008년 2월 훈장을 받았다. 고생한 결과 훈장을 받은 데 대해 대부분의 많은 주변인으로부터 축하를 받았다. 또한, 주변에서 "가문의 영광이다."라고 하면서 응원과 격려의 박수도 많이 보내주었다. 감사할 일이다. 어떤 사람은 자신이 훈장을 받으려고 행정관계자들을 대치동 일식당에 오찬 초청했다. 그때 오찬에 참석했던 한 명을 통해 썬맨에게 훈장을 양보하라고 전달했

다. 마침내 그는 자신의 이름을 훈장 대상자로 올렸으나 상부로부터 거절
당했다. 어느 누가 로비를 한 것이 아니다. 이리하여 자연의 순리대로 흘러
가서 해당자가 당당하게 받았다.

　당시 노무현 대통령께서 썬맨을 직접 만나 악수하고 격려를 해 주셨다.
**노무현 대통령으로부터 "아! 아프간 피랍 인질 석방 주역인 선글라스맨! 정말
수고 많았어요, 그리고 자랑스러워요."**라고 영광의 격려를 받았다. 썬맨은
"감사드립니다."라고 짧고 정중하게 답변했다. 이 순간 그간의 힘들었던 과
정이 영화 필름처럼 빨리 스쳐 지나가면서 가슴이 뭉클하고 감격스러웠다.
범사에 감사하면서 살고 싶다.

노무현 대통령의 격려

동시에 시기와 질투도 있었다. 대부분의 일이 다 그러하듯이 시기심이 있는 경우가 흔히 있는 일이다. 그러한 시기심을 어떻게 슬기롭게 잘 극복해 나가느냐도 중요하다. 그리고 진실이 왜곡되어 억울하게 국고 손실의 누명을 덮어썼다. 이 또한 지나가리라는 말로 참아내었다.

썬맨은 모 기자들이 썬맨에게 인터뷰 제의와 만나기를 희망해 오는 것을 줄곧 피했다. 그래서 일정 기간 거의 매일 밤늦게 귀가했다. 썬맨에게 기자들을 잘 피해 갈 것을 강조하던 때라 정신적 육체적으로 심히 피곤했다.

그래서 이 말을 던지고 싶다. 후배 동료들이여! 과유불급이라는 말이 있듯이 가족을 너무 소홀히 하고 과도한 헌신은 가족을 헌신짝으로 만드는 격이니, 앞으로 불꽃같이 헌신은 하되 절대 본인과 가족이 헌신짝이 되지 않도록 하라고 힘주어 말해주고 싶다. **이것이 살아가는 데 하나의 트랙 레코드(Track Record)로 활용되기를 바란다.** 심리적으로 힘든 시간이었다. 이럴 때 우리가 일상적으로 던져보는 말이 있다. 웃어도 하루 울어도 하루인데 웃고 살래 울면서 살래? 그래도 웃고 살아야지!

삶의 상승곡선과 하향곡선을 거듭하면서 이런 말로 대신하고 싶다. '이 또한 지나가리라.'

4. 꿈은 이루어진다(Dream comes true)

보통 사람들에게 각자 꿈이 있고 인생에서 세 번 이상 작고 큰 꿈의 기회가 온다고 했다. 간절함과 정성을 쏟으면 꿈(Dream)은 이루어진다.

썬맨은 투철한 사명감을 가지고 최선의 노력을 기울여서 추가 살해를 막고 피랍 인질들을 무사히 석방해야겠다는 의지의 꿈을 늘 가지고 있었다.

탈레반은 한국인 인질 2명을 살해한 이후 지속해서 추가로 인질을 살해하겠다고 압박을 가해 왔다. 썬맨은 추가 인질 살해를 방지하기 위해 협상 초기와 3차 대면 접촉 직후 강성 협상을 추진했다. 탈레반이 화가 나서 극도의 대결 구도로 변했을 때 강성 협상을 추진한 것이다. 강성 협상으로 탈레반의 실제 추가 살해를 막았다. 그러나 인질 살해를 절대 막아야 하기에 집념과 열정을 가지고 촉(Cue)을 발휘해서 협상 설득을 해나갔다. 마음과 정성을 실어서 설득했다. 탈레반과 협상하는 동안 늘 간절한 기도와 함께 추가 살해 없이 무사하게 인질 석방을 해결해야 한다는 꿈(Dream)을 가슴에 항시 지니고 있었다.

썬맨은 2007년 8월 3일 촉(Cue)을 발휘하여 탈레반 수장과 첫 통화를 했다. 첫 통화할 때 필(Feel)이 좋았다. 썬맨은 혼자서 기분이 다소 고양되어 "모든 일이 잘될 거야!"라고 예감을 갖고 혼자 중얼거렸다. '아니 이 느낌 말이지!' 하고 중얼거렸다. 긍정이 긍정을 가져오기에 잠시 '긍정의 필(Feel)'이 느껴졌다.

한국에서 과거 상영된 바 있는 〈클리프 행어(Cliff Hanger)〉 영화 속에 주인공이 줄에 매달려 끝까지 위기를 극복하여 기회를 잡는 장면이 스쳐 지나갔다. 서양 격언에 "어떤 사람이 시큼한 레몬을 너에게 준다면 레몬에이드를 만들어 먹어라."라는 말이 있다. 이와 같이 썬맨은 투철한 사명감을 기반으로 하여 역경을 기회로 만들어 가는 집념과 열정으로 버티어 나갔기에 추가 살해 없이 인질 전원 석방을 이루어 낼 수 있었다.

탈레반 수장에게 Brother라고 호칭하면서 밀접한 친근감을 조성했다. 그리고 매일 아침저녁으로 마음과 정성을 실어서 안부 인사를 했다. 부모님한테도 매일 하지 않는 안부 인사를 매일 두 번씩 했다. 탈레반의 가상 질문에 대한 대응 발언을 어떻게 할 것인가를 미리미리 구상했다. 미리 세부 시나리오도 구상했다. 추가 살해 없이 반드시 인질 석방을 성사시켜야 한다는 각오로 간절한 기도를 수시로 했다. 또한, 잠자는 중에 잠꼬대하면서 인질 석방에 대해 자주 꿈을 꾸었다. '이 꿈(잠꼬대하면서 꾼 인질 석방에 대한 꿈)이 저 꿈(추가 살해 없이 인질 석방 목표)과 의미는 다르지만, 이 꿈이 실제 인질 석방이라는 목표의 꿈으로 승화될 줄이야…!' 지성이면 감천이라는 말도 있듯이 공부든 비즈니스든 모든 일에 마음과 정성을 담아 노력하면 안 되는 일이 없다.

썬맨은 피랍자 신상 카드를 두고 한 사람 한 사람 얼굴 사진을 보면서 매일 같이 간절한 기도를 했다. 1차 회담이 종료된 후 탈레반 수장은 썬맨의 간절한 소원으로 인질 중 2명을 석방시켜 주겠다고 조용히 말했다. 바로 그날 밤에 썬맨은 우선 석방 대상자로 선정될 2명의 여성 이름과 사진 얼굴을 떠올리면서 우연히 꿈을 꾸었다. 중간에 한 명이 다른 사람으로 바뀌었다. 꿈이 실제 최종 석방된 2명의 여성과 일치했다.

탈레반이 1차로 석방 대상자로 선정한 2명의 여성 중 한 명은 선정되지 않은 인질 중 여성 한 명이 심한 두려움을 느껴서 양보하고 교체해 주었다. 참 이상한 일이다. 최종 변경되어 확정된 2명의 석방자가 썬맨이 당초에 꿈꾸었던 바로 그 여성 2명이었다.

당시 간절함으로 인해 실제 잠자면서 꾸었던 꿈이 목표로 하는 꿈과 같이 현실로 나타났다. 우리는 평소 '꿈(Dream)은 이루어진다.'라고 긍정적 주문을 하면서 생활해 나가야 한다. 그렇게 하면 긍정의 꿈이 결과로 나올 것이다.

"어제는 역사이고 미래는 미스터리이며 현재는 우리에게 주어진 선물이다."

우여곡절 많은 시간을 지나며 힘든 사건 속에서 많은 것을 배웠고, 혼란의 순간들 속에서 스스로를 더 깊이 이해하게 되었다. 그 모든 경험은 결국 오늘을 더 단단하고 의미 있게 살아갈 수 있는 자양분이 되었다. 가장 소중한 것은, 어제를 발판으로 딛고 서 있는 지금 이 순간, '오늘'이라는 사실. 그래서 오늘을 선물처럼 여기며, 감사한 마음으로 웃으며 살아간다.